Zeig's mir Baby!

Aktuelle Informationen, Beiträge und Kurse zu den Themen Schwangerschaft, Geburt, Elternzeit, Naturheilkunde, Ernährung und Nachhaltigkeit findest du auf der Webseite von Maria Lobis **www.maria-lobis.it**
und auf den Instagram-Kanälen
maria.lobis.bewussterbesserleben
zeigsmirbaby_beikost

Maria Lobis

ZEIG'S MIR BABY!

BABYGEFÜHRTE VOLLWERTIGE BEIKOST

9 VORWORT
9 Hilfe! Die Beikostzeit naht
10 Meine Geschichte

15 BEIKOST – EIN WICHTIGES THEMA
15 Beikost weltweit
18 Was würden Babys wirklich tun, wenn es rein in IHRER Hand läge?
19 Rückblick – wie war es früher? Und woher kommen die gängigen Beikostempfehlungen?

25 BABYS MÖCHTEN SELBSTWIRKSAM SEIN
25 Essen als Lernprozess
29 Löffelfütterung versus Fingerfood/Baby led weaning
34 Die Kombi macht's!
38 Babys Entwicklung der Fingerfertigkeit im 1. Lebensjahr
40 Wenn das Baby würgt

45 BEREIT FÜR DIE BEIKOST!
45 Wie erkenne ich wichtige Beikostreifezeichen?
50 Beikost richtig verstehen
52 Wichtige Voraussetzungen zum Starten
54 Beikost bei Frühgeborenen und in besonderen Fällen

59 ALLGEMEINES RUND UM DIE BEIKOST – WAS BRAUCHT DAS BABY AM FAMILIENTISCH?
59 Grundausstattung für die Beikost
62 Grundsätzliches zu den Lebensmitteln
64 Grundsätzliches zur Zubereitung

71 WAS, WANN, WIE VIEL UND WIE?
71 Was kann dem Baby anfangs gereicht werden?
73 In welcher Reihenfolge?
75 Zu welcher Tageszeit?
77 Wie viel auf einmal?
78 Wie viele Kalorien braucht mein Kind?
79 Getränke – was, wann, wie viel?
82 Der Stuhlgang

85 BEGLEITENDES STILLEN UND FLASCHENNAHRUNG
85 Stillen und dessen unmittelbare Vorteile in die Beikostzeit hinein
90 Milchmahlzeiten ersetzen – abstillen – Flasche absetzen
97 Wichtigstes zur Kunstmilchnahrung

103 BESONDERHEITEN IM BEIKOSTDSCHUNGEL
103 Vegan, vegetarisch oder Mischköstler – Beikost bei allen Ernährungsformen
109 Wenn das Baby von Beikost nichts mehr wissen will
111 Zu vermeidende Lebensmittel im ersten Lebensjahr
112 Milchprodukte für Babys
114 Die süße Versuchung – Zucker, Süßigkeiten und Co.

117 ALLERGIE UND PRÄVENTION
117 Alles, nur keine Allergie!
120 Babys mit Erkrankungen aus dem atopischen Formenkreis
121 Kinder mit Zöliakie oder anderen Unverträglichkeiten
123 Wann darf das Baby glutenhaltige Lebensmittel essen?

125 DER BEIKOSTBEGINN – DAS BUNTE KOSTEN, SPIELEN UND ERKUNDEN
125 In Kontakt kommen mit ersten Lebensmitteln
127 Breiige Obst- und Gemüsevarianten
129 Was machen, wenn das Baby das Breiige komplett ablehnt?
131 BLW – Fingerfood zum Beikoststart
137 Braucht das Kind Zähne zum Kauen?

139 DER WEG HIN ZUR VOLLWERTIGEN BABY- UND FAMILIENKÜCHE
139 OPTIMAL versorgt – der vollwertige Babyernährungsteller
142 Die Hauptkomponenten der Babyernährung nach dem Baukastensystem
161 Spezielle Nährstoffe decken
174 Zusätzliche Ergänzung bei veganer oder vegetarischer Lebensweise

177 RICHTIG MITESSEN – REZEPTE FÜR DEN „GROSSEN" BEIKOSTHUNGER

259 MEINE 10 GOLDENEN TIPPS: DIE WICHTIGSTEN BASICS AUF EINEN BLICK

260 DANKSAGUNG

264 ANHANG

266 QUELLENANGABEN UND ENDNOTEN

178 Basics: tägliche Helferchen
179 Apfelmus
180 Gefrorene Bananen
181 Gemüsemus
182 Salzfreie Gemüsebrühpaste
183 Schneller Pflanzendrink

184 Grundrezepte Kohlenhydrate
185 Babys erstes Brot
186 Bananenbrot – der Hammer!
187 Eisenreiches Haferbrot
188 Proteinbombe Rote-Linsen-Brot
189 Pancakes
190 Glutenfreier Pizzateig
191 Herzhafter Muffinteig
192 Getreide und Pseudogetreide
193 Couscous, Polenta und Bulgur
195 Nudeln für den Beikoststart
197 Kartoffelstampf und -püree

198 BLW/Fingerfood
198 Rohe Gemüse- oder Obststicks
199 Gemüsepfanne für Fingerfood
200 Gemüse-Getreide-Sticks
201 Babygrissini mit Gemüse
203 Reis- oder Hirsesticks
203 Polentasticks
204 Getreide-Hülsenfrüchte-Sticks
205 Gemüsepancakes
207 Herzhafte Gemüsebällchen
208 Lieblingshirsebällchen
209 Couscousbällchen

210 Grundrezepte für Proteinbeilagen
211 Vegane Burgerpatties
212 Falafel
213 Kichererbsenschnitzel
214 Vegane Hackbällchen
216 Fleischbällchen
217 Andere Fleischangebote
218 Fischtaler
219 Quinoataler

220 Soßen
220 Baby-Tomatensoße
221 Gemüsesoße für zahlreiche Rezepte
222 Grundrezept Bologneser Soße
223 Vegane Bologneser Soße
223 Bologneser Soße mit Fleisch (Fleischragout)
224 Dips
224 Bester Kürbis-Linsen-Dip
225 Klassischer Kichererbsenhummus
226 Aufstriche
227 Leinölbutter
228 Zuckerfreie Marmelade
228 Marmelade mit Banane
229 Marmelade mit Datteln
230 Länger haltbare Marmelade für den Vorratsschrank
231 Pesto
232 Toppings
233 Veganer „Parmesan"

234 Rezeptklassiker im Alltag
234 Beliebte Frühstücksklassiker
234 Obstmus mit Flocken
236 Obstmus mit Flocken in fester Form
237 Frühstücksmuffins
238 Süße Pancakes
239 Energiebällchen
242 Kleine „Scheißerchen"
243 Praxisbeispiele für vollwertige Hauptmahlzeiten
248 Betthupferl
249 Meine Suppe mag ich (trinken)
250 Liebste Süßkartoffel-Linsen-Suppe
251 Pancakestangen mit Rosinen und Banane
252 Die süße Versuchung – Babydesserts
252 Beste Dessertcreme (Eis)
253 Babykekse
254 Babymuffins
255 Apfelmus-Blechkuchen
257 Schokokuchen zum Geburtstag

REZEPTE

VORWORT

Hilfe! Die Beikostzeit naht

Es ist schon seltsam: Beim Wort **Beikost** rüttelt es zahlreiche Eltern aus ihrem seligen Baby-Zauberschlaf. „Jetzt fängt der Ernst des Lebens an!" Es wird wie wild nach Informationen gesucht, im Netz oder am Buchmarkt, um einen Fahrplan zu finden, mit dem man alles „richtig" macht. Und es sollte schnell gehen, am besten über Nacht vom Säugling zum allesverzehrenden Kleinkind. Puh, ganz schön anstrengend, für Eltern UND Baby! Dabei ist es doch eine so wundervolle Übergangsphase, die mit dem Baby ganz entspannt und instinktiv erlebt werden könnte … Aus diesem Grund schreibe ich dieses Buch, denn es ist mir als Hebamme und mittlerweile vierfache Mutter wichtig, ein freudvolles Erleben der verschiedenen Entwicklungsphasen des Babys zu vermitteln. Leider hat unsere Gesellschaft in den letzten 50 Jahren ein Bild für die „normale" Begleitung eines Babys aufgebaut, das weitab von den wahren Bedürfnissen eines Babys und der Eltern liegt.

Drei Generationen, DREI REALITÄTEN

Zudem sind Beikostempfehlungen sehr unterschiedlich und meist nicht wirklich überprüft, sondern lediglich altbewährt auf jahrelang gleich geführten Standards oder Meinungen aufgebaut. Die über Jahrhunderte hindurch von Großeltern und Eltern überlieferte (instinktive) Beikosteinführung ist vor allem in den Siebzigern, Achtzigern und Neunzigern des vorigen Jahrhunderts durch eine Welle von schulmedizinischen Empfehlungen im Zeitalter der Krankenhausgeburten abgelöst worden. Neben den rigiden Stillempfehlungen wurde auch die weiterführende Beikosteinführung Sache der medizinischen Fachberatung. Eltern mussten und sollten mit strikten Fahrplänen dafür sorgen, dem Baby an genau definierten Essenszeiten vorgeschriebene Mengen sicherheitshalber in passiver Ernährungsweise (mit Löffel füttern) Beikostbreie verabreichen. Diese – zum Teil frustrierende und zum Scheitern verurteilte – Art und Weise, Babys das zu geben, was sie als physische (und emotionale) Ernährung brauchen, wird nun langsam durch aufkommende neue (alte) babygeführte

Ernährungsweisen wie das Stillen/Flasche nach Bedarf und das BLW (Baby led weaning) revolutioniert.
Es zahlt sich also aus, als Eltern über den Tellerrand zu schauen, um den Blick fürs Wesentliche zu bekommen. Auch ich habe mir dazu ernsthaft die Frage gestellt, was sich wirklich ganzheitlich und individuell zur Beikostempfehlung eignet.

HINWEIS

Die Ansichten aus dem Buch sind angelehnt an die instinktiven Bedürfnisse eines Babys, müssen aber nicht für ALLE Babys passen! Alle Babys (und Menschen) sind unterschiedlich, und es gibt nichts, das es nicht gibt. Erlaube dir, offen zu bleiben, was sich in der Praxis FÜR DICH und DEIN Baby bewährt. Macht Eures daraus!

Meine Geschichte

Mir selbst war dieses Thema bis zum Zeitpunkt der Geburt meines ersten Kindes so gut wie fremd. Man verlässt sich auf das bisher Empfohlene und stellt plötzlich fest, dass die Realität oft ganz anders aussieht. So ging es mir mit meiner ersten Tochter: Ich hatte selbst noch wenig Ahnung von vollwertiger und babygeführter Ernährung und die unergründlichen „goldenen Tipps" für die Beikost waren für mich ein Dschungel aus Empfehlungen von Fachgesellschaften. Mit **Karottenbrei** und **Beikosttabellen** stürzte ich mich in die gefürchtete nächste „Phase". Wie schon innerlich erwartet, machte die Kleine den Mund nicht auf, nicht heute, nicht morgen, nicht übermorgen. Langsam, aber sicher frustrierte mich jeder Tag mehr und das Dilemma rund ums Thema Beikost vergrößerte sich. Meine Tochter blieb hart, und irgendwann wachten wir im elften Lebensmonat auf, in welchem ich schließlich resignierte und sie einfach nur noch mit Muttermilch zufriedenstellte.
Als ich jegliche Vorstellung eines sonnigen mit Beikost gefütterten Kindes losgelassen hatte, begann die Kleine plötzlich, auf ihre Weise die Lebensmittel in ihrer Umgebung zu erkunden. Mit Genuss biss sie in die für mich angerichtete Avocado, lutschte an meinem angebissenen Pfirsich und schlürfte meine thailändische, scharfe Suppe!
Ich konnte es nicht fassen. Damit war mein Ehrgeiz geweckt, alles über die Beikost zu erfahren, um endlich aus dem Hamsterrad der standardisierten

Beikostempfehlungen auszusteigen und Babys Bedürfnisse wirklich zu verstehen. Mein Bauchgefühl sagte mir, es gibt eine **innere Wahrheit und einen natürlichen Zugang** für diese Umstellungszeit. Manchmal muss man die Dinge nur mit anderen Augen sehen und mit anderen (neuen) Gedanken dazu begleiten!

Dieses Buch ist dafür gemacht, die Beikost mit den Augen des Babys zu betrachten und auf das eigene Bauchgefühl zu vertrauen. Daher auch der Titel des Buches: **„Zeig's mir Baby!"** Ich verspreche, es wird Spaß machen, und du kannst dich gemeinsam mit deinem Baby auf einen spannenden Weg freuen, der mit Leichtigkeit anstatt mit Frust begangen werden kann.

Ich widme dieses Buch meinen Kindern Zoe, Lenny, Romy und besonders meiner kleinen Lou, die wesentlich zur Herstellung der authentischen Bilder beigetragen und alles „mitgemacht" hat! Besonders bei ihr habe ich die Leichtigkeit und Freude der Beikost gespürt und bin ihr unendlich dankbar für die noch dazugewonnenen Erkenntnisse in der Beikostbegleitung.

Hinweis für die Inhalte im Buch: Ich habe dieses Buch mit meinem besten Wissensstand und Gewissen für Mütter und Eltern geschrieben, was aber nicht bedeutet, dass es vollständig und laufend aktuell bleibt. Ich hoffe, damit

Lou (8 Monate) und IHRE FREUDE an der Beikost

einen wesentlichen Beitrag zu leisten, die Babybegleitung wieder instinktiver und natürlicher, vor allem auch gesünder zu gestalten. Alle haben natürlich dennoch die Möglichkeit und das Recht, einen eigenen individuellen Weg zu gehen und die Inhalte als Angebote zu sehen.

Ich bin Maria Lobis

Vor 20 Jahren wurde ich zur Hebamme ausgebildet. Mittlerweile bin ich als freiberufliche Hebamme tätig, außerdem als spezialisierte Eltern-Kind-Beraterin, Geburtsvorbereiterin, ganzheitliche Gesundheitsberaterin sowie Botschafterin für Nachhaltigkeit und Mutter von vier Kindern. In meinem Heimatland Südtirol praktiziere ich als freiberufliche Hebamme und habe gemeinsam mit meinem Mann die verpackungsfreien Läden *NOVO – bio und lose* eröffnet. Meinen Hebammenberuf habe ich in Krankenhäusern und Kliniken gelernt und begonnen. Bald haben sich jedoch meine Interessen für die Themengebiete Naturheilkunde, die Verbundenheit mit Mutter Erde und mit der „Seele Mensch" entfaltet. Deshalb führte mich mein Weg hin zu zahlreichen Ausbildungen im alternativmedizinischen Bereich und schließlich auch zu eigenen Kindern. Mit ihnen spürte ich noch deutlicher, was wirklich wichtig ist. Und mir wurde klar, was ich zukünftig als Hebamme, als Mutter und als Besucherin dieser wundervollen Mutter Erde Eltern und der Menschheit hinterlassen möchte.
So änderte sich mein Berufsbild: Ich ging in die Freiberuflichkeit und halte seit 2013 Kurse für eine möglichst bewusste Schwangerschaft, Geburt und Elternzeit sowie zu den Themen Naturheilkunde, Ernährung, Umweltschutz und Zero waste.

Maria und Lou

BEIKOST – EIN WICHTIGES THEMA

Als ich mich auf den Weg machte, **die EINE Beikostrichtlinie** für die Menschheit zu finden, fiel mir einiges auf. Das Stillen bzw. die erste Babymilchnahrung sind klar definiert, aber für die Beikost gibt es verschiedene Ansätze, die zum Teil **sogar sehr gegensätzlich** sind.
Die Aussage der *American Academy of Pediatrics*, des weltweit renommiertesten Zusammenschlusses von Kinderärzten, ist sogar schlichtweg: „Die beste Methode zum Beifüttern ist nicht bekannt."
Es gibt keine klar gesteckten Richtlinien, weder für den „richtigen Zeitpunkt" noch für die ausgewählten Lebensmittel oder Rezepte, es sind allenfalls Empfehlungen, die nach und nach übernommen wurden, auch wenn sie oft nicht wirklich befriedigend für Babys und Eltern funktionieren. Als Darreichungsform gibt es demnach klassische und seit Jahren empfohlene Breis für Babys ab etwa vier Monaten, ab acht Monaten darf es dann schon fester sein und mit einem Jahr können die meisten Kinder mit dem Rest der Familie mitessen.
Meiner Erfahrung nach kann man diese standardisierten Empfehlungen nicht allgemein auf Babys übertragen, denn nicht alle Babys haben gleiche Voraussetzungen, Neigungen und Bedürfnisse. Und es hängt auch von den Eltern ab: Wie möchten sie die Nahrungseinführung gestalten? Mit welcher Methode fühlen sie sich wohl und sicher?
Ich möchte dir helfen, im Beikost-Ernährungsdschungel auf die Besonderheiten DEINES Babys einzugehen und eine gesunde, vollwertige und vor allem babygerechte Beikost aufzeigen. Denn wie auch das Stillen ist die Beikost nicht in einem Satz zu erklären und darf individuell verstanden und gelebt werden.

Beikost weltweit

In den verschiedenen Ländern und Kulturen weltweit wird die Beikost unterschiedlich gehandhabt. Es werden **täglich** etwa 345.600 Babys geboren[1], ebenso viele erreichen nach einigen Monaten auf dieser Erde die nächste Stufe in Richtung Selbstständigkeit.

- Dabei erhalten in **Thailand** Babys mit gut drei Monaten eine Gemüsebrühe oder Reis mit gematschter Banane, Papaya oder Mango.
- In **Italien** sind die Babys im Schnitt fünf Monate alt und bekommen als ersten Babybrei eine Gemüsesuppe angedickt mit Reismehl und getoppt mit Parmesan und Fleisch.
- In **Schweden** bekommen die Babys mit rund sechs Monaten den ersten Kartoffelbrei, ergänzt durch Pastinake, Blumenkohl, grüne Bohnen oder anderes Gemüse. Als erstes Obst gibt es oft Blaubeeren.
- In **China** erhalten viele Babys mit rund acht Monaten die erste Beikost. Wichtigste Zutat ist Reis, der zusammen mit Kohl, Karotten oder Spinat serviert wird.
- In **Australien** bekommen Babys nach dem sechsten Monat meist einen Brei aus Reis, Hülsenfrüchten wie Sojabohnen oder Linsen und Fleisch.
- In **Kenia** gibt es für Babys mit etwa fünf Monaten Amaranth und Obst wie Bananen, Orangen und Mango.

- In **Kolumbien** essen Babys schon innerhalb von ein bis vier Monaten Beikost. Es werden Banane, Palmherzen oder Papaya gereicht. Mit fünf Monaten gibt es dann Mais, Tomaten, Zwiebeln oder süße Chilis.
- In **Mexiko** gibt es als Beikost das Essen der Erwachsenen ungewürzt und babygerecht. Hühnerbrühe mit Bohnen wird Babys mit rund vier Monaten gereicht.
- In den **USA** wird nach einem halben Jahr mit der Beikost angefangen. Babys sollen möglichst viele Lebensmittel kennenlernen und selbst Löffel oder ihre Finger dafür nehmen. Der erste Versuch ist oft Reisbrei mit Avocado, Bananen, Süßkartoffeln, Kürbis oder grünen Bohnen.
- In **Kanada** stillen die Inuit etwa sechs Monate, danach ist die traditionelle erste Beikost von den Eltern vorgekauter Fisch!

Fazit

Die Beikosteinführung ist weltweit zeitlich und inhaltlich völlig unterschiedlich! Für Eltern hat der einführende Blick weltweit schon mal etwas Entspannendes und Sorgenbefreiendes, denn auch wenn Beikost überall anders aussieht, hat es angeblich nicht wirklich fatale Auswirkungen auf das Weiterleben des Babys. Allerdings geht es in dieser Generation wieder vermehrt darum, die wahren Bedürfnisse des Kindes zu erkennen und den Löffel sprichwörtlich wieder aus der Hand zu geben, das Vertrauen ins Baby und in die eigene Wahrnehmung zu lenken, um den eigenen goldenen Weg der Mitte zu erkennen, den man mit seinem Baby gehen möchte.

Außerdem ist die gesunde Beikostbasis als Prägung einer gesünderen Lebensweise im weiteren Leben mittlerweile auch ein wichtiges gesellschaftliches Thema, um Allergieneigung, Übergewicht oder chronische ernährungsbedingte Erkrankungen entgegenzuwirken.[2] Dazu auch das Zitat von UNICEF – H. Fore:

> ❝ ES GEHT NICHT NUR DARUM, DASS KINDER GENUG ZU ESSEN HABEN; ES GEHT VOR ALLEM DARUM, DASS SIE DAS RICHTIGE ZU ESSEN HABEN. ❞

Was würden Babys wirklich tun, wenn es rein in IHRER Hand läge?

Dies ist und war immer schon ein wichtiger Gedanke, der sich mir im Hinblick auf die gängigen Beikostempfehlungen aufdrängte. Genau beantworten kann man diese Frage natürlich nicht. Tatsache ist, dass das Thema Ernährung von Geburt an stark prägend für das Baby ist und dies auf mehreren Ebenen.

- **Auf psychischer Ebene:** Wann ist das Baby entwicklungspsychologisch bereit für Beikost? Gibt es wirklich DEN Monat, indem es mit der Beikost vertraut gemacht werden sollte? Was macht die aktiv von den Eltern geführte Essenseinführung mit dem Baby? Und wie baut das Baby am einfachsten Freude und Spaß am Essen auf? Welche Auswirkung hat eine gewisse Beikosteinführung auf den längerfristigen Bezug zum Essen, zu den Eltern und zum eigenen Körper?
- **Auf körperlicher Ebene:** Das Baby baut den Körper mit den Baustoffen auf, die es bekommt. Welche Auswirkung hat eine gewisse Ernährungsweise auf das Grundfundament des Babys? Ist die gewählte Ernährungsform bedarfsdeckend? Unterstützt es die artgerechten Wachstums- und Entwicklungsschübe? Im Laufe dieses Buches gebe ich dir Antworten auf all diese Fragen.
- **Auf gesundheitlicher Ebene:** Können durch eine spezielle Beikostform Übergewicht, Diabetes oder andere chronische oder degenerative Erkrankungen verhindert oder provoziert werden? Können Allergieneigungen wirklich verhindert werden? Die statistischen Erhebungen zeigen eine steigende Tendenz hin zu diesen typischen Erkrankungen des Immunsystems. An der Ursachenfindung wird hart gearbeitet, aber klar ist: Im Hinblick auf Allergieprophylaxe kann zwar einiges bereits in der Beikosteinführung gemacht werden, recht ausschlaggebend für den Rückgang von Allergien ist es dennoch nicht.[3] Dazu mehr im Kapitel „Besonderheiten im Beikostdschungel" (siehe S. 103).

Rückblick – wie war es früher? Und woher kommen die gängigen Beikostempfehlungen?

Wenn es um die Frage geht, was denn wirklich und immer schon notwendig war, damit die Menschheit überlebt, müssen wir tief in die Vergangenheit schauen:

In der Zeit, bevor es Stabmixer und ähnliche Hilfsmittel gab, wurden Babys geboren, gestillt ... und dann? Meine Recherchen diesbezüglich waren nicht sehr erfolgreich, anscheinend haben sich bis dato eher wenig Menschen wirklich gefragt, wie Babys seit Jahrtausenden ernährt wurden. Oder anders ausgedrückt: Der Mensch lebt zum Glück doch aufgrund der Erfahrungswerte, die seit Generationen einfach weitergegeben werden. Tradition und Kultur spielen hier eine maßgebliche Rolle, an denen sich Babys bzw. die Eltern orientieren:

GESCHMACKS-NUANCEN im Fruchtwasser

- Die **Geschmacksprägung** entsteht schon **im Mutterleib** – Babys Fruchtwasser enthält Nuancen, die in der Familienküche vorkommen. Je nachdem, wie und was gekocht wird bzw. was kulturell schon über Generationen gerne gekocht oder durch Bräuche überliefert wurde.
- Das Kind orientiert sich an dem, **was es sieht:** Eltern und Anwesende sind große Vorbilder für das zukünftige Essverhalten.
- Das Baby will mit **allen Sinnen** lernen und durch das Sammeln von Erfahrungen hat es eine natürliche **„Angst vor Neuem"**, welche es aber auch schützt. Daraus erklärt sich oft die Abneigung gegen ganz klassische „kinderabschreckende" Lebensmittel wie Spinat, anderes grünes Gemüse, Zwiebel, Pilze usw.
- Evolutionsbiologisch geht das Baby auf Nummer sicher mit den Geschmacksrichtungen **„süß" und „eiweißreich".** Bitter und sauer geben dem Baby das Gefühl von giftig, und es lehnt dies eher ab (wie Essig im Salat).
- Besondere Vorliebe besteht für **Saisonales und Regionales** und auch dies ist mit den schon genetisch bekannten Geschmacksprägungen verknüpft. Damit isst das Baby gern das mit, was es vor Ort findet, was alle

BITTER und SAUER kommen nicht gut an

am Familientisch regelmäßig essen und Mama schon in der Schwangerschaft gegessen hat. Es geht damit auch auf Nummer sicher, dass es damit wie die anderen „überlebt".

Wann wurde früher mit der Beikost begonnen?

Eine wissenschaftliche Untersuchung zum typischen Beikostkind über die Frage, wie lange „früher" gestillt wurde und wann es Zeit für Beikost war, zeigen Forscher aus New York: „Nach einem guten Jahr war bei einem Neandertalerkind Schluss mit der Muttermilch" – so die Forscher der *Icahn School of Medicine at Mount Sinai* in New York.[4] Dies ergab die Untersuchung aufgrund der Bariummessung im Zahnschmelz. Demnach bekam dieses Neandertalerkind sieben Monate ausschließlich Muttermilch, wurde dann weitere sieben Monate mit fester Nahrung zugefüttert und anschließend abgestillt. Da es sich jedoch um die Daten eines einzigen Kindes handelt, können die Wissenschaftler keine Aussage über die allgemeinen früheren Still- und Beikostgewohnheiten treffen. Was Wissenschaftler jedoch in diversen Skelettfunden beobachten, ist die Tatsache, dass **Beikost früher gröber** war. Dies erklärt sich im Muskelaufbau, der die Stellung des Kiefers formte, je nachdem, welche Konsistenz zerkaut werden musste.

Der Blick geht für mich auch noch zu den Menschenvölkern, die noch naturnaher und „primitiver" leben als der Durchschnitt der industrialisierten, digitalisierten und materialisierten Gesellschaft.

Was machen Urvölker?

Klar ist, das Stillen praktizieren sie um ein Vielfaches länger als „gewohnt": im Schnitt drei Jahre. Was dies für Gründe haben mag? Babys brauchen die wertvolle Milch für ihre frühkindliche Entwicklung, vor allem fürs Gehirn, aber auch für die konstante hyperkalorische Versorgung, die in den festen Lebensmitteln nicht in dieser Konzentration vorhanden ist. Mit einer Karotte wird man nun mal nicht satt, mit einem Schluck Muttermilch hingegen schon!

Außerdem ist es ein guter Schutz, möglichst gesund und krankheitsverhütend groß zu werden. Besonders in den ärmeren Ländern mit spärlicher Hygiene und verkeimtem Trinkwasser ist dies ein wichtiges, wenn nicht sogar überlebenswichtiges Argument!

Und wie geht es für ein Dschungelbaby weiter? Wahrscheinlich mit dem, was da ist, je nach Saison und aus dem gewohnten Umfeld. Das Essen erinnert geschmacklich und immunologisch an Fruchtwasser sowie Muttermilch, weil Mama im Dschungel immer dasselbe isst und später dem Baby liebevoll anbietet, die Nahrung manchmal vielleicht mit den eigenen Händen mundgerecht macht **(Fingerfood aus den Händen der Mutter –** siehe folgende Kapitel). Außerdem wird es damals wie heute für jeden Nachkömmling so gestaltet, wie es fürs eigene Baby gerade passt, die Unterschiede im Angebot durch die Jahreszeit hindurch miteingeschlossen! Ein Winterbaby isst eben anders als ein Sommerbaby!

Der europäische Fahrplan

Es gibt insgesamt recht wenig Überlieferungen, die konkret aufzeigen, was seit Jahrtausenden „normal" ist. Sicher jedoch ist, dass es NICHT dem gängigen europäischen Fahrprogramm entspricht, dass breiige Babyspezialkost mit exakt berechneter Darreichungsmenge an das Baby ab dem vierten Lebensmonat mit dem Löffel verfüttert wird. Auch das systematische Ersetzen von Brust/Flasche durch den Babybreiteller, wie auf der Abbildung 1) auf S. 22 dargestellt ist und nach wie vor in unseren Breiten gängig empfohlen wird, entspricht leider nicht dem, was Babys seit Jahrtausenden als babygerechte Beikosteinführung guttut.
Aktuelle „modernere" Beikostempfehlungen sind in dieser Anschauung weniger streng, auch wenn nach gewissem Schema immer noch die Vorgaben der Breifütterung gelten, wie im Schema – Abbildung 2) auf S. 22 – aus dem Jahr 2023 des FKE *(Forschungsdepartment für Kinderernährung Klinikum Bochum).*

1) Negativbeispiel – von der Milch zum Brei

	Morgens	Vormittags	Mittags	Nachmittags	Abends
1.–6. Monat					
5.–6. Monat					
ab 7. Monat					
ab 8. Monat					
ab 9. Monat					
10.–12. Monat					

Stillen/ Schoppen; Brot

Zwischen-mahlzeit Obst/ Gemüse

Obst-Gemüse-Brei

Gemüse-Kartoffel-Fleisch-Brei

Obst-Getreide-Brei

Milch-Getreide-Brei

Feste Nahrung

2) „Moderner" Ernährungsplan für das 1. Lebensjahr

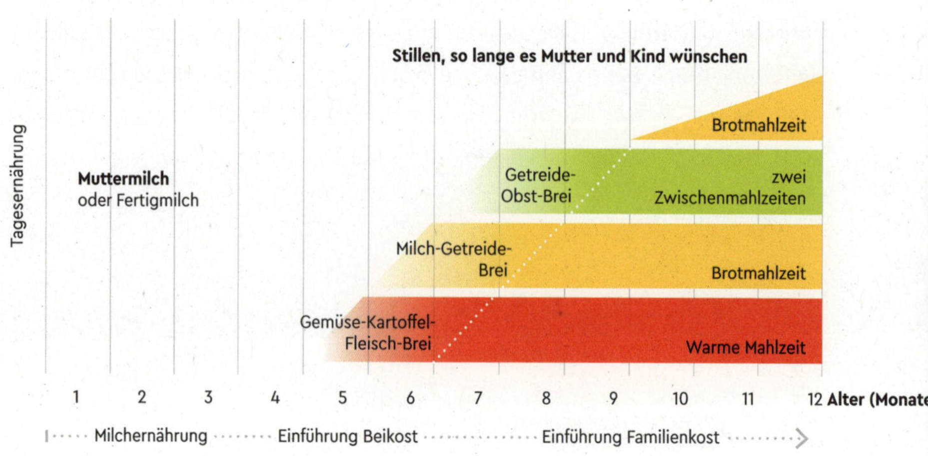

Mittlerweile wird auch die Wichtigkeit der individuellen Zeichen des Kindes betont und vor allem das achtsame und respektvolle „Füttern": das Prinzip des **Responsive Feeding.** Essen ist kein Zwang mehr, sondern darf als **Angebot** an das Kind verstanden werden. Damit fallen die erwähnten Schemata komplett durch, da es ein völlig neuer Ansatz ist, dem Baby die neue Phase der Lebensmitteleinführung nahezubringen.

Dies klingt eigentlich ganz toll – eine Revolution für die individuelle Beikostbegleitung – bringt aber nach 50 Jahren striktem Ernährungsplan und eng gesteckten Verordnungen auch **Unsicherheiten** mit sich, besonders für Eltern. Es ist ziemlich verwirrend, im Internet unterschiedliche Schemata zur Babyernährung zu finden und andererseits dem Baby endlich artgerecht mit **Responsive Feeding, Fingerfood, Baby led weaning** und ähnlichen Ansätzen gerecht zu werden. Ein Chaos in der digitalen und irdischen Welt!

Endlich Klarheit über die Bedürfnisse und die Fähigkeiten des Babys zu gewinnen, ist eine wertvolle Erkenntnis, die die Begleitung eines Babys durch die ersten Lebensmonate enorm erleichtert und dem Baby wie auch den Eltern vielfach Freude, Selbstvertrauen und eine entspannte Atmosphäre verschafft!

Fazit

Seit Jahrtausenden wachsen Babys in gewohnten Ernährungs- und Familiensystemen auf, die sie schon im Mutterleib kennenlernen und auch nach der Geburt annehmen. Den Rest der „neuen Phase" zeigt dir dein Baby selbst: Was, wie viel und wie es die kommende neue Nahrung braucht.

Es genügt erst mal, von Dogmen und fixen Vorstellungen loszulassen und mit dem Baby einzutauchen in die neue Welt der Entdeckung seiner umgebenden Nahrungsmittel!

BABYS MÖCHTEN SELBSTWIRKSAM SEIN

Essen als Lernprozess

„Das ist Aprikose!" – Beikost aus Babys Sicht!

„Ich sitze auf Mamas Schoß und sehe ein rundliches frisches Ding am Tisch, orange leuchtend, süßlich duftend, Mama beißt gerade rein und schaut dabei sehr angetan aus ... Das will ich auch haben! Ich versuche, danach zu greifen, und mache sogar bemerkenswerte Laute, um zu zeigen, dass ich dieses Etwas kosten will!

Mama reicht es mir endlich und siehe da ... wow! Es sieht so leuchtend und anziehend aus, jetzt koste ich mal ... Ich versuche, die Hand zum Gesicht zu führen, aber ich erwische noch nicht den Mund! Stattdessen ist mein Haar voll von Aprikosenschleim und Mama rennt schon um den Putzlappen. Doch schon zu spät, jetzt zerquetsche ich dieses weiche leuchtende Ding wohlig in meinen Händen – es fühlt sich so kuschelig schleimig an! Das ist eine Aprikose, so fühlt sie sich an! Und wie schmeckt sie? Ach, ich kann ja meine Faust abschlecken und mich daran satt kosten: Sie ist süßlich und auch ein bisschen bitter! Schmeckt es mir? Mal sehen – ich koste es wieder und nein, das schmeckt nicht so, wie ich es gerne hätte. Also weg damit! Ich lasse die Aprikose einfach fallen, beobachte, wie sie an meinem Kinderstuhl entlang schmierig hinunterkleckert, auf die Stuhlbeine prallt und dann entlang der Stuhlfüße bis hinunter auf den Boden läuft. Mama rennt schon wieder. Was macht sie da ständig?"

Aufmerksames BEOBACHTEN

So oder so ähnlich empfindet das Baby diese aufregende neue Phase. Der Perspektivenwechsel kann den Eltern helfen zu verstehen, wie das Kind „tickt" und was das Baby braucht, um mit allen Sinnen Beikost erfahren zu können. Für uns ist es klar: Bei Hunger schieben wir die Gabel Richtung Mund, wo die Nahrung schluckgerecht zerkaut wird. Der Magen-Darm-Trakt ist dann dazu da, alles in den Magen zu befördern, wo sich nach und nach ein wohliges Gefühl der Sattheit einstellt und damit der „Job" Essen erledigt ist sowie die Nährstoffaufnahme und Verdauung beginnen kann.

Essen als SPIEL und aus NEUGIER

Bei Babys ist das (noch) ein wenig anders. Hinter dem Essen steckt für sie noch viel mehr als reine Nahrungsaufnahme. Babys entwickeln sich täglich und verändern sich auch bezüglich Beikost! Essen hat in der ersten Beikostzeit **noch nicht mit dem Gefühl, Hunger zu stillen,** zu tun, sondern mehr mit **Neugier, Spiel und Entdeckerlust!** Das Baby will erst alles Essbare (und nicht essbare) mit allen Sinnen kennenlernen.

Die Erkenntnis, dass Essen als Kalorien genossen werden kann und Hunger stillt, kommt meist erst nach Monaten. Die meisten Babys fangen damit erst mit neun bis zwölf Monaten oder sogar noch später an.

BUNTES TREIBEN

Ein bekanntes Sprichwort aus England bringt es auf den Punkt:

FOOD BEFORE ONE IS JUST FOR FUN!

In etwa mit sechs Monaten beginnen Babys, mit den Händen nach Gegenständen zu greifen, und spüren zwischen ihren Fingerchen die herrliche Konsistenz eines Gegenstandes oder eben Lebensmittels ... mal ganz weich oder faserig, dicklich, breiig oder fest. Sie beobachten die Details, die Farben, die Form, den Geruch! Bei Erwachsenen ist diese Art des bewussten Vorgehens mittlerweile eine Therapieform geworden! Es nennt sich **Achtsamkeit –** das Leben im Hier und jetzt intensiv spüren, um vollen Lebensgenuss zu fühlen.

Was Babys auch noch interessant finden, ist das Fallenlassen. Manchmal wird Essen am Tisch ordentlich verstrichen, der gesamte Tellerinhalt direkt seitlich am Babystuhl ausgeschüttet. So wird in der späteren Beikost auch nicht Brauchbares aus dem Weg geschafft! Babys wollen damit nicht Mama oder Papa ärgern, sie herausfordern oder machen es nur aus Langeweile. Nein, sie möchten alle physikalischen Eigenschaften des Gegenstandes kennenlernen, indem sie wahrnehmen, in welcher Zeit die Gurke auf den Boden aufprallt, wie laut und welchen Ton es beim Aufprall gibt. Nur so kann es das Lebensmittel (oder den Gegenstand) genau kennenlernen und als solches detailliert abspeichern.
Auch signalisieren sie damit nach und nach, wann sie die bereitgestellten Angebote nicht oder nicht mehr brauchen. So wird der Teller leer geräumt, einiges gekostet und das meiste „verworfen". Ist das nicht spannend? Freu dich, dem Baby zuzusehen, wie es mitten im Leben angekommen ist bzw. anzukommen versucht und seine eigenen „Schritte" macht. Babys sind wahre Meister des Lebens!
Ein **Nachteil** in diesem Essen-Kennenlernprozess sind die Schweinerei und der viele (Bio-)Müll, die hinterlassen werden. Wenn es dir doch mal zu bunt werden sollte, den Dreck auf dem Boden und am Tisch in Ordnung bringen zu müssen, gibt es tolle Tipps aus eigener Erfahrung im Mutteralltag meinerseits:

- Verlagere das **Essen ins Freie,** wenn es die Wetterlage zulässt. Dann erledigen Ameisen und Vögel den Rest!
- Setz dich zwischendurch auch mal **ins Restaurant.** Du bekommst warmes Essen serviert, dein Baby kann bestenfalls ein wenig mitessen, und nach dem Essen darfst du aufstehen und den unvermeidbaren Dreck auch mal hinter dir lassen.

Wirklich „sauber" essen zu lernen, braucht seine Zeit und vor allem Geduld der Eltern. Mittlerweile weiß man aber, dass Babys viel schneller „sauber" werden (am Tisch), wenn sie

NORMALE Schweinerei nach dem Beikostessen

Baby bei der ARBEIT

ab Beikostbeginn alles selbst in die Hand bekommen. Du kannst auch versuchen, mittels eines vorübergehend liegenden Baumwolltuchs oder Lakens die Essensreste aufzufangen, das nach dem Essen über die Biotonne oder ins Freie ausgeschüttelt werden kann.
Übrigens: Die Fertigkeit, Lebensmittel nicht nur zu zerquetschen oder zu verschmieren, sondern sie baldigst gut in den Händen zu halten und (nur) zum Mund zu führen, verbessert sich **mit jeder Gelegenheit, bei der das Baby üben kann!**

TIPP

Ist die „Schweinerei" noch ziemlich im Gange, wäre es ratsam, Tisch und Stühle so schnell wie möglich gut abzuwischen, damit das Verschmierte nicht allzu sehr eintrocknet und später mühsam abgeschrubbt werden muss! Es bewährt sich kurzes Behandeln von Dreckflecken in Stoffen mit Gallseife und das Aufhängen in der Sonne nach dem Waschgang. Damit wird die Wäsche (fast immer) wieder fleckenfrei und weiß!

Zusammengefasst: Was lernen Kinder, wenn sie ihr erstes Beikostangebot selbst erkunden können?

- Wie sieht das Angebotene aus?
- Ist es essbar? Essen es auch meine Eltern? Oder ist es gar nur ein Spielzeug?
- Wie lässt es sich greifen?
- Wie fühlt es sich in der Hand an?
- Wie führe ich es zum Mund?
- Kann ich es überhaupt zerkauen oder spucke ich es lieber gleich aus?
- Wie schmeckt und riecht es?
- Wie viel will ich davon haben?
- Darf ich selbst die Kontrolle darüber behalten, ob und was ich mir zu Gemüte führe?
- Darf ich entscheiden, wann ich genug habe?

Löffelfütterung versus Fingerfood/Baby led weaning

Ist das Zeitalter des „Löffelfütterns" vorbei?

Lange Zeit erschien es wie das Amen im Gebet: Babys erste Beikost wird als Brei mit Löffel „verfüttert". Eltern bestimmen dabei den Zeitpunkt, ab wann, was, wie und natürlich wie viel es sein soll. Dies hat den **Vorteil,** dass Eltern genau wissen, wie viel und was das Baby gegessen hat. Endet diese Methode nach anfänglicher Euphorie jedoch in einer langfristigen Verweigerung oder Krise, so stehen Eltern im Regen mit dem Gefühl, selbst etwas falsch zu machen, oder gar der Angst, dass mit dem Baby etwas nicht stimmt. Diese frustrierende Erfahrung hält sich dann für die gesamte Beikostzeit oder führt dazu, in diesem verzweifelten Zustand auch andere Wege zu suchen.
So ist auch die selbstbestimmte **BLW-**Bewegung entstanden. Das **Baby led weaning** ist ins Deutsche übersetzt die **babygeführte Entwöhnung** (von der Muttermilch). In einer Studie der Kinderärztin Dr. Clara Davis in den 1920er-Jahren zur **Selbstauswahl** wurde es Babys selbst überlassen, was sie essen wollten, wie viel davon und auch wie (keines davon wählte den Milch-Getreide-Brei, der im gängigen Beikostmenüplan ganz oben steht). Es wurde lediglich darauf geachtet, dass den Babys täglich eine regelmäßig vollwertige Auswahl

an Lebensmitteln zur Verfügung stand. Alle Teilnehmer hatten natürlich einen gesunden und für die feste Beikost reifen Entwicklungsstand.[5]
Die Babys zeigten alle ein interessiertes und instinktives Verhalten bei der Lebensmittelauswahl und griffen zu dem, was sie an Nährstoffen gerade brauchten. **Keines** davon bekam einen **Mangelzustand!** Außerdem wurde beobachtet, dass dadurch später im Leben **weniger Probleme mit Übergewicht** entstanden und **insgesamt gesünder gegessen** wurde.
Das Baby lernt somit Lebensmittel auf seine Art und Weise kennen. Es entwickelt schnell die Fähigkeit, motorisch mit den Händen zu koordinieren und mit dem Essen im Mund zurechtzukommen. Auch erkennt das Baby die verschiedenen Konsistenzen und Beschaffenheiten der unterschiedlichen Lebensmittel.

Vorteile von Baby led weaning für Baby und Eltern

Für das Baby	Für die Eltern
Es darf entscheiden, was, wie schnell, wie viel es isst.	Es braucht keine streng strukturierten Fahrpläne mehr.
Es hat früh ein gutes Gefühl von Sättigung/Hunger, „darf" dies selbst steuern, ist später auch weniger wählerisch.	kein/wenig Extrakochen fürs Baby; zeitsparend in der Zubereitung
Feinmotorik mit Händen und Mundmuskulatur werden trainiert, auch für das spätere Malen und Schreiben.	unkomplizierte Mahlzeiten auch auswärts möglich
Gemeinsames Essen am Familientisch – das Baby fühlt sich integriert und im Lernprozess lebendig.	keine Investitionen für Fertigbreis in Babygläschen, Getreidepulver oder extra Besteck
Eigenständiges Handeln am Tisch, macht es wie die Großen, dies stärkt das Selbstvertrauen!	gleichzeitiges Essen am Familientisch (auch Eltern können entspannt essen)

Das Baby wird durch BLW im selbstbestimmten Entwicklungsprozess unterstützt und kann die Beikost selbst erkunden, mit seiner Grundneugier, der unbändigen Entdeckerlust und auf spielerische Art den Zusammenhang zwischen Sattwerden und Essen erkennen.
Die **Löffelfütterung** stellt eher das Gegenteil dieser Selbstwirksamkeit dar. Das Baby wird passiv an die Lebensmittel herangeführt. Der Grund für dieses jahrelang „normale" Vorgehen ist der empfohlene **extrem frühe Beikoststart,** der schon ab einem Alter von vier Monaten möglich ist. Babys haben zu diesem Zeitpunkt noch nicht die motorische Fertigkeit der Hände zum Greifen, der Koordination von Hand zu Mund und auch nicht die Kau- und Schluckfertigkeiten. Auch der Verdauungstrakt ist noch nicht vorbereitet, feste Nahrung zu verarbeiten. Wissenschaftlichen Studien zufolge erhöht sich sogar das Risiko für spätere Herz-Kreislauf-Erkrankungen, wenn Babys vor dem sechsten Lebensmonat mit fester Nahrung gefüttert werden.

LERNEN,
wie es am besten funktioniert!

Wann nun der „richtige" Zeitpunkt für den **selbstwirksamen Beikoststart** aus der Sicht des Babys wirklich ist, wird im Kapitel „Bereit für die Beikost" (siehe S. 45) erläutert.

Grundsätzlich darf diese neue Lebensphase – wie andere Entwicklungsphasen auch – Raum und Zeit zum Entfalten bekommen, wenn dem Baby im eigenen Rhythmus Beikost nahegebracht werden möchte. Babys finden dadurch früher oder später meist alleine in diese spannende Umstellungszeit und erleben wie von selbst einen gelassenen und freudigen Zugang zum Essen. Sie wissen nichts von Monaten, Gewichtskurven, Nährstoffmangel oder Richtlinien. Noch sind sie sehr intuitiv und spüren meist genau, was ansteht und was es als Nächstes zu erkunden gibt – vorausgesetzt sie sind gesund. Ähnlich wie beim Krabbeln- oder Laufenlernen müssen wir sie zeitlich oder motorisch nicht dazu drängen, es lenken oder gar bestimmen. Wir können sie lediglich dazu animieren, indem wir ihnen **Raum** und **Gelegenheit** dafür geben.

Ein nettes afrikanisches Sprichwort in Bezug auf Babys Entwicklungsschritte:

> „DAS GRAS WÄCHST NICHT SCHNELLER, INDEM MAN DARAN ZIEHT."

Fazit

Die **babygeführte Beikost** (auch **Responsive Feeding** genannt) ist demnach nicht einfach ein babygerechter Trend. Babys dürfen vielmehr mit ihrem natürlichen Gefühl in diese neue Phase eintreten; Eltern können gelassener und entspannter dabei zusehen und sie darin unterstützen. Sie dürfen ihrem Baby vertrauen, dass auch dieses Thema intuitiver und bedürfnisorientierter ablaufen kann! Alles darf ohne Druck passieren und verhindert großen Stress. Frustrierende Mahlzeitversuche oder gar Kämpfe rund ums Essen stören nachhaltig das gesunde Gefühl für die Nahrungsaufnahme und können die Eltern-Kind-Beziehung negativ beeinflussen. BLW gehört zur babygeführten Beikost und ist ein kindgerechter Ansatz, der Babys und Eltern großen Spaß machen kann!

Hier noch eine Gegenüberstellung von BLW versus Breifütterung

Baby led weaning	Breikost bzw. konventionelles „Füttern" mit Löffel
BLW fördert das Selbstvertrauen des Babys.	Das Baby bleibt passiv, es wird „gefüttert".
BLW fördert die Erfahrung von Konsistenz, Geschmacksrichtung, Greifen, mit fester Nahrung umzugehen.	Der homogene Brei kann nicht identifiziert werden, auch die Fertigkeiten im Mund können nicht geübt werden.
BLW fördert insgesamt eine gesundere Ernährungsweise. Die Nahrung wird lange im Mund behalten, was die Verdauung fördert und langfristig eine tendenziell gesündere Ernährung und Appetitkontrolle begünstigt.[6]	Die aufgespaltenen Bestandteile (vor allem freier Zucker) fördern Karies und durch das Pürieren hat das Kind auch nicht die Möglichkeit, die aufgenommene Kalorienmenge abzuschätzen.

Baby led weaning	Breikost bzw. konventionelles „Füttern" mit Löffel
Das Kind entscheidet selbst, was, wie viel, wie schnell und wann es welche Lebensmittel braucht und will.	Die Eltern entscheiden, was, wie viel, wie schnell (meist zu schnell) und wie (oft auch unerwartet) im Mund landet.
Das Baby darf sich aus dem Angebot auf dem Familientisch aussuchen. Das gibt ihm das Gefühl dazuzugehören und Mama muss nicht extra kochen.	Das Essen, welches das Baby bekommt, sieht anders aus. Das Baby kann skeptisch werden, weil Mama nicht das Gleiche isst.
Das Baby entscheidet auch über die Regulierung der parallel laufenden Milchmahlzeiten: wann es diese reduzieren möchte oder ganz damit aufhören.	Schrittweise werden Milchmahlzeiten ersetzt, den Zeitpunkt bestimmen Eltern nach dem altbewährten Fahrplan.
Essen wird zum erlebnisreichen und freudigen Abenteuer, das je nach Baby unterschiedlich aussehen kann und das jedes Baby im eigenen Rhythmus und Reifeprozess beginnen und sich entfalten lässt. Dies passiert meist souverän innerhalb kürzester Zeit ab Beikoststart um den siebten Lebensmonat.	Essen wird als reines Mittel zum Zweck eingeführt: Milchmahlzeiten kalorienmäßig und nährstoffdeckend systematisch zu ersetzen und dies so früh wie möglich (meist mit vier Monaten); anfangs in Breiform, später langsam gröber. Dabei kann das Baby die Koordination von Kauen und Schlucken erst viel später erlernen.

Die Kombi macht's!

Baby led weaning: Brei und Fingerfood – alles im selbstbestimmten Angebot

Grundsätzlich ist es natürlicher und sinnlicher für Babys, ihnen die verschiedenen Lebensmittel in ihrem originalen Zustand zu zeigen und dem Baby die Möglichkeit zu geben, sie nach Belieben kennenzulernen. Das **Baby led weaning** wird mittlerweile von UNICEF und dem britischen Gesundheitsministerium befürwortet. Es gibt jedoch auch Babys, die dafür nicht viel oder gar kein Interesse zeigen oder auch Eltern, die sich im Gedanken nicht wohlfühlen, dem Baby die nicht pürierte Variante anzubieten. Zudem gibt es sehr wenig Evidenzen, sei es für Fingerfood als auch für Breifütterung.

Ich finde, es sollte **alles** Platz haben dürfen, denn auch mit dem Löffel anzubieten, kann gut angenommen werden. Wenn sich Eltern sicher fühlen und es achtsam begleiten, kann dies auch für das Baby angenehm bleiben und die notwendige Sicherheit geben.

Beikost aus den FINGERN DER MUTTER

Schwierig wird es bei Löffelfütterung jedoch, wenn Babys den Brei ablehnen, weil sie so gar nichts damit anfangen können. Hierbei können die Tipps rund ums BLW helfen, diese Beikostkrisen in der babygerechteren Ernährungsform zu lösen.

Eine Variante zwischen BLW und Löffelfütterung ist auch das **Fingerfood aus Elterns Händen,** das einerseits das instinktive Essen aus Elternhand unterstützt und andererseits auch die zermatschte Konsistenz des Breifütterns erlaubt und **somit gewährleistet, dass Babys mehr essen als durch die reine BLW-Methode.** Dies beruhigt auch Eltern, die Ängste äußern, das Baby könnte durch BLW zu wenig bekommen. Dies ist außerdem ein allgemeiner Zweifel, den Fachleute für BLW hegen.

Ich unterstütze Eltern und Babys in ihren Bedürfnissen und habe auch als betreuende Hebamme gelernt, eine natürliche Basis für alle Themen zu zeigen und dabei alle verschiedenen Wege offen zu halten. Denn jeder Mensch ist anders, und es gibt sehr viele weitere Faktoren, die dazu veranlassen, vieles anders zu gestalten als das gängig und über Generationen Empfohlene.

Also Brei oder Fingerfood? Mal sehen, was für alle passt! Und am Ende: **Wieso nicht beides?** Das Baby, das an einem Brotstück knabbert, während die Mama das schmackhafte Gemüsepüree mit dem Löffel anbietet?

Bei der **Löffelfütterung** ist vor allem die Herangehensweise entscheidend: **Wie** wird der Löffel angeboten? Darf das Baby dabei die Führung behalten? Wird respektvoll abgewartet, ob es überhaupt bereit ist zu essen?

Das Baby nimmt den Löffel anfangs nicht so wahr wie ein Erwachsener. Es weiß nicht, dass sich „Essen" auf dem Löffel befindet, das Hunger stillt. Es weiß auch nicht, wie es den Mund koordiniert öffnen sollte und wie es den

Brei vom Löffel in den Mund bekommt. Meist saugt es auch ein wenig daran, was manchmal auch dazu führt, dass der Inhalt viel zu tief im Mund landet, wodurch es sich leichter verschluckt. Oder es kann die Menge gar nicht im Mund halten, und es quillt heraus, wie es hineingekommen ist.[7]

TIPP

Schafft es das Baby gar nicht, mit flüssiger Mahlzeit umzugehen, kann sie in einer Schale oder in einem Becher angemessener angeboten werden. Das Baby versucht sich dann im Trinken des Breis, was bedeutend besser funktioniert.

Die Fähigkeit, **selbst** den Löffel zum Mund zu führen, ist erst sehr viel später in der Beikostzeit (meist im Alter von etwa einem Jahr) möglich, allenfalls spielt es mit diesem Gegenstand oder schleudert den Inhalt durch das Wohnzimmer. Es gibt also mehrere Möglichkeiten, dem Baby Essen anzubieten, entscheidend ist, dass das Baby die Führung behalten darf. Hier noch einmal zusammengefasst die möglichen Varianten:

Babygeführtes Essen

Baby led weaning	babygerecht zugeschnittene Lebensmittel am Tisch, im vollwertigen Angebot, aus denen das Baby wählt
Essen mit Löffel	Mama oder Papa hält den Löffel mit breiiger Nahrung, das Baby kann ihn auch greifen und selbst zum Mund führen, wenn es bereit ist.
Essen aus der Hand der Eltern bzw. betreuenden Person – es ist schon seit Jahrtausenden „normal", aus Mutters Hand zu essen. Das Baby akzeptiert dies gut, denn dieses Essen ist höchstwahrscheinlich nicht giftig!	Mundgerechte Essensstücke oder festere Breie werden angeboten, Baby isst von den Fingern der Mutter, sobald es dafür bereit ist (meist erst nach 6–7 Monaten).
Essen aus dem Becher/der Schale	Flüssiges/Breiiges kann wie ein Getränk angeboten werden, Babys trinken das Angebotene wie Wasser.

BABY LED WEANING

Angebot mit LÖFFEL und zum GREIFEN

Babys Entwicklung der Fingerfertigkeit im 1. Lebensjahr

Je nachdem, in welchem Entwicklungsstand sich das Baby gerade befindet, wenn mit Beikost begonnen wird, sind die Darreichungsformen unterschiedlich:

- Fängt das Baby, schon bevor es sechs Monate alt ist, an, sich für Lebensmittel zu interessieren, kann es gerne an verschiedenen Lebensmitteln probieren, die meist jedoch noch die Bezugsperson in den Händen hält, da die Hand-zu-Mund-Koordination noch nicht gut funktioniert und Babys auch **nur in Kontakt** kommen sollten. Feste Nahrungsbestandteile sollten noch nicht in den Mund bzw. in den Verdauungstrakt gelangen. Eltern, die gern mit Löffelfütterung beginnen möchten, können das Angebot breiig verarbeiten.

- Ab etwa sechs Monaten kann das Baby schon leichter greifen und Lebensmittel zum Mund bringen. Es ist nun reif, feste Stücke auch verdauen zu können. Es bietet sich an, die Lebensmittel in **Pommesform** zurechtzuschneiden, um das Greifen und Probieren im sogenannten **Palmargriff** zu erleichtern. Dafür stellt man sich den eigenen Zeigefinger als Bezugsform beim Schneiden vor. Die Länge sollte über die kindliche Faust reichen (ca. 10 cm), damit das Baby das Nahrungsmittel von oben und unten weglutschen kann (siehe Bild). Es kann noch nicht die Faust öffnen, um das in der Hand verschwundene Teil zu erhaschen. Somit hält das Baby einen Teil der Nahrung nur fest, der hervorragende Teil wird gekostet. Welches Gemüse und welche Nahrungsmittel besonders gut geeignet sind, wird im Rezeptteil beschrieben.

- Mit etwa acht Monaten kann das Baby auch die Nahrung aus der **Handmitte** essen, es öffnet dafür die Faust und wird zunehmend geschickter. Jetzt muss meist auch nicht mehr die perfekte Pommesform angeboten werden, sie erwischen auch ungewöhnlichere Formen.
  Weil nun teilweise **beide Hände** dafür benutzt werden, Lebensmittel vom Teller zu nehmen und sie zum Mund zu führen, erreichen immer mehr Lebensmittel wirklich den Mund!
  Festere Angebote werden auch im **Scherengriff** (mit Zeigefinger und Daumen) gefasst.

- Mit etwa neun Monaten erreichen Babys das Stadium des **Pinzettengriffs** (oder Zangengriff). Geschickt üben sie mit Daumen und Zeigefinger auch kleinere Bestandteile zu greifen. Nun kann es auch mit kleinen, runden Lebensmitteln umgehen. Trotzdem ist mit potenziell gefährlichen Lebensmitteln, wie sie im Kapitel „Zu vermeidende Lebensmittel" (siehe S. 111) aufgelistet sind, aufgrund der Erstickungsgefahr Vorsicht geboten. Mit dieser Fertigkeit gelingt es auch besonders gut zu dippen, Bällchen und Sticks können mit anderen weicheren Komponenten vermischt werden (siehe Rezepte für Dips ab S. 224).

- Ab etwa elf Monaten wird auch das **Essen mit Besteck** interessant, wobei es noch eine ganze Weile dauern kann, bis es dies alleine schafft. Am einfachsten ist dabei der Umgang mit der Gabel, dann dem Löffel und am Ende auch mit dem Messer.

Wenn das Baby würgt

Feste Nahrung zu essen, aber auch mit breiigen Konsistenzen umzugehen, ist ein **Lernprozess:** Was darf in den Mund, wie viel davon, was wird zermalmt oder auch nicht. Vor dem richtigen Zeitpunkt für erste Beikost schützen sich Babys größtenteils mit dem **Zungenstoßreflex,** der mit zunehmender Reife versiegt. Das heißt, nähert sich etwas dem Mund, streckt das Baby sofort die Zunge entgegen, damit es nicht im Mund landen kann.

Dann folgt eine immer noch zögerliche orale Phase, in der das Baby von selbst anfängt, Gegenstände in Richtung Mund zu bringen, und den Gegenstand mit allen Sinnen erkundet. Es kann jedoch immer noch nicht kauen und schlucken und hat auch noch nicht wirklich Hunger auf Essen.

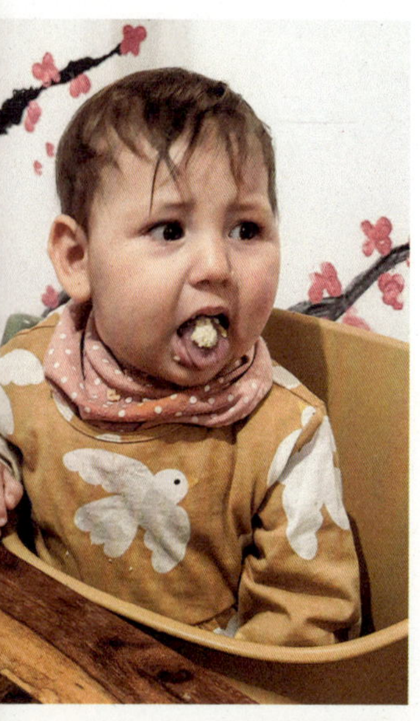

Wenn es zu viel ist, dann SPUCK ES AUS!!

Der nächste Schutz während des anfänglichen Essenlernens ist dann das Würgen. Der Würgereflex wird bei Babys im ersten Lebensjahr sehr weit vorne auf der Zunge ausgelöst. Der Zungenkörper des Babys erkennt nicht geeignete Nahrungsteile und wehrt diese mit Würgen ab. Dieser Reflex wandert mit den Monaten nach hinten Richtung Gaumen, wo ihn wir Erwachsene wahrnehmen, wenn etwas zu Großes nach hinten rutscht und die Atemwege behindern könnte. Babys, die immer wieder „üben" dürfen, welche festen Nahrungsmittel machbar sind oder nicht, lernen das sichere Essen schneller, da sie Gelegenheit dazu bekommen.[8]

Babys nehmen schon am Mundeingang wahr, wenn etwas „Schwieriges" auf sie zukommt, was sie weder zermalmen, einspeicheln oder in einem Mal nach hinten bekommen. Es schaltet sich der **Würgereflex** ein, um sicherzugehen, dass das „nicht sichere Material" wieder vorne rauskommt.

Es ist für Eltern beeindruckend, diesem Würgen zuzusehen, und wenn man es nicht besser wüste, bekäme man jedes Mal einen riesengroßen Schreck.

Ich betone dennoch immer wieder, wie wichtig es ist, das Kind in dieser Situation sicher zu begleiten: **„Spuck es aus, wenn es dir zu viel ist!"** So lernen Babys schnell, auch auf den Hinweis der Eltern gut zu reagieren, und setzen den Würgereiz souverän ein, um mit festen Lebensmitteln gut umzugehen. So können Eltern baldig entspannt und ruhig

dabei zusehen, wie es (fast) immer das „nicht essbare" rauskatapultiert – anfangs vermutlich eher häufiger, dann immer seltener.
Auch das anfangs leichtere **Rückenklopfen** kann das Baby in diesem noch normalen Prozess des Würgens unterstützen.
Eine weitere Schutzfunktion ist auch das **Husten.** Der Hustenreiz wird ausgelöst, wenn die Luftröhre in Gefahr ist.
Würgen und Husten heißt nicht Verschlucken oder Ersticken! Es sind gesunde Maßnahmen des Babys, das Zeug effizient aus dem Mund zu bekommen, weil es nicht weiter nach hinten rutschen darf. Das Würgen hält den Nahrungsbrei von der Speiseröhre fern. Sollte nach wenigen Würge- oder Hustenversuchen trotzdem nicht gleich die Nahrung wieder rauskommen, erkennt man dies meist an der Gesichtsfarbe: Das würgende Kind wird stark rot und hat starke Würgereizzeichen (und das ist normal). Wird der Würge- oder Hustenreiz umgangen, wird ein Kind meist blass bis blau und macht keine schützenden Würgereflexe.

Risikofaktoren dafür sind:

- Dem Baby werden Lebensmittel mit hohem Erstickungsrisiko angeboten (siehe dazu die ungeeigneten Lebensmittel).
- Das Baby sitzt nicht aufrecht, sondern kippt nach hinten.
- Nicht das Baby selbst führt die Nahrung in den Mund, es wird von außen geschoben oder zu Flüssiges verfüttert.
- Das Baby kann sich nicht aufs Essen konzentrieren, es wird abgelenkt.

Folgende **Maßnahmen** sind im Falle von Erstickungsnot hilfreich und sinnvoll einzusetzen:

- **Rückenklopfmethode:** Schnell und effektiv kann die Rückenklopfmethode als Erstes im Babystuhl versucht werden. Sollte das nicht ausreichen, wird das Kind aus dem Babystuhl oder vom Schoß genommen und in Bauchlage über den Schoß, das Knie oder den Arm gehalten. Der Oberkörper und Kopf hängen nach unten. Mit der flachen Hand wird fünfmal zwischen den Schulterblättern „geklopft", bis das Störende raus ist.

Rückenklopfmethode

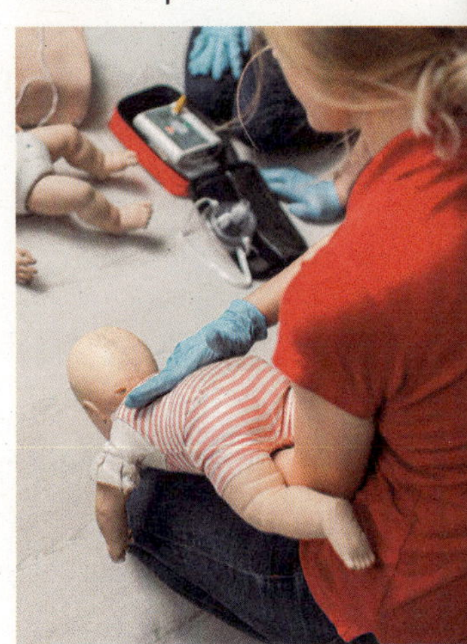

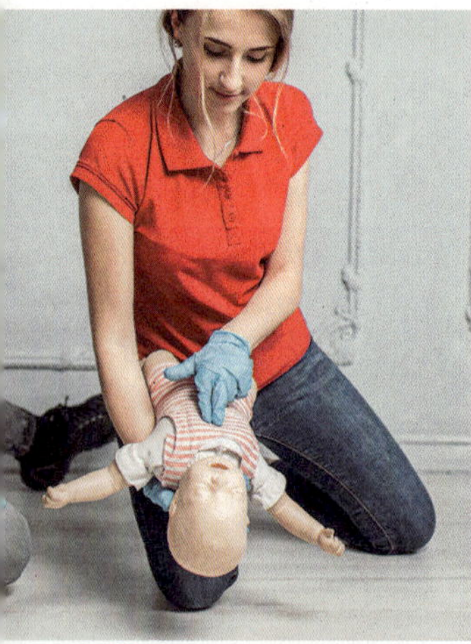

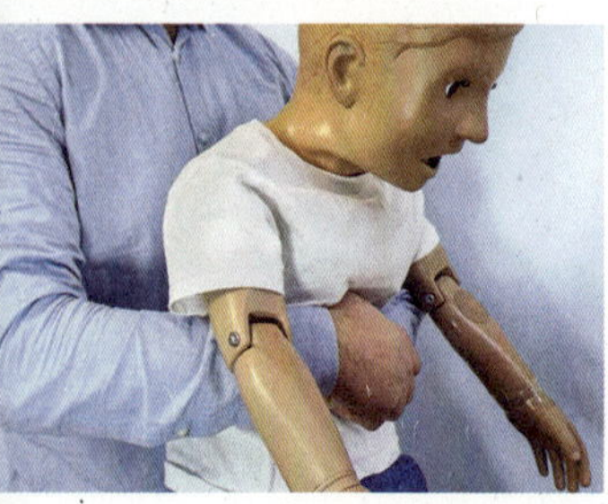

Heimlich-Manöver 1 und 2

- **Heimlich-1-Manöver:** Ist das zu würgende Lebensmittel immer noch nicht gelöst, wird das Baby umgedreht und auf „harte" Unterlage gelegt, meist Tisch oder Bank oder Boden. Mit Zeige- und Mittelfinger einer Hand (Rechtshänder meist mit rechts, Linkshänder mit links) wird das Brustbein auf Höhe der zwei Brustwarzen fünfmal senkrecht eingedrückt, um das steckende Teil leichter zu lösen.
- Ist das Kind über ein Jahr alt, kann das **Heimlich-2-Manöver** im Stehen durchgeführt werden. Dafür stellt sich der Erwachsene hinter das Kind, legt die Hände übereinander auf den Oberbauch und zieht die Hände fünfmal zu sich.
- Führt auch diese Maßnahme nicht zum Ziel, wird spätestens jetzt der Notruf gesetzt und noch mal mit der Rückenklopfmethode weitergemacht.
- Wenn keine dieser Maßnahmen funktioniert, ist es Zeit, mit Reanimationsmaßnahmen zu beginnen, da dem Baby wahrscheinlich langsam Sauerstoff fehlt. Nach derzeitigen Richtlinien wird fünfmal mit Mund zu Nase und Mund beatmet. Dabei sollte sich der Brustkorb des Kleinen heben. Abwechselnd wird wie bei der Heimlich-1-Methode die Druckmassage auf dem Brustbein vollzogen, um das Herz in Bewegung zu halten.

Es ist nicht angenehm, dieses Thema anzuführen, und man muss auch zufügen, es passiert sehr selten, dass es zu Reanimationsmaßnahmen kommt! Außerdem sind Fingerfood-Babys nicht viel mehr gefährdet als breigefütterte Kinder (zumindest gibt es dafür keine verlässlichen Studien oder Zahlen). Es ist sogar so, dass bei Löffelfütterung der Würgereiz oft schneller ausgelöst wird, da die angebotene Nahrung zu tief eingesaugt wird.

Sicherheitshinweise für eine gute Beikostbegleitung:

- Es ist wichtig, beim Essen immer in der Nähe des Babys zu sein und es **nie** alleine zu lassen.

- Das Baby muss immer **aufrecht** sitzen, am besten im Schoß des Elternteils, das den Essensvorgang beobachtet.
- **Kein Schieben** oder zwingen! Babys haben ein gutes Gespür dafür, wie viel sie wovon und wie sie es aufnehmen möchten – es wird nur angeboten!
- **Kein** Essen auf den Hintersitzen **im Auto** oder im Autokindersitz!
- Potenziell gefährliche Lebensmittel oder Gegenstände vorab vermeiden: rohe Karottenstücke, Nüsse, ungeschälte Apfel oder Birnenstücke sowie Perlen, Klebeverschlüsse von Taschentuchverpackungen und Ähnliches! Das sind generelle Empfehlungen aufgrund der Häufigkeit der Vorfälle mit diesen Fremdkörpern. Weitere ungeeignete Lebensmittel findest du im Kapitel „Zu vermeidende Lebensmittel" (siehe S. 111).
- Fingerfood-Stücke sollten immer so **weich** sein, dass sie zwischen Daumen und Zeigefinger zerdrückbar sind (siehe S. 134).

Übrigens: Solange das Kind noch hustet, bekommt es noch gut Luft, und es sollte nicht unterdrückt werden. Läuft das Baby/Kind blau an, ist das lebensbedrohlich. Auch wenn der Husten aufhört und es dem Kind wieder gut geht, ohne dass der Gegenstand retour gekommen ist, sollte sicherheitshalber die Rettung gerufen werden.[9]

Dies ein kleiner Exkurs für den Notfall, wie jedoch weiter oben schon geschrieben, kommt dies sehr selten vor – man/frau sollten dennoch gerüstet sein, wenn so etwas dem eigenen Baby passiert. Generell rate ich auch, einen Erste-Hilfe-Kurs für Säuglinge zu besuchen, das gibt den Eltern die nötige Sicherheit, in diversen heiklen Situationen sicherer und ruhiger zu reagieren.

BEREIT FÜR DIE BEIKOST!

Wie erkenne ich wichtige Beikostreifezeichen?

Es ist ein großer Moment für Babys, in diese neue Welt der Beikost einzutreten, und kann unterschiedlich aussehen, je nachdem, welchen Weg jedes Baby hinter sich hat: Wurde es zu früh geboren und war es deshalb wochenlang auf einer Intensivstation? Gab es monatelange Stillprobleme? Sobald es gut klappt, soll das Baby schon wieder etwas anderes probieren? Oder es wird nicht gestillt und verträgt den Milchersatz nicht? Ständig Durchfälle, Bauchschmerzen und dann auch noch Essen? Oder es plagen gerade die heranwachsenden Zähne, es ist ständig müde und quengelig und interessiert sich mal gar nicht für Neues! Auch die Situation ist oft schwierig, dass Mama arbeiten gehen muss und deshalb die Zeit des Abstillens kommen sollte, wodurch Beikost schnell eingeführt wird!

Tendenzielle Zeichen für den Beikostbeginn

Damit sich Eltern dennoch orientieren können, wann der richtige Zeitpunkt naht und als Hilfe, wie sie das Baby am leichtesten heranführen, gibt es folgende „Reifezeichen":

- **Das Interesse ist geweckt**
  Babys beobachten konzentriert das Geschehen am Familientisch, ahmen kauende Mundbewegungen nach, schlecken, sabbern und beginnen oft auch nervös mit den Händen zu greifen. Manchmal schreien sie auch nach dem Essen. Dies ist die Grundneugier an dem, was das Baby nun in der Umgebung wahrnimmt und erkunden möchte. Dies ist jedoch **kein sicheres Reifezeichen** und hat auch noch **nicht** mit **Hunger nach Beikost** zu tun! Es ist lediglich ein Verlangen, das Umgebende nun spielerisch kennenzulernen!
- **Zungenstoßreflex**
  Der angeborene Reflex, erstmals von „feindlicher" Nahrung im Neugeborenenalter Abstand zu halten, indem die Zunge herausgestreckt

wird, sobald etwas Festes an den Mund kommt, lässt mit zunehmender Beikostreife nach, gilt heute jedoch auch nicht mehr als klares Reifezeichen für den Beikostbeginn.

↘ **Rolle außen, Rolle innen**

Babys machen im ersten Lebensjahr (oder je nach Kind auch länger) motorisch laufend Entwicklungsschritte durch: den Kopf heben, sich leicht seitlich drehen, rollen, sitzen und die Füße aufstellen, krabbeln, aufrichten, richtig stehen und irgendwann gehen.

Was in der Beikostzeit auffällt, ist ein spezieller motorischer Entwicklungsschritt, der gern mit der motorischen Entwicklung mit Händen und Mund korreliert, nämlich das Rollen. Rollt das Kind vom Rücken auf den Bauch, so ist dies ein Reifeschritt, der meist auch die reifende Hand- und Zungenkoordination widerspiegelt. Das Baby kann mit den Händen nach Gegenständen und Essen greifen und Nahrung mit der verbesserten Zungenkoordination von links nach rechts, von vorne nach hinten oder notfalls von hinten nach vorne bringen. **Wenn das Baby noch nicht rollt (oder nie rollt),** so bedeutet dies nicht, dass es noch nicht reif für Beikost ist. Dieser Entwicklungsschritt wird lediglich bei vielen Babys gleichzeitig beobachtet.

- **Sitzen**
  Um Nahrung ohne größeres Verschluckungsrisiko aufmerksam aufnehmen zu können, sollten Babys auf dem Schoß der Eltern mit etwas Unterstützung eine Weile aufrecht sitzen können. Für die selbstständige Nahrungsaufnahme kann es meist schon richtig sitzen, was ein klares Zeichen von Reife ist. Damit ist das Baby auch sicher, mit Nahrung gut umgehen oder sie notfalls hinausbefördern zu können.
  Dass das Baby immer aufrecht ist bzw. auch leicht nach vornüber gebeugt, ist in jedem Fall wichtig, wenn es Essbares in den Mund bekommt, damit die Gefahr, sich an Nahrungsbestandteilen zu verschlucken, minimiert wird. Aus diesem Grund betone ich nochmals: **Kein Essensangebot** im Liegen oder auch nur im Halbsitzen, im Autositz, in liegenden Kinderstühlen am Tisch oder ähnlichen Babystationen, in denen das Baby nicht aufrecht sitzen kann.

AUFRECHTES SITZEN schützt vor Verschluckungsgefahr

Ab dem sechsten Lebensmonat

Eine europäische Leitlinie von 2009 setzt den Beginn der Beikostfütterung zwischen der 17. und der 27. Lebenswoche fest – was **nicht** bedeutet, dass ab der 17. Lebenswoche (etwa vier Monate) unbedingt begonnen werden muss oder das Baby auch reif für die Beikost ist! Sie besagt vielmehr, dass dies der **früheste Zeitpunkt** sein kann, weil Babys nun auch Lebensmittel vertragen und verdauen können.

Diese Festlegung war vor allem wichtig, um **Fertigkost für Babys** hinsichtlich ihrer frühestmöglichen Verträglichkeit ab einem bestimmten Alter korrekt zu kennzeichnen.[10] In diesem Zeitrahmen ist zugeführte Nahrung verdaulich. Die Koordination von Händen und Mund (Nahrung zu kauen und schlucken) und die **Fertigkeit, mit fester Nahrung umzugehen, entwickelt sich meist erst um den sechsten Lebensmonat** herum.

Die WHO sowie alle anderen nationalen Verbände weltweit wie die AAP *(American Academy of Pediatrics)* oder die NSK *(Nationale Stillkommission Deutschland)* und das *Royal College of Pediatrics and Child Health* (RCPCH) empfehlen grundsätzlich und nach wie vor, dass „ausschließliches Stillen während der ersten sechs Monate für Babys überall das Beste ist".

Laut IBCLC (Europäische Still- und Laktationsberaterinnen) sollte sechsmonatiges ausschließliches Stillen ein wünschenswertes Ziel sein. Babys sind ungefähr mit einem halben Jahr reif für die (babygeführte) Beikost. Manche etwas früher, andere etwas später. Einigkeit besteht darin, dass Babys keine Beikost vor dem fünften Lebensmonat erhalten sollten.[11] Verschiedene Publikationen in der Fach- und Laienpresse zu dieser Thematik haben leider breite Verunsicherungen zur Folge, da sie teils widersprüchliche Informationen enthalten. Zwecks Allergieprophylaxe ist der **späteste Zeitpunkt,** Babys in Kontakt mit Lebensmitteln zu bringen, mit Beginn des siebten Lebensmonats. Das heißt, das Baby kann animiert werden, mit verschiedenen gesunden Lebensmitteln **in Kontakt** zu kommen, sofern die individuelle Entwicklung des Babys dies zulässt. Dies betrifft alle Kinder, auch jene mit erhöhtem Allergierisiko. Mehr dazu im Kapitel „Allergie und Prävention" (siehe S. 117).

Ist es auch okay, früh anzufangen?

Babys fangen oft schon mit vier Monaten an, sich für die Lebensmittel am Tisch zu interessieren, das heißt jedoch meist noch **nicht, dass sie wirklich schon bereit sind, Lebensmittel zu kauen,** zu schlucken oder in fester Form zu verdauen! Sie sind lediglich bereit, Lebensmittel mit den Händen zu erkunden und allenfalls **Spuren davon auf die Lippen** zu bekommen.

Reine BLW-Babys fangen meist im Alter von etwa sechs Monaten von selbst an, das Essen zu greifen, zum Mund zu führen, erst viel später auch wirklich zu schlucken. In den ersten Wochen ist es meist nur ein Kennenlernen und Spielen.

Das Fazit aus den Fachkreisen

Das Kind bestimmt mit seiner Bereitschaft zu fester Nahrung den Beginn der Beikost. Die meisten Kinder werden etwa ein halbes Jahr alt sein, wenn dieses Interesse auftaucht. Sollte es jünger sein, wird ihm die Nahrung nicht verweigert, jedoch ist hierbei die breiige Konsistenz angebrachter.[12]

Kindern, die mit sechs Monaten jegliche Beikost verweigern, erhalten trotzdem regelmäßig ein angepasstes Angebot (gesunde Lebensmittel an den Mund bringen, um das Immunsystem in Kontakt zu bringen) und werden im Wachstum und Gedeihen beobachtet.[13]

Bei erschwertem Start bietet sich auch das Fingerfood aus Elternhand an, das Babys aus Neugier gern probieren.

Mein Fazit

Setz dich und dein Baby zeitlich nicht unter Druck. Babys wissen meist ganz instinktiv, wann, was und wie viel sie brauchen. Voraussetzung dafür ist, dass es gesund ist und das Gefühl bekommt, gelassen und ungezwungen in die interessante nächste Lebensphase zu tauchen.
Beobachte dein Baby dabei! Es zeigt es dir!

Falsche oder „veraltete" Zeichen für den Beikostbeginn

Es gibt eine Reihe von Aussagen, über die vermeintliche Dringlichkeit mit Beikost zu beginnen. Diese sind jedoch nicht als wahre Reifezeichen anzusehen:

- Wenn das Baby nicht mehr so gut an **Gewicht** zunimmt: Um den vierten Lebensmonat herum ist es normal, wenn das Gewicht zu stagnieren beginnt, besonders bei voll gestillten Kindern.[14]
- Das Baby **beobachtet** intensiv die Szenen am Familientisch. Auch dies beginnt bereits im Alter um die vier Monate und ist mit der Grundneugier auf das äußere Geschehen verbunden. Es heißt aber noch nicht, dass das Baby imstande ist, mit fester Nahrung umzugehen.
- **Vermehrtes Trinken von Milchmahlzeiten,** Cluster feeding (meist abendliches häufiges Stillverlangen) oder häufiges Weinen.
- Die **nächtliche Unruhe,** die vermehrt auftritt, oder schlechtes Einschlafen kann unterschiedliche Gründe haben, muss aber noch nicht mit Beikost beruhigt werden. Hat das Kind wirklich vermehrt Hunger, braucht es mehr Milchmahlzeiten.
- Das **Versiegen des Zungenstoßreflexes** kann das Löffelfüttern zwar erleichtern, bedeutet jedoch nicht, dass das Baby mit fester Nahrung umgehen kann und will.
- Auch ein **zu kleines oder zu großes Kind** ist kein Grund, zu früh mit der Beikost loszulegen. Besonders beim kleinen eher mageren Baby braucht es die hyperkalorische Milch und nicht den Karottenbrei, um die Mangelernährung zu unterstützen.

Beikost richtig verstehen

Von Beginn an ein voller Babyteller?

Das gängige Bild vom fröhlichen Beikostbaby, welches schon ordentlich schlemmt, sobald es mit Beikost losgeht, entspricht leider meist nicht der Realität. Eine Großzahl der Babys unserer Spezies schaut spätestens nach den ersten Essensversuchen verdutzt, skeptisch oder verschreckt: Was? Das alles soll rein? Was ist das überhaupt? Ich will es anfassen! Und warum kostest du (Mama, Papa) vorher nicht; woher soll ich wissen, dass das nicht giftig ist? Und so endet für die meisten der Traum vom „schlemmenden Beikostbaby".

Spulen wir zurück: Das Baby ist bereit …

Es ist bereit zu **kosten** (daher hat „Bei**kost**" wahrscheinlich auch den Namen)! Das Baby kostet in den allermeisten Fällen vom abgebissenen Apfel, den sich Mama gerade gönnen möchte (das muss ja schmecken, so wie Mama dreinschaut, und es ist **nicht giftig).**

In Bezug auf diese steinzeitlichen Verhaltensweisen verweise ich auf Renz Polster, Kinderarzt und Wissenschaftler, der tolle Ansätze zur kindlichen Entwicklung und den Bezug zu unserem genetischen Programm herstellt.[15]

Außerdem sieht das Baby, was alle am Tisch essen: Das schaut toll aus! Wenn das alle essen, will ich es auch! Extrakochen gilt nicht; ich will aus deinem Teller essen, Mama, und ich will **sehen** und **fühlen,** was ich esse! Ist es Gemüse? Knallig rot oder grün?

Beikost ist ein LANGSAMER PROZESS

Ein voller Breiteller zum Einstieg, mit dem gleich eine ganze Still- bzw. Flaschennahrung ersetzt wird, ist nicht realistisch und entspricht auch nicht den Bedürfnissen des Kindes. Die Entwöhnung läuft langsam, sehr langsam! Es kann Wochen – wenn nicht gar Monate – dauern, in denen das Baby nur gelegentlich an mehreren Stellen kostet, nach einer Banane greift, am Brokkoli zupft, zögerlich an einem Suppenlöffel leckt …

TIPP

Erwarte am besten GAR NICHTS! Kein Druck für dich, kein Druck für das Baby! Beobachte es, gib ihm Gelegenheit, es am Familientisch teilhaben zu lassen, und wenn es bereit ist, wird es von alleine nach dem Angebot des Tages greifen.

Erste ESSENS-VERSUCHE von Lou (6 Monate)

Wenn das Baby noch nicht nach Essen greifen oder essen mag, liegt das meist nicht an dir, an dem Gekochten oder am mäkeligen Feinschmecker-Baby, sondern einfach am Fakt, dass das Kind seinen eigenen Rhythmus hat, Essen wirklich als Nahrung zu erkennen, an dem es seinen Hunger stillen kann.

Anfängliche Beikostversuche sollte man aus diesem Grund **nicht hungrig beginnen.** Der große Hunger sollte in der ersten Beikostzeit mit einer ausgiebigen Milchmahlzeit gestillt werden. Auch wird in den ersten Wochen des Beikoststarts das zu erkundende Lebensmittel nur wahrgenommen, wirklich zu kauen und zu schlucken beginnt das Baby erst nach einigen Wochen.
Der Übergang vom reinen Milchsäugling zum vollständigen Beikostkind dauert Monate bis manchmal Jahre! Dazwischen stecken viele Erlebnistage, die am Ende zu eurer abenteuerlichen Beikostgeschichte gehören.

HÄNDE WASCHEN – *eine wichtige Routine*

Wichtige Voraussetzungen zum Starten

Eltern wie auch Babys lieben klare Routinen und Regeln und so auch feste Rituale am Tisch. Deshalb sind folgende Hinweise für alle Beteiligten brauchbar:

↘ **Hände waschen, bereit machen für das Abenteuer Essen**

Vor dem Loslegen geht es erst einmal an das Händewaschen, um keine unnötigen Verkeimungen zu verursachen. Dies gilt auch für die Eltern, die eventuell mit den Händen das Essen anbieten.
Mit diesem Ritual gewöhnt sich das Baby an die Routine, ähnlich wie das spätere Zähneputzen, in Verbindung mit Essen bedarf es einer speziellen Hygiene. Es gibt dem Baby Orientierung und Einstimmung ins immer wieder ähnlich eintretende **Essensritual.**

↘ **Kein Schieben und Zwingen**

Bruder Lenny beim eifrigen Beikostangebot

Stichwort **Responsive Feeding:** Kinder müssen und sollen nicht zum Essen gezwungen werden oder durch Ablenkung und Spielen zum Essen überredet werden. Es geht vor allem um die positive Erfahrung, die das Baby mit dem Essen

verbindet. Die Eigeninitiative des Babys zu fördern, selbst zu essen statt gefüttert zu werden und nur das zu essen, was es braucht, wären wichtige Erfahrungen, die das Baby entwickeln darf.
Auch feste Stücke wie bei Fingerfood-Zubereitungen, sollten dem Baby nicht nur verfüttert werden. Das Baby entscheidet, was es nehmen und selbst kosten möchte. Sie werden lediglich angeboten. Nur damit entwickelt das Kind einen sicheren Umgang mit der Nahrung. Achtung bei eifrigen Geschwisterkindern, die dem Baby mal schnell was „zwischen die Zähne" schieben wollen.

↘ **Essen funktioniert nur, wenn es dem Baby gut geht**

Babys haben eine klare Prioritätenliste! In erster Linie müssen Grundbedürfnisse gesättigt sein:

- ausreichend Schlaf
- eine saubere Windel
- Abwesenheit von Krankheit oder anderen Wehwehchen
- anfangs **wenig** Hunger (Babys sollten **vor** den Mahlzeiten mit Milchmahlzeiten gesättigt werden, um richtig Lust aufs Kennenlernen am Tisch zu bekommen)

Nur dann, wenn es dem Baby grundsätzlich wirklich gut geht, „öffnen" sich die kleinen Entdecker für das Abenteuer Essen! Mehr zum Thema im Kapitel „Wenn das Baby von Beikost nichts mehr wissen will" (siehe S. 109).

↘ **Nicht nur Beikost allein**

Das Baby kann und sollte **weiter nach Bedarf gestillt** werden bzw. **Pre-Nahrung** erhalten, um eine gute Nährstoffversorgung zu gewährleisten. Es braucht kein aktives Reduzieren von Still- oder Flaschennahrung nach eigenem Plan; jedes Baby hat eine unterschiedliche Entwicklung und braucht neben der kalorienarmen Beikost meist noch lange die hyperkalorische flüssige Milchbasis. Dazu auch mehr im Kapitel „Begleitendes Stillen und Flaschennahrung" (siehe S. 85).

↘ **Immer aufrecht sitzen**

Babys Würgereflex ist nur dann sehr effektiv, wenn es **aufrecht** sitzt. Am besten auf dem Schoß der Eltern, dort kann es in Verbindung mit Mama oder Papa den spannenden Familientisch erkunden, oder auch in den typischen Babystühlen, in denen es jedoch schon selbstständig oder gut ausgepolstert sitzen sollte.

↘ Nie alleine lassen

Es klingt logisch, muss aber nochmals erwähnt werden, denn es passieren nach wie vor immer wieder „Essensunfälle" durch fehlende Begleitung der Anwesenden. Isst das Kind, muss dieser Tätigkeit die größte Aufmerksamkeit geschenkt werden. Das darf auch anderen Betreuenden ans Herz gelegt werden.

↘ Zähne putzen nicht vergessen

Auch wenn Babys erst ein Zähnchen schieben, ist die Routine des Zähneputzens als Gewohnheit wertvoll zu integrieren, damit dies für das Baby wie das Händewaschen normal wird.

Ein plastikfreies und nachhaltiges Zahnbürstchen kann dem Baby in die Hand gereicht werden und es ahmt den Umgang mit der Bürste nach. Natürlich kann auch Hilfestellung zum Putzen der Zähnchen geleistet werden, damit das Baby den Putzvorgang einspeichert. In den ersten Monaten kaut es jedoch nur auf der Bürste herum, was die Zahnbürste auch beim Zahnen als Zahnungshilfe dienlich macht. Die Bezugsadresse für eine plastikfreie Zahnbürste findest du im Anhang dieses Buchs.

Beikost bei Frühgeborenen und in besonderen Fällen

„Früh geborene entwickeln sich anders als reif geborene Kinder, weshalb man häufig empfiehlt, z. B. für die Beurteilung der motorischen Entwicklung, das korrigierte Lebensalter anstelle des tatsächlichen Lebensalters als Grundlage zu verwenden."

Diese Aussage trifft das Europäische Institut für Stillen und Laktation und bezieht die Tatsache seit Mai 2017 auch auf den Zeitpunkt der Beikosteinführung, als die folgende Studie von Forschern in Indien in der renommierten medizinischen Fachzeitschrift *The Lancet* veröffentlicht und als sehr hochwertig angesehen wurde: Die untersuchten Kinder waren ehemalige Frühgeborene, die

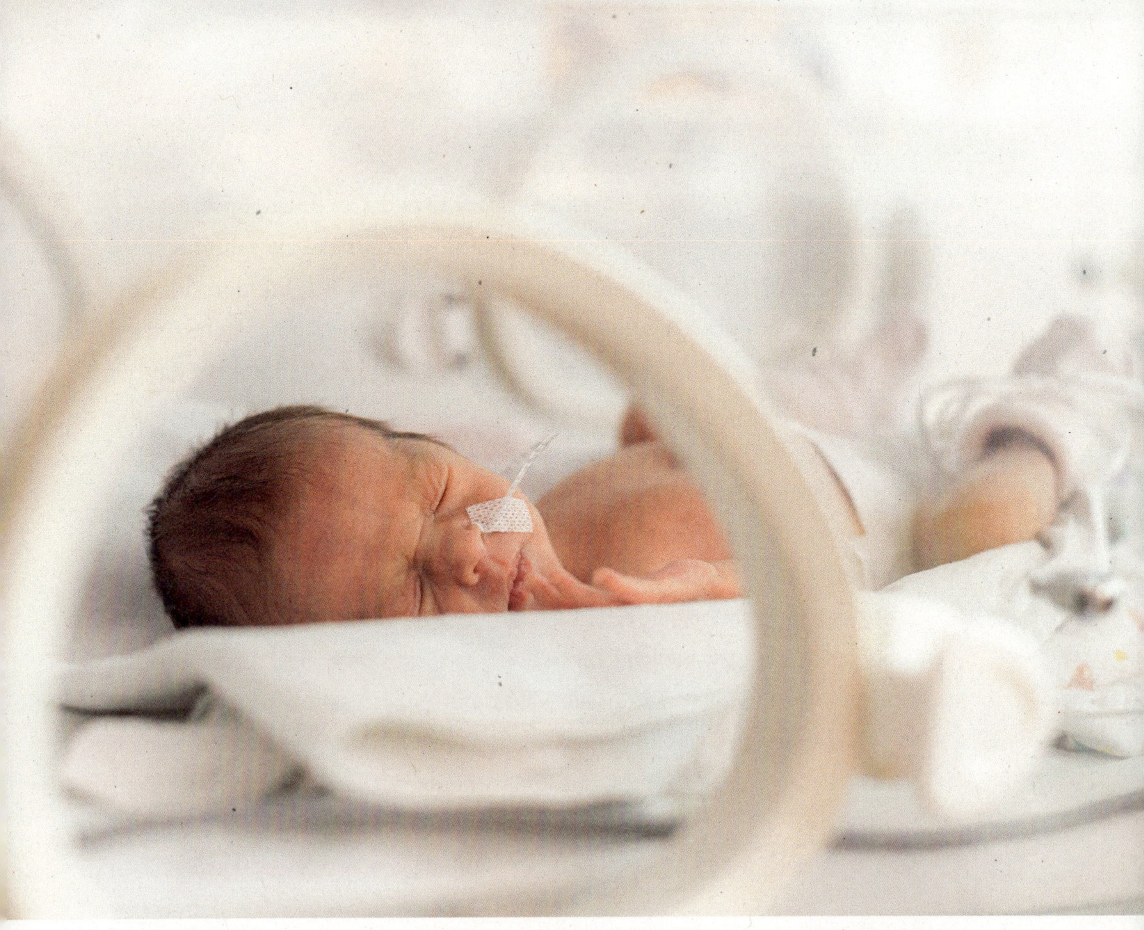

vor der 34. Schwangerschaftswoche geboren wurden. Im korrigierten Alter von vier Monaten (real: 5–7 Monate alt) wurden die Kinder zufällig in zwei Gruppen aufgeteilt. Eine Gruppe begann zu diesem Zeitpunkt mit der Beikosteinführung, die andere Gruppe wartete noch zwei Monate und erhielt mit korrigierten sechs Monaten (real: 7–9 Monaten) die Beikost. Das primäre Untersuchungsziel war die Gesamtentwicklung, vor allem Wachstum und Gewicht im Alter von zwölf Monaten (korrigiert). Es wurden jedoch auch weitere Faktoren erfasst, z. B. der Eisenspiegel, die Anzahl der Krankenhausaufenthalte. Die Studie zeigte, dass sich bezüglich der Wachstumsentwicklung keine Unterschiede zwischen den beiden Gruppen ergaben, dass eine frühere Beikosteinführung also **nicht** zu einem rascheren Wachstum führte. Allerdings mussten die Kinder, die bereits mit korrigierten vier Monaten mit der Beikost begonnen hatten, signifikant häufiger wegen Magen-Darm- oder Atemwegserkrankungen in die Klinik als die Kinder der anderen Probandengruppe. Die

Forscher schließen daher daraus, dass es für frühgeborene Säuglinge sinnvoll ist, erst mit korrigiert sechs Monaten mit der Beikost zu beginnen.

Die Empfehlung von einigen Fachpersonen, gerade bei Frühgeborenen früher mit der Beikost zu beginnen, weil das Wachstum schleppender ist als bei reif geborenen Kindern und durch die fehlenden Schwangerschaftswochen zusätzlich eine Eisensupplementierung notwendig ist, ist daher **nicht** haltbar. Was das BLW bei Frühgeborenen angeht, ist ersichtlich, dass die Entwicklung im gleichen Rhythmus erfolgt, wie sie im Mutterleib weitergegangen wäre. Die Fertigkeiten zum Greifen, zum Mund zu führen, zum Kauen und zum Schlucken reifen demnach etwas später. Welche Bedürfnisse Frühgeborene im Hinblick auf **feste Nahrung** haben, ist jedoch weitgehend unbekannt.

Es besteht auch noch keine Einigkeit darüber, wie einem Baby, das noch nicht selber essen kann, die vielleicht notwendigen zusätzlichen Nährstoffe gegeben werden sollten. Wenn sie spezielle Nährstoffe wirklich schon früher brauchen, ist hier die breiige Löffelfütterung unumgänglich (oder sie werden medikamentös verabreicht). Hier ist die Rücksprache mit den betreuenden Fachpersonen notwendig, um eine bedarfsdeckende Nährstoffversorgung zu finden. Sollten sie jedoch keine zusätzlichen Nährstoffe brauchen, kann auch bei einem Frühgeborenen in eigenem Rhythmus an die feste Nahrung herangeführt werden. Man darf allen Babys im Lebensalter von sechs Monaten die Gelegenheit bieten, Lebensmittel mit den Händen zu erforschen.[16]

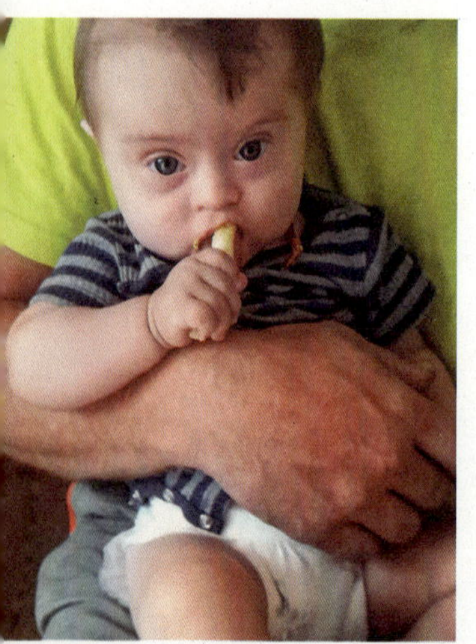

Babys in anderen gesundheitlichen Situationen wie mit körperlichen Fehlbildungen oder einer Muskelschwäche am Körper müssen meist mit Hilfestellung und auch nährstoffdeckend anders begleitet werden. Sie dürfen in der Fertigkeit, selber essen zu lernen und feinmotorisch zu animieren, aber ebenso gefördert werden.

Kindern mit gastroösophagealem Reflux (eine Art Sodbrennen) wird manchmal pürierte Festkost empfohlen, obwohl es keinen tatsächlichen Beweis gibt, dass diese geeigneter ist.[17] Auch hier kann das erste „Selberessen" experimentiert und beobachtet werden, was dem Baby guttut bzw. seine Symptomatik nicht verschlechtert.

ALLGEMEINES RUND UM DIE BEIKOST – WAS BRAUCHT DAS BABY AM FAMILIENTISCH?

Grundausstattung für die Beikost

Babys möchten das, was sie am Familientisch sehen: Sie sehen Mama mit der Gabel essen – „Das möchte ich auch!" Sie sehen Papa an einem Glas nippen – „Das möchte ich auch!"

Grundsätzlich gilt: Geführt und beobachtet darf Baby mit allem hantieren! Eltern entscheiden aber, wie weit es gehen darf und was unterstützt werden muss, weil es gefährlich werden könnte! Meine Grenze setze ich beispielsweise bei Porzellantellern und Gläsern, anfangs noch sehr nachsichtig, machte ich nach dem zehnten herabfallenden Teller Schluss! Jetzt musste etwas Unverwüstbares auf den Tisch. Die Entscheidung fiel schnell auf die bekannten Babyteller und Becher. Hier sollte jedoch gut ausgewählt werden, denn nicht jeder Kinderteller ist auch gut und gesund für Babys.

Mit den zunehmenden Studien zur gesundheitlichen Auswirkung von Kunststoff im Lebensmittelbereich und aufgrund der Umweltschäden durch anfallenden Plastikmüll rate ich persönlich **dringend** zu Alternativen aus Holz, Bioplastik (meist aus Stärke bestehend) oder ähnlichen alternativen Materialien wie Edelstahl und später dann doch zum altbewährten Porzellan.

Zahlreiche Untersuchungen vermuten die Wechselwirkung von Lebensmitteln (vor allem erwärmten) mit Plastik und deren gesundheitlichen Auswirkungen wie Fruchtbarkeitsstörungen, Allergien, Schilddrüsen-, Herzerkrankungen, Diabetes Typ 2, hormonell bedingte Fettleibigkeit, Krebs, Hyperaktivität, Verweiblichung, verfrühte Pubertät, Früh-/Fehlgeburt (Daten der WHO).

Was braucht es also wirklich für die gute Begleitung des abenteuerlustigen Erdbewohners?

- **Lätzchen,** anfangs am liebsten Ganzkörperlätzchen, denn die Entdeckerlust breitet sich am ganzen Körper

Holzteller mit Saugnapf

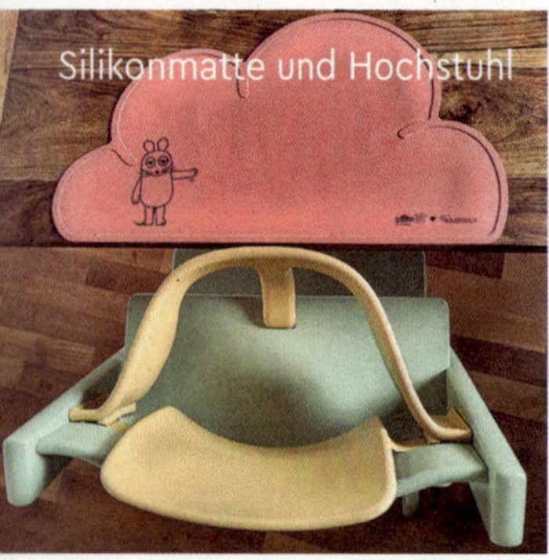
Silikonmatte und Hochstuhl

Bioplastik-Geschirrset

aus. Es gibt sie mit oder ohne Auffangschale, manchmal kann diese auch beim Essen stören. Sinnvoll erscheint, das Baby an heißen Sommertagen nackt zu lassen. Dies erspart eine Menge Waschen von Babykleidung (siehe Buchcover).

↘ Plastikfreies **Tellerchen,** auch gerne mit Saugnapf (klebt leider nicht so gut auf einem Holztisch), und Trinkbecher aus Bioplastik – wobei in der ersten Beikostzeit auch ein sauberer Tisch seine Dienste tut, das Essen bleibt so oder so nicht im Teller ...
In der ersten Beikostphase mit BLW eignen sich auch Silikonunterlagen, das Baby nimmt sich das Angebot direkt vom Tisch.

↘ Einen geeigneten **Hochstuhl** (falls du bis dato noch keinen hast) – bitte erst das Baby darin sitzen lassen, sobald es von selbst länger darin sitzen kann, und gegebenenfalls abpolstern.

↘ **Servietten** (am besten aus Stoff, gut für die Umwelt und für die Brieftasche)

↘ **Hilfen für festes Essen,** wie der Fruchtsauger für Babys, die die breiige Konsistenz nicht mögen und sich Eltern nur mit Brei wohlfühlen. Lernlöffel oder Trinklernbecher können je nach individuellem Bedarf sinnvoll sein, sind für den Beikoststart aber nicht unbedingt notwendig und meiner Meinung nach überflüssig im natürlichen Beikostangebot.

↘ **Freude und Gelassenheit** auch während der Mahlzeiten. Das Essen in friedlicher und harmonischer Atmosphäre tut nicht nur dem Baby gut! Außerdem sollte sich das Baby auf das Essen konzentrieren können, um es mit allen Sinnen zu erfahren und zu lernen.

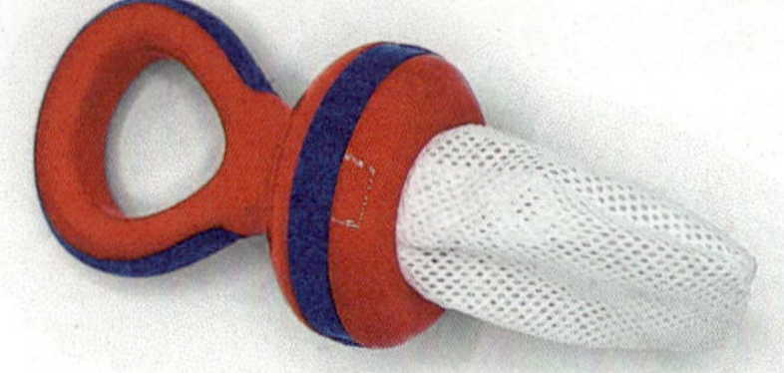

Handelsübliche Produkte wie der **Schnabelbecher** oder **Trinkflaschenaufsätze** können unterwegs die Verschüttungsgefahr reduzieren. Es ist jedoch auch möglich, den Kindern aus normalen Mehrweg-Trinkflaschen (keine Plastikflaschen!) Getränke anzubieten, sollten sie durstig sein. Besonders voll gestillte Babys kennen das Trinken aus Babyflaschen nicht und müssen dies auch nicht mehr notwendigerweise lernen. In der ersten Beikostzeit ist das Trinken zudem noch nicht relevant, wie im Kapitel „Begleitendes Stillen und Flaschennahrung" (siehe S. 85) näher beschrieben. Behälter für unterwegs können **Boxen** oder Gläser mit Schraubverschluss sein, eventuell auch mit Thermofunktion, um das Essen warm zu halten (besonders im Winter).

Aus meinem nachhaltigen Zero-waste-Leben ein Beispiel für die Beikostausrüstung für unterwegs (im Bild)

Grundsätzliches zu den Lebensmitteln

Lebensmittel sind Mittel, **mit denen wir leben** – wenn nicht sogar überleben! Deshalb ist ein grundlegender Gedanke, welche **Qualität** an Lebensmitteln ich meinem Baby, mir und meiner Familie anbiete. Was hält uns gesund, ist möglichst saisonal und stärkt unseren Organismus? **Woher** kommt das Lebensmittel: aus der Region, aus meinem Garten, aus gespritzten Böden, aus der Zucht Tausender Tiere auf engstem Raum?

Das Bewusstsein schärft sich gerade in der heutigen Zeit, wie und wo Dinge produziert werden und wie wir dazu beitragen können, einen bewussten nachhaltigeren und gesünderen Lebensstil zu pflegen. Besonders Eltern haben hier ein instinktives und oft auch neues Gefühl dafür, dem Baby wirklich hochwertiges Essen zu bieten. Man möchte es ja nicht von Beginn an mit Pestiziden, Aromen, Konservierungsstoffen, Antibiotika oder anderen bedenklichen Inhaltsstoffen belasten.

Grundsätzlich sollten Lebensmittel ...

- biologisch, regional und möglichst saisonal sein;
- möglichst unverpackt oder möglichst nicht in Plastik verpackt sein;
- in gut verschließbaren Glasgefäßen gelagert werden;
- möglichst frisch gekocht bzw. in größeren Mengen (Vorratskochen/Meal Prep) eingefroren oder schonend konserviert werden.

Außerdem ...

- Fertigprodukte möglichst meiden: Sie haben meist viele Konservierungsstoffe, **Zucker** und andere Zusatzstoffe, die dem Baby wenig zuträglich sind;
- fertige Babynahrung, wenn nötig, dann nur aus dem biologisch kontrollierten Bereich kaufen.

Meal Prep – eine gute Vorbereitung ist die halbe Miete

Allein an Beikost zu denken, macht vielen Müttern schon Sorgen – stundenlang in der Küche stehen zu müssen und Babygerichte zu zaubern. Dabei ist es mit einer guten Vorbereitung recht einfach, schnelle, gesunde und vollwertige Gerichte herzustellen!

Außerdem muss durch die Integration der Babyrezepte in die Familienküche – und besonders mit Baby led weaning – nicht oder nur wenig extra gekocht werden. Es können übergangsmäßig auch alle anderen Familienmitglieder die spezielleren Babyrezepte mitessen. Es gibt dann über ein paar Monate hinweg immer wieder „Pommes" und Bällchen, das gefällt nicht nur dem Baby.

Für die Meal-Prep-Methode werden einige Nährstoffkomponenten wie **Hülsenfrüchte** oder **Getreide,** aber auch schnell verfügbare **Gemüse** vorgekocht und gebrauchsfertig konserviert, um **tägliche Vorbereitungen oder die Verwendung von Fertigprodukten zu vermeiden.** Daher ist das Meal-Prep-Konzept sehr hilfreich und wird gerne praktisch umgesetzt!

Südtirols verpackungsfreie Biomärkte in Bozen und Brixen sowie Novo Corner (verpackungsfreie Ecken in anderen Geschäften) in Südtirol

Was der Vorratsschrank enthalten sollte

- Obst und Gemüse saisonal, regional, biologisch – besonders Äpfel, Birnen, Bananen, Süßkartoffeln, Kartoffeln, Kürbis, Zucchini, Brokkoli, Blumenkohl, Rohnen, Pastinaken, Avocados, Karotten, Sommerobst, Beeren
- verschiedene Flocken, Mehle, glutenfreie Getreide wie Mais, Reis, Quinoa, Amaranth, Haferflocken, Hirse
- glutenfreie Nudeln zum Anfangen, Spirelli für BLW
- Öle und Muse zum Anreichern (besonders Lein-, Oliven- und Rapsöl, Mandelmus/Tahini)
- gutes Fisch- oder Algenöl zur Omega-3-Versorgung
- Hefeflocken, Nori-Flocken, evtl. Vitamin B12 und Vitamin D zum Ergänzen
- Toppings wie Hanfsamen, Weizenkeime, Gomasio
- Mandeln und Pinoli als ganze Nüsse, zum Verarbeiten, später auch Cashews
- Gewürze, Kräuter nach Belieben, gerne Knoblauch- und Zwiebelpulver, Petersilienpulver, Kreuzkümmel, Brotgewürz

- Hülsenfrüchte getrocknet oder im Glas, anfangs besonders rote Linsen, braune Linsen, Kichererbsen, weiße Bohnen, Mungbohnen
- Besonderes wie Bananen (gefroren), Datteln, Mais- und Hirsestangerln, einige Obst- und Gemüsegläschen für Notfalltage, später eventuell auch zuckerfreie Snacks wie Babykekse oder Fruchtriegel

Fazit

Die beste Ernährung für das Baby ist sicherlich Mamas frisch zubereitete Küche, am besten mit biologischen, regionalen, saisonalen und plastikfreien (losen) Lebensmitteln, die in Glas gelagert werden. Sollte es auch das Babygläschen sein, ist es kontrollierter, wenn es aus dem Biobereich kommt. Das Risiko ist groß, dass sich das Baby an diese Industrienahrung gewöhnt, da es geschmacklich überlistet.

Grundsätzliches zur Zubereitung

Die Lebensmittel sind im Haus? Nun geht es darum, wie sie zubereitet werden, sodass sie den höchsten Nährstoffgehalt behalten.

Hat jemand Helferchen wie Thermomix (Bimby) und Co., ist das schon sehr angenehm, nicht nur um Breis und Suppen zu kreieren, sondern oft auch, um das Rühren und Köcheln einer unfallsicheren Maschine zu überlassen! Dies spart Zeit und verhindert Anbrenn-Stress. Mama kann sich entspannt dem Baby widmen, während das Kochen alleine weitergeht. Natürlich geht es auch ohne Küchenhelfer: mit einem Topf und Deckel, einem Pürierstab, gegebenenfalls einem Mixer, einer Küchenwaage und, wer es gerne mag, auch einem Wellenschneider für handgerechte Babysticks (siehe Bild).

Schonende Zubereitung

Gemüse und Obst

- Gemüse und Obst immer gut waschen, gegebenenfalls in Natronwasser einweichen; dafür einen Teelöffel **Natron** in eine größere Schüssel geben, mit lauwarmem Wasser auffüllen und das Gemüse kurz darin baden. Bei Bedarf sollte das Gemüse geschält werden, Biogemüse brauchst du oft auch nicht schälen, z. B. Karotten, Kürbis, Pastinake.

- Geschnittenes Gemüse (anfangs in Fingerfood-Pommes-Form) nicht lange im Wasser liegen lassen, gleich weiterverarbeiten und verzehren (Vitaminverlust).
- Beim **schonenden Garen** mit ein paar Esslöffel Wasser den Boden bedecken und Flamme/Strom anmachen, Wasser heiß machen, erst dann das Gemüse dazugeben, um das Auslaugen der Nährstoffe zu vermindern.
- Immer einen **Deckel auf den Topf** geben, um Vitamine nicht im Dampf entfliehen zu lassen. 
- Auf kleiner Flamme schonend dünsten, eventuell immer wieder Wasser nachgießen, bis das Gemüse gar ist.
- Beim Abnehmen des Deckels darauf achten, dass das Kondenswasser wieder in den Topf zurückfließt, darin befinden sich die wasserlöslichen Vitamine.
- Obstmuse oder andere Speisen, die mit viel Wasser gekocht werden (Suppen, rote und gelbe Linsen, Kartoffeln usw.), dürfen das Wasser gerne behalten. Wenn es mitgemixt wird, bleiben die wertvollen Vitamine im Essen.
- Generell gilt: Je kürzer und schonender (mit wenig Hitze) gedünstet oder (dampf-)gegart wird, umso besser. Jedoch sollte die Konsistenz schön weich sein, damit das Lebensmittel vom Kind zermalmt werden kann.
- Das Backen von Gemüsestäbchen, Talern und Muffins **im Ofen** erzeugt eine tolle Konsistenz des Fingerfoods.

Getreide und Hülsenfrüchte

- Alle Getreide mit Schale dürfen ein paar Stunden in Wasser **eingeweicht** werden, um die Kochzeit zu verkürzen, die Rückstände und Pflanzenschutzgifte wie Phytinsäure, in der Schale zu lösen (z. B. Reis, Getreide, Hülsenfrüchte) und sie verdaulicher zu machen.

HÜLSEN-FRÜCHTE in der Pfanne sehr weich gedünstet

- Bei Hülsenfrüchten kann ein halber Teelöffel Natron (Natriumbikarbonat) ins Einweichwasser zugegeben werden, um die Verträglichkeit zusätzlich zu erhöhen. Auch eine Scheibe Ingwer, Lorbeer oder Kümmel wirken verdauungsfördernd.
- Vollkorngetreide und Hülsenfrüchte müssen lange gedünstet werden, um sie schön weich zu kriegen und die Verdaulichkeit zu erhöhen! Immer einen großen Topf verwenden, reichlich Wasser zugeben und auf kleiner Flamme mit Deckel köcheln lassen. Vor allem in der ersten Beikostzeit ist das **Verkochen von Getreiden wie Reis oder Hirse und Hülsenfrüchten** ratsam!
- Verdauungsfördernde Gewürze wie Kreuzkümmel, Kurkuma, Dillpulver, Petersilie, Basilikum, Anis, Thymian oder Fenchelsamen können den Gerichten von Anfang an zugegeben werden.
- Um die biologische Wertigkeit für die Aufnahme der Vitamine und Mineralstoffe zu erhöhen, wird mit Hülsenfrüchten und Getreide eine gleichzeitige **Vitamin-C-Quelle** angeboten (Zitrusfrucht, buntes Gemüse wie Peperoni oder grüne Kräuter).

NUSSMUS

Nüsse und Samen

- Nüsse werden Babys und Kleinkindern in den ersten Lebensjahren nur in jener Form angeboten, die ihnen angemessen ist, also klein **gemahlen oder als Nussmus.**
- Nussmuse gehören ins normale Küchenregal und sollten mit der natürlich entstehenden Ölschicht auf der Oberfläche vor zu schnellem Verderb geschützt werden.
- Gemahlene Nüsse sollten gut verschlossen im Kühlschrank aufbewahrt und zügig konsumiert (etwa 1 Woche) werden.
- Unangenehm schmeckende oder riechende Nüsse oder Nussmuse sollten auf keinen Fall mehr verzehrt werden!

- Beim Kauf von Nüssen immer auf gute Bioqualität, Plastikfreiheit und fairen Handel achten.
- Die Inhaltsstoffe in Samen werden generell besser aufgenommen, wenn sie gemahlen werden (z. B. bei Leinsamen). Es genügt ein kleiner Küchenmixer oder Zerkleinerer, in dem die Samen zerbrochen werden. Danach im Kühlschrank lagern und zügig verarbeiten.

Pflanzenöle

- Wir unterscheiden (meist raffinierte) Bratöle und kalt gepresste native Superfood-Öle, die nicht erhitzt werden dürfen. Erhitzbare Öle in der Babyküche sind: Olivenöl, Rapsöl und besonders **Kokosöl.**
- **Nicht gut erhitzbare Öle** sind: Leinöl, Walnussöl, Algenöl oder Hanföl; sie gehören zur **Lagerung in den Kühlschrank** und sollten zügig verbraucht werden.
- Achte darauf, den Deckel der Ölflasche nur wenn notwendig zu öffnen, um zu verhindern, dass das Öl zu viel Sauerstoff bekommt (oxidiert leichter, sprich wird schneller ranzig).
- Wird ein Bratöl erhitzt, darf es nicht „rauchen", die ursprüngliche Farbe darf nicht dunkler werden oder schäumen, dickflüssig und zäh werden oder ranzig riechen. Dies ist ein Zeichen, dass sich gesundheitsschädliche Stoffe (Trans-Fettsäuren) bilden. Auch schwarz angebratene Gerichte gehören nicht auf den Familientisch.

Kräuter und Gewürze

- Frische Kräuter erst unmittelbar vor der Weiterverarbeitung in Gerichten hacken, da sonst wertvolle Nährstoffe verloren gehen.
- Niemals „nass" hacken, wasserlösliche Aromastoffe gehen verloren.

- Manche hitzeempfindlichen Kräuter wie Basilikum, Kerbel und Borretsch erst kurz vor Ende der Garzeit hinzugeben.
- Rosmarin, Majoran, Estragon, Thymian, Salbei und Lorbeer entfalten ihren Geschmack erst unter Hitzeeinwirkung und sollten daher mindestens 15 Minuten mitgegart werden.
- Pulverisierte Gewürze wie Pfeffer erst gegen Ende der Garzeit hinzugeben.
- Gewürze mit harten Stielen vor dem Servieren entfernen, die feinen Blätter sollten gemixt werden (siehe dazu das Kapitel „Zu vermeidende Lebensmittel im ersten Lebensjahr", S. 111).

Tierische Lebensmittel

- Gehören Ei, Fisch, Fleisch und Tiermilchprodukte zur Familienküche, darf auf Bioqualität und artgerechte Tierhaltung geachtet werden.
- Die Gefahr des Verderbs und der Verkeimung ist bei tierischen Produkten generell größer, deshalb auf gute Lagerung (gekühlt: Kühlkette nicht unterbrechen!) achten.
- Für die Zubereitung immer gut durchdünsten/garen, es sollte nichts roh angeboten werden.
- Schnelle Verarbeitung bei angebrochenen tierischen Lebensmitteln und gute Lagerung im Kühlschrank sind wesentlich.
- Um die biologische Wertigkeit zu unterstützen, können eisenreiche tierische Lebensmittel mit Vitamin C aufgenommen werden, z. B. mit einem Spritzer Zitrone, gehackter Petersilie, einem Schluck Orangensaft (frisch gepresst) oder Vitamin-C-haltigem Gemüse (Peperoni, Brokkoli, Spinat).

WAS, WANN, WIE VIEL UND WIE?

Was kann dem Baby anfangs gereicht werden?

Kommt das Baby ins Reifestadium, indem es Interesse für das neue, fremde Essbare bekommt, reifen automatisch langsam die Verdauungsorgane, um fremde Lebensmittel verdauen und aufnehmen zu können. Aus diesem Grund werden anfangs grundsätzlich „einfache" Grundnahrungsmittel gereicht, um den Verdauungstrakt langsam an das Neue zu gewöhnen.

Das über Jahrzehnte überlieferte Programm, **immer nur ein Lebensmittel zu reichen, und dies über eine Woche lang,** ist jedoch längst überholt. Es bringt keinen Vorteil bezüglich Allergievermeidung und darf endlich abgelegt werden. Mehr dazu im Kapitel „Allergie und Prävention" (siehe S. 117). Auch für das Baby ist es wenig natürlich, wochenweise immer nur das Gleiche zu essen, dazu noch ungewürzt und homogen gemixt. Da kann es schon mal passieren, dass die Freude am spannenden Essen dahinfließt, noch bevor sie richtig angefangen hat.

Mittlerweile gilt es als normal, dass von Anfang an auch zwei bis vier verschiedene Lebensmittel kombiniert und probiert werden können. Zu viel sollten es anfangs jedoch auch nicht sein, um bei sichtbar schlechter Reaktion auf das Angebotene ermitteln zu können, an was es gelegen hat.

Die angebotenen Lebensmittel sollten am besten **in verschiedenen Farben** auf den Tisch kommen. So wird auch eine gute Vitamin- und Mineralstoffversorgung gewährleistet. Weitere Informationen dazu findest du im Kapitel „Optimal versorgt" (siehe S. 139). Babys schaffen es instinktiv, sich aus einem vollwertigen Angebot jene Lebensmittel zu holen, die am dringendsten gebraucht werden (dazu auch die eingangs schon erwähnte Studie der amerikanischen Kinderärztin Clara Davis).

- **Gemüse:** Als Einsteigergemüse hervorragend geeignet sind vor allem Kürbis, Brokkoli, Blumenkohl, Süßkartoffeln und Kartoffeln.

- **Obst:** Ganzjährige Klassiker sind Äpfel, Birnen, Bananen und Avocados; im Sommer auch Pfirsiche, Aprikosen, Melonen, weiche Pflaumen, weiche Beerenfrüchte wie Himbeeren, Erdbeeren, Brombeeren.
- **Getreide:** Leicht verdauliches überwiegend glutenfreies Getreide wie Hirse, Mais, Reis, Hafer, seltener Buchweizen, Amaranth und Quinoa; später auch Getreideerzeugnisse aus Dinkel, Gerste, Roggen und Weizen.
- **Öle und Fette:** Grundsätzlich eignen sich alle hochwertigen Pflanzenöle, besonders nährreich im Omega-Verhältnis sind Lein-, Raps- und Olivenöl sowie Kokosöl zum Braten.
- **Nüsse und Samen:** In babyfreundlicher Variante gemahlen oder als Mus kannst du Mandeln, Pinienkerne, Leinsamen oder Sesam (Tahini – Achtung bei Allergieneigung!) reichen.
- **Hülsenfrüchte:** Besonders geeignet sind Linsen, anfänglich nur rote und gelbe (geschält), nach einiger Zeit bei guter Verdauung auch braune und schwarze Linsen, sehr weich kochende Bohnen sowie Kichererbsen, Erbsen, weiße Bohnen.

WICHTIG

Hülsenfrüchte mit Schale in den ersten Monaten nur sehr weich und püriert oder zerquetscht. Mungobohnen müssen lange gekocht werden, haben aber sehr wertvolle Inhaltsstoffe (siehe Infokasten).

MUNGOBOHNEN – DAS GEHEIME SUPERFOOD

In Indien werden sie seit nunmehr 1000 Jahren angebaut. Sie sind nahrhaft und eine gute Eiweiß- und Ballaststoff-Quelle. Sie stecken voller Vitamine und Mineralien, liefern wertvolle sekundäre Pflanzenstoffe. Enthalten sind unter anderem B-Vitamine (Vitamin B1, Vitamin B2, Vitamin B6), Beta-Carotin, Vitamin C, Folsäure und Vitamin E.[18] In der ersten Beikostzeit sollten sie gut gekocht mit verdauungsfördernden Gewürzen angeboten werden, später auch als Keimlinge.[19]

- **Fleisch/Fisch:** In Streifen geschnittenes gedünstetes oder leicht gebratenes Fleisch oder Fisch können als Fingerfood angeboten werden oder je nach Vorliebe auch in Musform verarbeitet. Achtung auf Qualität der Lebensmittel (siehe auch „Optimal versorgt", S. 139) und auf Grätenfreiheit im Fisch!

Ein Beispiel aus der ersten richtigen Babyküche:
Gemüsesticks mit Kichererbsenhummus (siehe Rezept S. 225)

In welcher Reihenfolge?

„Babys gewöhnen sich gleich ans Süße, wenn zuerst Obst gegeben wird" oder „Babys mögen kein Gemüse, also erst damit beginnen, sonst wird es nichts mit der Beikost!" oder „Gemüse ist gesünder als Obst".

Was ist dran an diesen Mythen? Braucht es wirklich einen so strikten Fahrplan, damit Kinder zu „braven Essern" werden und keine Nachteile haben, wenn was Falsches angeboten wird? Die Neigungen für Obst oder Abneigung gegen Gemüse lässt sich grundsätzlich nicht durch eine bestimmte Reihenfolge beeinflussen. Werfen wir zudem einen Blick auf einige **Grundprinzipien,** die sich im Laufe der Evolution entwickelt haben, um das Überleben der Menschheit zu sichern.

1. **Vorlieben** von Kindern für bestimmte Speisen werden schon sehr früh geprägt. Bereits im Mutterleib werden Ungeborene durch das Essverhalten der Mutter beeinflusst. Dieser Prägungsprozess setzt sich nach der Geburt fort.[20] Das heißt, Babys kennen bereits die Gewürze und Geschmacksstoffe der Familienküche! Dem Baby ganz andere Nahrung anzubieten als jene, die gängig am Familientisch steht, wirkt befremdlich.
2. **Muttermilch** ist geschmacklich deutlich **vielfältiger** als Flaschenmilch, da die Milch Geschmacksstoffe der von der Mutter verzehrten Speisen

in niedriger Konzentration enthält. Gestillte Kinder sind daher empfänglicher für neue Lebensmittel bzw. Speise.[21]

3. Babys haben weltweit unterschiedliche Neigungen, da es weltweit auch verschiedene **Geschmacksnuancen** bereits **im Mutterleib** gibt! Ein indisches Kind kennt Ingwer und Knoblauch als normale „Zutat". Daher zeigt sich meist recht schnell, was Babys gerne probieren wollen (meist das, was Mama im Teller hat), weil sie es schon kennen.
4. **Giftige Stoffe** erkennt man in der Natur oft am bitteren oder säuerlichen Geschmack. Neugeborene zeigen deshalb tendenziell eine angeborene Vorliebe für süße bzw. auch salzige Nahrungsmittel und lehnen anfänglich den Bitter- und Sauergeschmack ab.
   Der Gewöhnungseffekt der Intensität von süß oder salzig ist jedoch von der Familienküche abhängig, das heißt, wird viel gesalzen oder gesüßt, gewöhnt sich das Baby daran. Ein achtsamer Umgang damit ist von den Eltern abhängig. Vor allem Salz gehört im ersten Lebensjahr nicht aktiv in die Babyküche – mehr dazu im Kapitel „Optimal versorgt" (siehe S. 139).
5. Evolutionsbiologisch lernen Babys auch sehr früh, eine **Vorliebe** für den Geschmack **energie- und fettreicher Lebensmittel** auszubilden. Das ist der Grund, warum Säuglinge süß schmeckende Lebensmittel wie Früchte, aromatisierte Joghurts und Säfte sehr viel schneller akzeptieren als Lebensmittel wie Gemüse, welche nicht süß schmecken und/oder Bitterstoffe enthalten können.[22]
6. Säuglinge sind außerdem naturgemäß geprägt, **neue, unbekannte Lebensmittel abzulehnen** (man nennt dies auch Neophobie). Die Akzeptanz neuer Nahrungsmittel verbessert sich, je öfter den Kindern neue Speisen oder Lebensmittel ohne Zwang angeboten werden.[23] Dafür darf ein Kind bei einem unbekannten Nahrungsmittel 10- bis 16-mal die Gelegenheit bekommen, es zu kosten.[24] Je häufiger ein Kind ein neues Lebensmittel angeboten bekommt, desto wahrscheinlicher wird es dieses auch probieren und sich daran gewöhnen. Zudem ist das Angebot aus Mutters Fingern besser akzeptiert als mit dem Löffel. Mehr dazu im Kapitel „Babys möchten selbstwirksam sein" (siehe S. 25).
7. Das wichtigste Lernprinzip für Kinder ist am Ende das **Beobachtungslernen.** Eltern/Bezugspersonen können die Entwicklung der Akzeptanz

gegenüber neuen Lebensmitteln positiv beeinflussen, indem sie Vorbild hinsichtlich einer gesunden Ernährung sind. Eltern können durch einen genussvollen Verzehr von Gemüse und Obst Kinder animieren, dieses Verhalten zu imitieren.[25]

8. **Kinder mögen das Vertraute.** Der Mere-Exposure-Effekt bedeutet, dass Kinder wiederholt gerade das essen, was sie kennen und mögen, und unbekannte Speisen ablehnen. Andererseits gibt es auch einen Sättigungseffekt gegenüber Nahrungsmitteln, wenn diese immer wieder gegeben werden, bis das Kind es sprichwörtlich „satt"-hat. Diese Haltung beugt einer einseitigen Nahrungsmittelauswahl vor.[26]

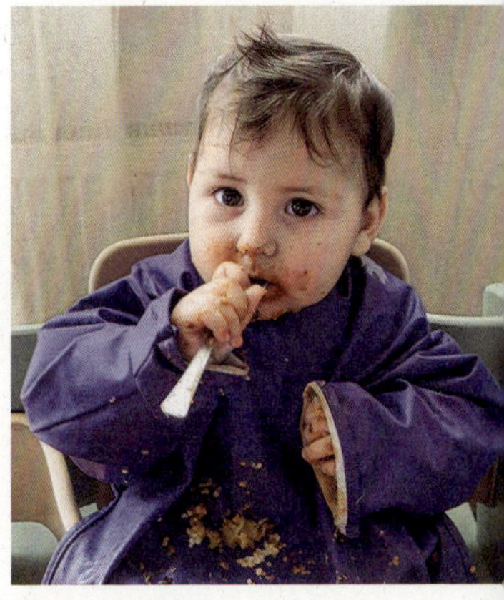

Lous
LIEBLINGS-ESSEN
Süßkartoffeln

Zu welcher Tageszeit?

Zu welcher Tageszeit Beikost gegeben wird, ob am Morgen mit dem Frühstück begonnen wird, die Mittagsmahlzeit als erste Beikost angeboten wird, oder abends die Suppe mitgeschlürft, hängt von der Neugier und dem „Zustand" des Babys ab. Der Gang zum Esstisch klappt meist dann gut, wenn es, wie schon erwähnt, dem Baby gut geht. Ist es ausgeschlafen, gesund, guter Laune und **nicht quengelig,** so wird das Erleben am Familientisch zum Abenteuer. Umgekehrt sind die Essversuche sehr störanfällig, wenn das Baby gerade mit anderen Dingen beschäftigt ist, denn dann ist die Muße für Beikost nicht recht groß. Ebenso wenig, wenn das Baby zahnt, fiebrig ist oder gerade von anderen gesundheitlichen Entwicklungen abgelenkt wird. Häufig wird mittags angefangen, es passt jedoch auch morgens oder ganz spontan nachmittags beim Kosten einer Frucht!

AUS DER PRAXIS

Mütter schwärmen davon, dass ihre Babys am Morgen, nach einer gut verbrachten Nacht, ausgeschlafen und mit guter Laune, eher bereit sind, Neues aus der Beikostecke kennenzulernen und auszuprobieren als mittags, wenn schon Müdigkeit und zu großer Hunger überwiegen. Gerade diese idealen oder komplett ungeeigneten Momente zeigen sich schnell und man erkennt sie meist sofort. So kann der Beikostbeginn von beiden Seiten genossen werden.

Romys BEIKOST-START beim Frühstück mit Schwester Zoe

Haben Babys die Möglichkeit, im eigenen Rhythmus und ohne Zwang und Drang Essen kennenzulernen, ist dies eine gute Basis für zukünftige Ernährungsgewohnheiten.[27] Einen negativen Einfluss auf das Essverhalten können daher strenge Verbote wie „Iss keine Süßigkeiten!"[28] oder Zwänge wie „Iss dein Gemüse!"[29] ausüben. Werden fett- und zuckerreiche Lebensmittel verboten, scheinen diese Lebensmittel für Kinder besonders reizvoll und so werden durch Verbote meist die gegenteiligen Vorlieben gefördert (siehe Tabelle).

Auswirkungen von Erziehungsmethoden auf die Akzeptanz neuer Lebensmittel

Positiver Einfluss	Negativer Einfluss
↘ Wiederholtes Anbieten der Lebensmittel (Sullican/Birch 1994) ↘ Anbieten verschiedener Lebensmittel (Maier et al., 2008) ↘ Gemeinsames Probieren und Essen neuer Lebensmittel (Addessi et al., 2005) ↘ Gesundes Essverhalten (Vorbildwirkung) (Ellrott, 2007)	↘ Rigide Kontrolle ↘ Verbote ↘ Zwang zum Essen ↘ Belohnung (Ellrott, 2007)

Quelle: Multi-mam.de

Wie viel auf einmal?

Anfangs sollte nicht zu viel auf einmal gereicht werden (besonders bei Breinahrung), denn erste Beikostangebote enthalten vergleichsweise wenig Kalorien. Die Hauptenergiequelle stammt immer noch aus der Milch und es braucht dafür noch ausreichend **Platz im Magen.** Bei BLW-Kindern ist dies nicht sonderlich schwierig, da sie vergleichsweise wenig aufnehmen.

GUT ZU WISSEN

Wird anfangs zu viel Beikost geschlemmt, kann dies auch dazu führen, dass Babys tagsüber zu wenig Kalorien aufnehmen und sich der richtige Kalorienhunger in die Nacht verschiebt!

Fazit: Jedes Baby ist anders

Beikost ist nach wie vor ein uraltes Programm, das schon seit Jahrtausenden funktioniert. Das Baby kostet am liebsten an dem, was es schon seit seiner Zeugung geschmacklich kennt, und lernt Neues durch häufiges Probieren kennen und meist auch lieben! Es gibt keine Reihenfolge, denn jedes Baby ist anders und jeder Tag mit dem Baby ist anders. Ohne „Fahrplan" kann spontanem und positivem Probieren den Vorrang gegeben werden und das Baby hat die Freiheit, im eigenen Rhythmus Beikost als Umstellungszeit kennenzulernen. Die Bewusstheit der Eltern gegenüber gesunder Ernährung und Achtsamkeit, das Baby darin zu begleiten, ist ausschlaggebend für die zukünftige Neigung und Entwicklung des Babys.

Es ist ratsam, ein **vollwertiges, buntes und gesundes Angebot auf den Tisch zu bringen,** am besten für alle Familienmitglieder dasselbe und in einer Form, die das Baby anfangs auch gut verträgt. Es soll außerdem gut danach greifen können. So hat auch die kochende Person **wenig Mehraufwand,** Beikost anzubieten!

Die **schnelle Integration der Babyernährung in die Familienküche** ist ein wertvolles und aktuelles Prinzip, von dem alle profitieren!

Vollkornreis mit Linsen, Pesto und Sprossen (für Mama), Kürbisgemüse in Pommesform

Wie viele Kalorien braucht mein Kind?

Diese Frage begegnet mir immer wieder und begründet sich in der Angst, Babys einer Mangelernährung auszusetzen. Wenn Babys jedoch **weiterhin nach Bedarf gestillt werden oder die Flasche** bekommen, ist die Beikost im ersten Lebensjahr eine willkommene **Ergänzung zur Milchnahrung, egal wie viel es isst.** Nach neuerer Ansicht werden **in der ersten Beikost nicht mehr ganze Milchmahlzeiten ersetzt** oder ausgelassen, sondern Beikost wird **nach der Milchmahlzeit** ohne Hunger angeboten. Erst wenn Babys auch wirklich Hunger auf Lebensmittel bekommen und nach und nach mehr essen, werden Milchmahlzeiten weniger und irgendwann auch nicht mehr gefordert. Dies ist ein Prozess, der über Monate die sichere Kalorienaufnahme gewährleistet. Äußere Signale lassen zudem vermuten, dass es dem Baby gut geht und es sich holt, was es braucht:

- Der Stuhlgang verändert sich langsam, wird brauner und fester.
- Satte Babys sind meist zufrieden nach dem Essen, haben auch längere Schlafphasen.
- Die noch fehlende Kalorienmenge wird nach dem Essen verlangt.

RESPONSIVE FEEDING – Essen im eigenen Maß!

Wenn die Eltern trotzdem noch unsicher sind, gibt es auch die Möglichkeit der Gewichtskontrolle bzw. den regelmäßigen Gesundheitscheck bei der Hebamme, über den Gesundheitsdienst oder bei Kinderarzt bzw. -ärztin, über deren Verlaufskontrollen man das Wachstum des Kindes verfolgen kann.

Diese neuere Art des **Responsive Feedings –** also Beikost nach Bedarf – trägt nicht unwesentlich dazu bei, dass das Baby in der Folge ein gutes Körpergefühl entwickelt, was und wie viel es von angebotener Nahrung braucht. Die Mengenangaben für Mahlzeiten sind nur in Ausnahmesituationen relevant, meist werden Babys in diesen Situationen auch medizinisch begleitet. Die Menge der Beikost ist nicht entscheidend für einen guten Verlauf der Beikostzeit, denn Babys machen dies sehr unterschiedlich, abhängig vom Alter, von ihrem Reifezustand, der Tageszeit, Faktoren, die sonst noch hinzukommen (z. B. Zahnen oder Krankheit), und schließlich „holt" sich das Baby die notwendigen Kalorien im Anschluss an der Brust oder aus der Flasche, wenn in der Beikostmahlzeit nicht genügend vorkamen.

WICHTIG!

Beikost sollte ein Akt der Freude sein, das Baby kostet, lernt kennen und im besten Fall nach einer Umstellungszeit von etwa einem halben Jahr hat es alles durchprobiert und seine persönlichen Ernährungsbausteine gefunden.

Fazit

Es ist nicht ausschlaggebend, wie viel das Baby an Kalorien durch die Beikost zu sich nimmt, vorausgesetzt es bekommt begleitend seine Milchmahlzeiten nach Bedarf. Bekommt das Baby richtig Hunger, geht es vielmehr darum, bedarfsdeckende Nahrung zu geben, das heißt eine bunte Mischung aus allen Nährstoffen. Die bedachte Zusammensetzung der Mahlzeiten wird in den folgenden Kapiteln erklärt.

Getränke – was, wann, wie viel?

Da Babys als Säuglinge feste Nahrung kosten und gleichzeitig an der Brust weitertrinken, brauchen sie den Durst lange nicht mit Wasser zu stillen. Die

benötigten Kalorien erhält es vor allem noch flüssig, in Form der nach Bedarf gegebenen Milch. Demnach ist im ersten Lebensjahr **nicht die Milch das „Zugefütterte",** sondern Milchmahlzeiten machen im Schnitt 80 Prozent der Kalorien aus, während der Beikostanteil läppische 20 Prozent ausmacht. Im zweiten Lebensjahr holt sich ein klassisches Stillbaby durch die Beikost etwa 50 Prozent der Kalorien, 50 Prozent davon von dem flüssigen Gold. Im dritten Lebensjahr macht der Milchanteil immerhin noch etwa 20 Prozent aus, der Bedarf ist bei jedem Baby unterschiedlich.[30]
Was das Anbieten von Getränken betrifft, unterscheiden wir zwischen Still- und Flaschenkindern.

Stillkinder

Im ersten Lebensjahr ist das Verabreichen von Wasser oder anderen Getränken nicht zwingend notwendig, da die Brust, auf das Baby abgestimmt, Muttermilch liefert. Zeigt das Baby auf ein Glas, oder ist es neugierig, vom Glas zu nippen, kann es dies aber machen und nach Bedarf auch trinken, sollte es richtig Durst auf Wasser bekommen. Das Wasser muss nach dem sechsten Lebensmonat nicht mehr abgekocht werden.
Babys während der Beikosteinführung weiterhin Milchmahlzeiten anzubieten, hat zudem den Vorteil, dass das Baby selbst entscheiden kann, wie viel es von der Milch noch braucht, und die optimale Kalorienzufuhr bleibt gesichert. Um dem Baby das Erforschen und Kennenlernen des Wasserglases zu ermöglichen, kann ein Becher (mit ein wenig) Wasser am Tisch stehen, der immer wieder Gelegenheit gibt, das Halten des Glases und das Trinken daraus kennenzulernen. Möchte das Baby am Becher oder Glas nippen und die Fertigkeit des Trinkens aus dem Glas entwickeln, geschieht das meist sehr schnell und souverän.

Flaschenkinder

Bei Flaschenernährung ist es ein wenig anders. Der Muttermilchersatz hat immer die gleiche Zusammensetzung und passt sich demnach nicht an die spontanen Grundbedürfnisse – Hunger oder nur Durst – an. In diesem Fall kann und sollte dem Baby regelmäßig Wasser geboten werden, um die Flüssigkeitszufuhr sicherzustellen und mögliches Übergewicht durch die Neigung, zu viel

Milch zu trinken, vorzubeugen. Weitere Informationen im Kapitel „Wichtiges zur Kunstmilchnahrung" (siehe S. 97).

Große Mengen an Flüssigkeit sollten in der anfänglichen Beikostzeit vermieden werden, da ansonsten der Magen mit leeren Kalorien gefüllt wird. Auch hier kann durch die fehlende Kalorienaufnahme passieren, dass das Baby nachts öfter wach wird, weil es die fehlenden Kalorien von tagsüber nachholen will.

Was bietet man dem Baby zum Trinken an?

Möchte das Baby etwas zu trinken, kann ihm im besten Fall **Wasser** angeboten werden. Gesüßte Drinks, Softdrinks oder ähnliche Säfte sollten vermieden werden. Es sind schädliche und unnötige Kalorien, nach denen das Kind im schlechtesten Falle süchtig und somit dauerhaft von zuckerhaltigen Lebensmitteln „verführt" wird.

Dies ist gegenwärtig ein sehr großes Problem, was zu frühkindlichem Diabetes, Übergewicht und daraus resultierenden Folgeschäden, Herz-Kreislauf-Erkrankungen, Immunsystemschwäche, Hyperaktivität – die Liste lässt sich ewig fortsetzen – führt.

Auch der angebotene Fruchtsaft bei Oma darf abgelehnt werden. Es ist eine unnötige Gewohnheit, die weder dem Kind noch der Beziehung zur Oma wirklich etwas bringt. Braucht es manchmal Geschmacksunterstützer, können gerne ein Blatt Zitronenmelisse, Basilikum oder andere aromatische Kräuter, frische Fruchtspalten oder ungezuckerte Kräutertees das Trink-Erleben verschönern.

Die idealsten Getränke sind demnach:

- **Wasser –** das grundlegendste Getränk bei Durst! Und dabei sollte es auch bleiben, mit Betonung auf **sollte.** Eltern haben es oft schwer im Getümmel von Medien, Geschäften, Bars und Großeltern, die für ihren Schatz nur das „Beste" (Süßeste) wollen.
- **Ungesüßte Kräutertees:** Besonders beliebt sind Anis, Fenchel, Melisse, Kamille (Achtung: eher austrocknend, wenn es dauerhaft gegeben wird!).
- **Frisch gepresste Säfte:** Wenn es doch was Schmackhaftes geben soll, dann am besten frisch gepresst. Denn es gibt wenig konservierte Fertigsäfte ohne Zucker oder Zusatzstoff, und die notwendigen Ballaststoffe sind auch Mangelware. Bestens geeignet sind Smoothies in allen Variationen – sie sind frisch, vitaminreich, und es ist „alles drin", denn die Früchte werden als Ganzes gemixt. Ein Rezept dazu im Rezeptteil des Buches.
- **Infused water** ist übrigens auch okay: Obststücke werden in Wasser eingelegt und somit hat man geschmackvolles Wasser mit Obstnote!

Der Stuhlgang

Babys Verdauung wird durch die anfangs neuen Lebensmittel ganz schön gefordert! Beim Stuhlgang kann es durch die ersten Essversuche zu verschiedensten Farben und Konsistenzen kommen. Der Stuhl kann auch fester sein und selten zu Verstopfungssymptomen mit starkem Drücken und Kotsteinchen führen. Vor allem aber der Geruch verändert sich von (bei voll gestillten Kindern) **lieblich süß** hin zum typischen „Erwachsenengeruch".
Ist das Baby verstopft, kann Obst wie Apfelmus oder eingeweichte Pflaumen, ungeschwefelte Aprikosen (eingeweicht und mitgekocht) oder auch eine Prise Flohsamen im Essen helfen, den Stuhl wieder lockerer zu machen (siehe auch Verdauungskugeln im Rezeptteil). Ist das Darmende vom harten Stuhlgang belegt und kann das Baby den Stuhl nicht herausschieben, kann auch ein Miniklistier auf Naturbasis aus der Apotheke helfen.

Um die Verdauung zu entlasten, darf **wieder vermehrt auf Milchnahrung zurückgegangen** werden, damit die enthaltene Laktose die Verdauung erneut ankurbelt. Auch ein vollständiges Aussetzen der Beikost kann in schweren Fällen Babys Verdauung wieder regenerieren. Die Umstellung der Verdauung kann schon einige Wochen dauern, bis sich der Darm an die vielfältigen Lebensmittel gewöhnt hat. Das übergangsmäßige Weglassen von Karotte, geriebenem Apfel oder Banane kann helfen, jedoch reagiert jedes Baby anders auf diese Lebensmittel.

PRAXISTIPP

Sehr zu empfehlen ist das routinemäßige (morgendliche) Sitzen auf dem Topf (siehe Bild), um den täglichen, regelmäßigen Stuhlgang hervorzulocken. Besonders bei Babys, die schon in den ersten Monaten abgehalten werden, ist im Sitzalter das Topfsitzen am Morgen eine willkommene Fortsetzung ins schnelle Windelfrei.

Lou, die ab dem 5. Monat täglich abgestützt den Topf besucht.

BEGLEITENDES STILLEN UND FLASCHENNAHRUNG

Stillen und dessen unmittelbare Vorteile in die Beikostzeit hinein

Mittlerweile ist es weltweit einheitlich: Es kann sechs Monate ausschließlich gestillt werden und anschließend noch begleitend nach Bedarf, solange es Mutter und Kind gefällt. Das ist die bestmögliche Basis eines Menschenkindes, da die Muttermilch in vielerlei Hinsicht vorbeugend und schützend wirkt.[31] Beim Thema Beikost und Stillen stellt sich die große Frage: **Wie lange braucht ein Menschenbaby überhaupt Milch?**

Milch für das Gehirn

Stillen bzw. Muttermilchgabe mit Flasche oder – je nach Situation – auch Kunstmilchnahrung sind in den ersten Monaten notwendig, um dem Baby mit diesem flüssigen Gold so schnell wie möglich eine hochkalorische Nahrungsquelle zu liefern. Das Baby bekommt dadurch anfangs alles, was es braucht, um „schnell" ins stärkere überlebensfähige Alter zu gelangen. Es enthält so viele Nährstoffe in flüssiger Form, da es Festes noch nicht aufnehmen und verdauen kann, dabei können andere Flüssigkeiten die unzähligen Nährstoffe, die das Baby braucht, nicht decken.[32]

Auch wenn das Baby in den ersten Monaten ständig essen möchte, wächst das Menschenkind nicht so schnell wie ein Fohlen oder ein anderer Vierbeiner, da die Zusammensetzung der Muttermilch eine andere Priorität hat, nämlich die der Gehirnentwicklung.

Somit hat der **Menschenmilchcocktail mehr Zucker und vergleichsweise weniger Eiweiß** als beispielsweise Kuhmilch (ein Kalb muss schnell groß werden und sich schnell selbstständig bewegen, daher braucht es viel Eiweiß).

In der folgenden Tabelle werden die Unterschiede zwischen Muttermilch und Kuhmilch dargestellt:

Zusammensetzung der Muttermilch im Vergleich zur Kuhmilch

nach Christine Geist, 2013

in 100 ml	Eiweiß (g)	Fett (g)	Kohlenhydrate (g)	Mineralien (g)	kcal.
Kolostrum (Anfangsmilch)	2,7	1,9	5,3	0,33	65
Übergangsmilch	1,6	2,8	6,5	0,24	70
reife Muttermilch	1,2	3,5	7,0	0,21	75
Kuhmilch	3,3	3,5	4,8	0,72	66

Quelle: Multi-mam.de

Laktose und wichtige Fette für die kognitive Entwicklung

Die Laktose – ein Bestandteil, der nur in menschlicher/tierischer Milch vorkommt, und andere wichtige Fettsäuren wie Omega 3, DHA, ALA und EPA sind für die Gehirnentwicklung unerlässlich, weshalb es notwendig ist, dass sie über die ganze Zeit der Hirnentwicklung vorhanden sind.[33]

Die gängige Meinung über den Säuglingsmilchbedarf vermittelt den Eindruck, ein Baby brauche nur etwa sechs Monate lang Milch. Dann beginnt die Beikost, mit der innerhalb weniger Wochen/Monate auf die „Normalnahrung" übergegangen wird, und das Baby braucht nur mehr Festes bzw. keine Milch mehr. Das ist falsch und gefährdet die optimale Versorgung des Babys.

Begleitendes Stillen und seine immunologischen Vorteile

In die neue Welt der Beikost zu treten, bedeutet immer auch, neuen Keimen zu begegnen. Längst schon sind auch hier die Vorteile der Abwehrfunktion durch die Muttermilch erforscht. So ist bekannt, dass gestillte Kinder seltener wegen Durchfallerkrankungen stationär aufgenommen werden müssen, weil bei ihnen insbesondere Rotavirus-Infektionen milder verlaufen.[34] Auch intensiv diskutiert wird das verminderte Auftreten von Autoimmunerkrankungen wie Diabetes Typ 1, Zöliakie und Multiple Sklerose sowie das verminderte Auftreten von Allergien.[35]

Milchmahlzeiten und Schlafunterbrechungen

Vorab: Mit dem Schlafen wird es lange nicht einfacher, auch wenn das die Wunschvorstellung von Eltern, die schon einige Monate im Schlafdefizit verbringen, ist. Es gibt aber einige Gründe, warum dies nicht möglich ist.

Die Gehirnentwicklung eines Kindes kann etwa drei Jahre dauern, in denen es im besten Falle Menschenmilch erhalten sollte bzw. auch danach fragt. Vor allem auch nachts, was Eltern nun verzweifeln lässt, weil es ja schon längst durchschlafen müsste. Das Ammenmärchen hält sich hartnäckig, dass Kinder in den ersten Monaten durchschlafen lernen müssen. Leider dauert es meistens um die drei Jahre und ist **kein** Erziehungsziel, sondern ein Reifeprozess! Es **kann** erst mit einem gewissen **Reifealter** schlafen, weil es den wichtigen Job hat, für die Gehirnentwicklung regelmäßig Hirnfutter zu erfragen. Leider wird dies allzu oft mit Wasser, Tee, Saft, Pflanzendrinks, Herumtragen, Spielen oder anderen Beruhigungsmethoden zu bändigen versucht. Sollte das Baby schon früher alleine durchschlafen, ist das eine Seltenheit, kann aber auch normal sein.

Untersuchungen zeigen klar, dass für die kognitive Entwicklung (Gehirnentwicklung) Bestandteile aus der Muttermilch/Formulamilch unerlässlich sind, wie Laktose, Omega-Fettsäuren und Taurin.

Fremdes wird nicht als fremd erkannt

Was der dauerhafte begleitende Muttermilchmix noch machen kann, ist unglaublich erstaunlich: Fremde Nahrung kann durch gleichzeitige Muttermilchgabe (davor, während und nach dem Essen) besser als tolerierbare Nahrung erkannt werden, das heißt, das Baby reagiert weniger allergisch auf das, was neu reinkommt! Auch hier darf das Baby nach Bedarf entscheiden, wie viel es wann nach Milch fragt, denn es ist einfach immer nur von Vorteil. Dazu auch mehr im Kapitel „Allergie und Prävention" (siehe S. 117).

Was begleitendes Stillen für die Mutter bedeutet

- Die Mutter ist vor (zu) schneller Schwangerschaftsfolge geschützt, da die Fruchtbarkeit durch die Stillhormone stark eingeschränkt ist (ähnlicher **Verhütungsschutz** wie durch die Pille). Voraussetzung ist aber, dass sie viel und oft stillt! Nämlich mindestens alle vier Stunden.
- Die Rückkehr zur „alten" **Figur** wird durch Stillen unterstützt: Stillt die Mutter lange genug, schmelzen die angesammelten (wichtigen!) Fettpölsterchen fast ganz von allein. Allerdings ist zu beachten, dass es bei den meisten Frauen erst nach etwa einem Jahr ausgiebigen Stillens zu einem natürlichen Fettabbau kommt, da der Körper nun langsam die Reserven abgibt, die er für die erste Stillphase aufbauen und behalten wollte. Hat die Frau einen gesunden Körper und Stoffwechsel, kann sie natürlicherweise zu ihrer (fast) ursprünglichen Form finden, ohne sich auf dem Laufband abstrampeln zu müssen![36]
- Außerdem ist der gesundheitliche Nutzen für die Frau enorm: Das **Krebsrisiko** für diverse Organe, die dem weiblichen Hormonsystem unterliegen, wird bis zu 60 Prozent **reduziert.** Dies gilt für die Brust und die Eierstöcke.
- Das Risiko für **Osteoporose** scheint für nicht stillende Frauen im Alter höher zu sein als für Stillmütter.[37]
- Eine schwedische Studie konnte aufzeigen, dass Frauen, die mindestens ein Jahr stillen, nach den Wechseljahren ein geringeres Risiko für **rheumatoide Arthritis** aufweisen.
- Stillen senkt das Risiko der Mutter für **Herz-Kreislauf-Erkrankungen, Diabetes Typ 2 und Übergewicht.**
- Stillen senkt das mütterliche **Endometriose-Risiko.**[38]

- Wie lange eine Frau stillen möchte, sollte nicht von umgebenden Meinungen und Haltungen abhängen (was es leider tut[39]), sondern eine individuelle Entscheidung sein, solange sich Mutter und Kind damit wohlfühlen.

Sonstige „Auswirkungen" von Langzeitstillen fürs Baby

- Die „normale" Stilldauer schwankt kulturell enorm, es gibt jedoch keine Evidenzen, dass längeres Stillen Nachteile mit sich bringt – im Gegenteil.
- Die **Nährstoffversorgung** ist und bleibt optimal sowie dem Baby und seinen Entwicklungsphasen laufend angepasst.
- **Selbstständigkeit und soziale Kompetenz** wird bei länger gestillten Kindern schneller erreicht.
- Langzeitstillen zeigt keine Hinweise auf schädliche Effekte der Psyche, was nach Auswertung sämtlicher wissenschaftlicher Literatur vom weltweit größten Verband von Kinderärzten (AAP) unterstrichen wird.
- Auch die nationale Stillkommission Deutschlands weist darauf hin, dass die Beikosteinführung **nicht** mit dem Abstillen gleichzusetzen ist. Der endgültige Zeitpunkt des Abstillens ist eine individuelle Entscheidung, die gemeinsam von Mutter und Kind getroffen wird.[40]
- Sogar Vaters Haltung gegenüber dem Stillen beeinflusst die Stilldauer. Je wohlgesonnener er gegenüber dem Stillen ist, desto länger wird gestillt.[41]

Fazit

Zusammenfassend kann man sagen

- Babys brauchen mindestens vier bis sechs Monate **ausschließlich Milch,** am besten von der Mutter, bei Bedarf oder Notwendigkeit sollte es industriell angepasste Säuglingsnahrung (Formulanahrung) sein, um die Nährstoffdeckung zu gewährleisten. Pflanzendrinks oder andere Getränke stellen in dieser Zeit keine gute Alternative für die Bedarfsdeckung hinsichtlich der Gehirnentwicklung dar. Vegan lebende Mütter können auf speziell hergestellte Säuglingsnahrung auf Sojabasis zurückgreifen.
- Tritt das Baby in die **Beikostphase ein, ist begleitendes Stillen oder Flaschengabe notwendig,** um die fehlenden Kalorien zu decken, da das Baby in der Umstellungsphase gern auch nur kostet. Dies kann ein halbes Jahr oder länger dauern.
- **Neue Lebensmittel** werden durch den Muttermilchmix besser toleriert, deshalb ist Stillen während der gesamten Beikosteinführung zu empfehlen und natürlich darüber hinaus, solange es Mutter und Kind gefällt.
- Stillmahlzeiten bzw. Formulanahrung sollte so lange begleitend angeboten werden, bis das **Baby von selbst** keinen Zusatz nach dem Essen oder nachts mehr braucht.
- Längeres Stillen ist nicht mehr überflüssig, sondern von Natur aus vorgesehen, um dem Baby, aber auch der Mutter ein entspannteres und gesünderes Dasein in jederlei Hinsicht zu gewährleisten!
- Zu Stillfragen oder Läuterung von Mythen und Dogmen klären auch Europäische Stillgesellschaften wie *La leche Liga* und andere spezialisierte Berufsverbände für Stillen und Laktation auf, die Bezugsadressen dafür findest du im Anhang des Buches.

Milchmahlzeiten ersetzen – abstillen – Flasche absetzen

Die Idee vom „Austausch" der Brust/Flasche mit einem Teller hält sich hartnäckig, wie noch einmal auf den gängigen Fahrplänen im Netz demonstriert:

Ernährungsplan für das erste Lebensjahr

	Morgens	Vormittags	Mittags	Nachmittags	Abends
1.–6. Monat	Milch	Milch	Milch	Milch	Milch
ab 7. Monat	Milch	Milch	Gemüse-Brei	Milch	Milch
ab 8. Monat	Milch	Milch	Gemüse-Brei	Milch	Milch-Getreide-Brei
ab 9. Monat	Milch	Milch	Gemüse-Brei	Obst-Getreide-Brei	Milch-Getreide-Brei
10.–12. Monat	Milch	Zwischenmahlzeit Obst/Gemüse	Gemüse-Brei	Obst-Getreide-Brei	Milch-Getreide-Brei

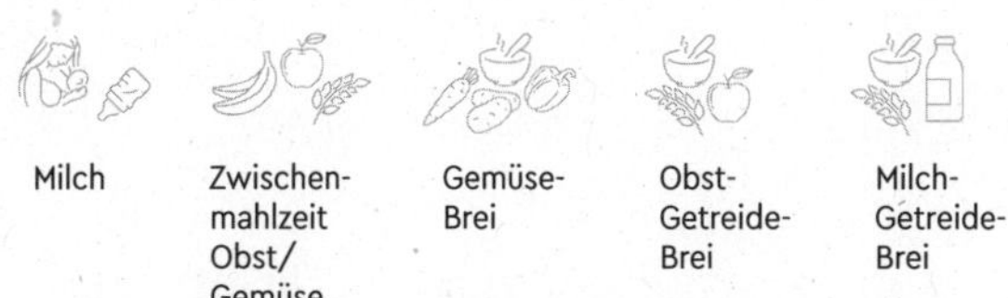

Leider tickt das Baby aber anders. Richtige Stillkinder haben nicht wirklich fünf Tagesmahlzeiten, in denen sie sich Frühstück, Halbmittag und Mittagessen „holen". Stillen nach Bedarf sieht anders aus. Auch bei den Mahlzeiten, die gegeben werden können, geht es in erster Linie nicht darum, die Milchmahlzeit dadurch zu streichen, sondern harmonisch und ergänzend existieren zu lassen. Egal zu welcher Uhrzeit, sobald das Baby Interesse zeigt, kann ihm Nahrung angeboten werden. Möchte es nachher noch gestillt werden oder die Flasche, aus der es nach Bedarf trinken kann, so darf dies so lange praktiziert werden, wie es das Baby verlangt.

Das klassische Ersetzen von Milchmahlzeiten gibt es nicht mehr, zumindest nicht in der artgerechten babygeführten Beikost. Und das ist auch gut so, denn es nimmt viel Stress und Druck von der Mutter, die gemäß dieses Fahrplans verzweifelt versucht, dem Kind die getakteten Mahlzeiten beizubringen (und meist scheitert). Auch das Baby erhält das Ticket für einen selbstbestimmten Weg in das Abenteuer Beikost. Dazu mehr im Kapitel „Beikost richtig verstehen" (siehe S. 50).

Stillt sich das Baby langsam ab, das heißt, braucht es nach der angebotenen Nahrung immer weniger die Brust, kann dann von einigen ersetzten Mahlzeiten gesprochen werden. Dies kann aber bis ins zweite oder dritte Lebensjahr hinein dauern und ist natürlich auch vom Alltag und dem „Management" der Mutter abhängig.

Interessant zu beobachten ist, wenn die Mütter wieder in den Berufsalltag zurückkehren. Sie sind voller Sorge, dass das Baby zu Hause nicht genug bekommt. Meist werden die Babys dann zu richtigen Essern, und sobald die Mutter nach Hause kommt, mutieren sie wieder zum Stillbaby.

Folglich ist das klassische Ersetzen von Milchmahlzeiten weder baby- noch elterngerecht und muss nicht angestrebt werden. Es genügt, dem Baby bei Interesse Beikost anzubieten und den Rest mit dem Anbieten der Brust oder bei Flaschenkindern die Flasche zu reichen. Nach Bedarf trinkt das Baby so lange den Rest, bis es irgendwann die Brust oder die Flasche nach den Mahlzeiten ablehnt oder nicht mehr danach fragt.

Was ist, wenn die Mutter nur zum Teil stillt oder vor Beginn der Beikost abstillt?

Wir leben heute in einem Zeitalter, in dem Babys auch sehr gut ohne Menschenmilch groß werden können. Deshalb ist ein teilweises Stillen oder ein verfrühtes Abstillen des Babys auch vor Beikostbeginn möglich.

Allerdings sollte man einige Details dazu beachten:

- Stillt eine Mutter nur zum Teil, kann sie dem Baby Beikost anbieten, dann durch Stillen die restlichen Kalorien ersetzen, und sollte es noch notwendig sein, einen abschließenden Zusatz mit der Flaschennahrung geben.
- Stillt die Mutter vor Beginn der Beikost ab oder gibt sie nur teilweise Muttermilch, sollte die restliche Zugabe aus Formulamilch bestehen, um das Baby weiterhin gut mit Nährstoffen aus der (Lebewesen-)Milch zu versorgen.
- Der Muttermilchersatz ist am schadstoffärmsten, wenn er in Bioqualität (weniger Rückstände, starke Kontrolle und hohe Qualität des Tierprodukts) erworben wird.

- Die Formulamilch **darf als Zuckerinhaltsstoff NUR Laktose** enthalten (keine anderen Zucker oder Stärken, evtl. im Handel nachfragen).
- Sollte ein Baby aus einer Familie mit Allergien stammen, ist das Risiko größer, eine Allergie oder Unverträglichkeit von Lebensmitteln zu entwickeln, da das Baby das Essen-Muttermilch-Gemisch anfänglich besser als „eigen" akzeptiert als reine Beikost **ohne** Muttermilch. Kunstmilch unterstützt diese Akzeptanz von neuem Essen nicht, beeinflusst sie aber auch nicht negativ, das heißt, auch allergiegefährdete Kinder dürfen Kuhmilcheiweiße als ein zusätzliches Allergen zu sich nehmen, ohne Lebensmittelintoleranzen und Allergieausbrüche anzuregen, allerdings ist auch eine tierproteinfreie Säuglingsernährung möglich.[42] Für bereits allergiekranke Kinder gibt es auch HA-Milch (hypoallergen), dazu mehr im Kapitel zur Formulaernährung (siehe S. 97). Zu Alternativen und Handling bei Allergieneigung auch mehr im Kapitel zu den Allergien (siehe S. 117). Wertvoll für das Baby ist allenfalls, während der Zeit der Einführung neuer Lebensmittel unter dem „Schutz des Stillens" zu stehen.
- Achtung beim Wechsel von Muttermilch auf Kunstmilch: Das Baby kann auch überfüttert werden, was beim Stillen nicht passieren kann. Kein Schieben oder Drängen, „fertig" zu trinken. Das Sättigungsgefühl ist bei Flaschennahrung nicht eindeutig.
- Sobald mit Beikost begonnen wird, können die fehlenden Kalorien nach Bedarf, anfangs **vor** und in der fortgeschrittenen Beikost **nach** dem Beikostangebot mit Kunstmilch abgedeckt werden.
- Es kann so lange die Flasche angeboten werden, bis das Baby die Flasche nach dem Essen ablehnt.
- Kann eine vegan lebende Mutter nicht mehr stillen oder möchte das Kind vegan weiterernähren, gibt es mittlerweile Säuglingsnahrungen auf Sojabasis, die von der *American Academy of Pediatrics Committee on Nutrition* seit 1992 als Alternative empfohlen werden. Auch das *Britisch Journal of Nutrition* hat mit einer Studie von 2014 keine Bedenken gegenüber Säuglingsnahrung auf Sojabasis geäußert.

Abstillen

Wenn man die Vorteile von Stillen in den verschiedenen Situationen betrachtet, kann die Mutter abwägen, ob Stillen für sie oder das Baby noch „Sinn" macht. Klar ist, dass das Baby immer profitiert, egal wie lange es gestillt wird.

- Die in der Milch enthaltenen Nährstoffe sind zu jeder Zeit optimiert auf die Wachstumsschübe, Kalorienbedarf, Durst, Alter des Babys.
- Der Mix von Fremdnahrung und Muttermilch hilft dem Körper, die neue Nahrung besser zu tolerieren und aufzunehmen. Bis alles durchprobiert ist, kann schon mal ein Jahr und mehr vergehen.
- Stillen kann jegliche problematische Phase des Babys überbrücken: Entwicklungsschübe, Zahnung, Krankheit, Wintermonate mit dem hohen Risiko für Erkältungskrankheiten.
- Auch für die Mutter kann es lange bequem erscheinen, dem Baby ohne jegliche Ausstattung und Anpassung nach Bedarf immer das zu bieten, was es gerade braucht. Daher kommt die Bezeichnung: Aus welchem Grund auch immer es unruhig war, mit dem Stillen ist es „still".
- Vor allem die unruhigen Nächte können durch Stillen relativ kräftesparend überbrückt werden. Schläft das Baby neben der Mutter, kann

es ohne beschwerliches Aufstehen, Herumwandern und Wachbleiben halb schlafend an der Brust beruhigt werden.

- **Stillen ist auch mit Berufstätigkeit** vereinbar, wenn dies gewünscht ist. Einerseits hat jede stillende Mutter das Recht, während der Arbeitszeit Milch abzupumpen. In der fortgeschrittenen Stillzeit ist es auch möglich, erst wieder zu stillen, sobald man zu Hause ist. Die Brust gewöhnt sich recht schnell an die fixe stillfreie Zeit. Für das Baby, aber auch für die Mutter ist es tröstlich, nach der Abwesenheit der Mutter den engen Stillkontakt wieder zu genießen. Für diese Umstellungszeit kann auch eine Hebamme oder Stillberaterin kontaktiert werden.

Ist die Entscheidung dennoch für das Abstillen gefallen, sind folgende Informationen hilfreich:

Für das Baby

- Wird abgestillt, auch wenn das Baby noch viel und oft trinken möchte, sollten die notwendigen Trinkmahlzeiten mit Formulanahrung ersetzt werden.
- Dafür braucht es einen Flaschensauger mit einer breiten Lippenauflagefläche, damit die Mundmotorik trainiert wird. Das Saugloch sollte möglichst klein sein, um das Kind nicht mit der heraustretenden Milch zu überschwemmen. Die Flasche sollte plastikfrei sein, es gibt mittlerweile wieder gute Alternativen aus Edelstahl oder Glas. Auch Plastikflaschen ohne BPA enthalten immer noch Verbindungen, die noch nicht gut erforscht sind.
- Auch beim Flaschenfüttern brauchen Babys engen Blick- und Körperkontakt mit den Bezugspersonen, wie dies beim Stillen war.
- Halte das Baby beim Geben der Flasche möglichst aufrecht, damit es sich von selbst die Flaschennahrung holen kann.
- Sobald die Flasche gereicht wird, kann das Baby durch achtsames Berühren des Babymundes mit dem Sauger entscheiden, ob es trinken möchte. Schieben oder der Zwang, den letzten Schluck fertigzutrinken, sind nicht angebracht.
- Damit das Baby weiterhin beidseits gut in seiner Auge-Hand-Koordination stimuliert werden kann, wird die Flasche mit Positionswechsel einmal auf einer Seite, einmal auf der anderen Seite gereicht.

Für die Mutter

- Für die Brust ist abruptes Abstillen je nach Zeitraum, wann die Mutter abstillt, mehr oder weniger zu begleiten.
- Hilfreich erweist sich, eine Tasse Salbeitee zu trinken und generell Durst eher mit Obst zu stillen.
- Wird die Brust voll, ist eine heiße Dusche angenehm, unter dieser die Brust ausgestrichen werden kann. Die Brustwarze sollte nicht mehr durch Saugen/Abpumpen stimuliert werden.
- Nach dem Ausstreichen ist angenehme Kühlung sinnvoll, mit einem kalten Lappen, ein Weißkohlblatt oder einer Quarkauflage, solange es sich kalt anfühlt (10–20 Minuten).
- Dann die Brust in einem gut sitzenden BH (ohne einschnürende Ringe) eng halten.
- Sollten Probleme mit der Brust auftreten, kann eine Hebamme oder Stillberaterin kontaktiert werden.
- Angenehme Aromatherapie-Öle können den Abstillprozess unterstützen. So hilft Salbei-Zypressen-Öl beim Ausstreichen. Die Aromamischung „Trennungsschmerz" kann dem Baby oder auch der Mutter als Roll on auf die Fußsohlen oder Stirn gestrichen werden und so das zweite „Abnabeln" psychisch unterstützen. Naturheilkundliche Produkte und eine natürliche Babyausstattung dieser Art findest du auch im Onlineshop www.novo.bz.

Wann kann ich die Flasche absetzen?

Kinder brauchen so lange Milch, wie ihre Gehirnentwicklung nicht abgeschlossen ist und sie die Nährstoffe noch nicht vollständig aus der Nahrung holen können. Das heißt, verlangt das Baby immer noch nach Milch, kann ihm die Flasche gereicht werden.

Aber Achtung: Flaschenkinder trinken tendenziell mehr, als sie bräuchten! Beim Stillen an der Brust wissen es Kinder besser, nach ihrem Energiebedarf zu trinken, diese Selbstregulation ist bei Flaschenkindern herabgesetzt. Um Übergewicht zu verhindern, was sich dadurch eher einstellen könnte, wird daher empfohlen, dem Kind zur Beikost auch Wasser zu reichen.[43]

Anfangs ist dies vielleicht noch ungewohnt, da das Kind die Flasche gewöhnt ist und die Kalorien auch braucht, wenn es noch nicht viel isst. In der späteren

Beikostzeit jedoch wird es merken, dass der Durst zum Essen mit Wasser gestillt werden kann, und nimmt keine unnötigen Kalorien über die Formulamilch auf. Außerdem sollte in der fortgeschrittenen Beikostphase (nach einigen Monaten Beikost), in der das Baby schon einiges an Menge isst, erst nach dem Essen die Flasche gereicht werden, bis es irgendwann nicht mehr danach fragt.

Wichtigstes zur Kunstmilchnahrung

In unseren Breiten haben wir den Luxus bzw. die Wahl zwischen alleinigem Stillen, Stillen und Kunstmilch oder ob das Kind mit Kunstmilch großgezogen wird. Kunstmilch wird so aufbereitet, dass sie für das Baby so angepasst wie möglich, aber auch so verträglich wie möglich ist.

Allerdings ist es immer auf Fremdproteinbasis (es wird klassisch aus Kuhmilchpulver gewonnen), was für einige Babys nicht gut verträglich sein kann, wodurch sie Probleme im Verdauungstrakt bekommen (Verstopfung, Durchfall oder Erbrechen) oder gar allergisch reagieren (Milcheiweiß gehört zu den Hauptallergenen), mit **Ausschlägen,** Schwellungen, fehlende Gewichtszunahme meist begleitet mit Durchfällen.

In diesem Fall ist von der Kunstmilch auf ein anderes Kuhmilchpräparat zu wechseln oder wenn möglich auf eine andere verträgliche Basis. Erfahrungsgemäß eignet sich dann Ziegenmilch besser oder die sogenannte hypoallergene Milch, in der die Eiweiße so gespalten werden, dass das Immunsystem bei dem Fremdprotein, das es konfrontiert, nicht mehr überreagiert. Auch wenn neuere Evidenzen den Mehrwert dieser Milchangebote nicht bestätigen, ist es meiner Meinung nach einen Versuch wert. Obwohl in diesem Fall ein schnellerer Übergang in eine möglichst milcharme Beikost empfehlenswert ist, braucht das Kind trotz allem Laktose für die Gehirnentwicklung.

Sollte die Mutter nicht oder nur zum Teil Stillen können oder wollen, haben Eltern meist die Qual der Wahl zwischen den verschiedenen Babynahrungen auf dem Markt. Worauf bei der Wahl der Babynahrung zu achten ist, erfährst du im folgenden Abschnitt.

Unterschiede zwischen Anfangs- und Folgemilch

(von allen deutschen Gesellschaften für Ernährung und internationalen Gesellschaften für Gesundheit anerkannt)

Bis heute ist es nicht gelungen, Muttermilch durch ein Fertigprodukt gleichwertig zu ersetzen. Aber die im Handel erhältlichen Säuglingsmilchnahrungen entsprechen den aktuellen wissenschaftlichen Erkenntnissen und bieten mehr Sicherheit als Milchnahrung, die du selbst zubereitest. Generell wird zwischen Anfangsnahrungen und Folgenahrungen unterschieden. Anfangsnahrungen können während des ganzen ersten Lebensjahres gefüttert werden.

Beide Nahrungen sorgen für die zuverlässig gute Ernährung des Babys und sind vor allem hygienisch einwandfrei. Allerdings ist es – unabhängig von dem Produkt – bei jeder Flaschennahrung sehr wichtig, dass die Angaben des Herstellers zur Dosiermenge und Zubereitung immer genau beachtet und die jeweils beiliegenden Dosierlöffel verwendet werden.

Widersprüchliche Ergebnisse liegen zur Wirkung zugesetzter Probiotika (milchsäurebildender Bakterien) und Präbiotika (nicht verdaulicher Kohlenhydrate) vor. Sie sollen einen gesundheitsfördernden Effekt haben. Die Vorteile solcher Zusätze zur Säuglingsernährung sind nach heutigem Wissensstand aber nicht zweifellos belegt.

Wenn du unsicher bist, welche Flaschennahrung du wählen sollst, dann erkundige dich bei deiner Hebamme oder Stillberaterin.

Anfangsnahrungen (Pre, 1)

Anfangsnahrungen sind der Muttermilch so weit wie möglich angeglichen. Sie entsprechen in ihrer Zusammensetzung in puncto Fett-, Eiweiß- und Mineralstoffgehalt den Ernährungsbedürfnissen des Säuglings.

Anfangsnahrungen mit der Bezeichnung „Pre" sind in ihren Hauptbestandteilen der Muttermilch am ähnlichsten. Vor allem der Eiweißgehalt ist der Muttermilch angeglichen und sie enthalten als **einziges** Kohlenhydrat den Milchzucker (Laktose). In Italien wird diese Milch meist als 1er- Milch verkauft. Milchersatznahrungen mit der Kennziffer „1" (gilt für Österreich und Deutschland) gehören ebenfalls zu den Babynahrungen, die von Anfang an verabreicht werden können,

sie enthalten gegebenenfalls neben dem Milchzucker noch geringe Mengen an Stärke und sind daher tendenziell sättigender.
Anfangsnahrungen („Pre"- oder „1"-Nahrungen) können wie Muttermilch nach Bedarf gegeben werden. Sie sind von Geburt an und für das gesamte „Milchalter" geeignet.

HA-Kindermilch

Für allergiegefährdete Säuglinge und Säuglinge mit vorhandenen Allergien oder bei Allergikern in der Familie (Elternteile oder Geschwister) werden spezielle Milchnahrungen angeboten. Diese werden auch mit „HA" oder hypoallergen gekennzeichnet. Sie sind in der Variante Pre, 1 und 2 erhältlich, wobei die Folgemilch nicht notwendig ist. In dieser aufbereiteten Milch ist das Milcheiweiß in so kleine Eiweißbausteine aufgespalten, dass der Körper des Babys diese nicht mehr so leicht als fremdes Eiweiß erkennt. Man spricht auch von antigenarmer Milch.

Säuglingsmilch auf Sojabasis

Zahlreiche Untersuchungen über Entwicklung und Wachstum, Eiweißversorgung oder Knochenmineralisierung zeigen keine negativen Effekte bei der Verabreichung von Sojamilch für Säuglinge auf. Auch immunologisch werden keine Auffälligkeiten registriert, jedoch liefert die Babyernährung auf Sojamilchbasis keine ernährungsbedingten Vorteile. Die amerikanische *Academy of Pediatrics Committee on Nutrition* stuft die Ernährung auf Sojamilchbasis zwar sicher und geeignet ein[44], empfiehlt aber die pflanzliche Milchbasis aufgrund der potenziellen Risiken durch die hohe Konzentration von phytoöstrogenen Isoflavonen nur in speziellen Fällen: Zur Prävention und zum Management von Nahrungsmittelallergien, wobei die Vorbeugung von Kuhmilchallergie und atopischer Dermatitis anhand dieser Alternative noch umstritten ist.[45]
Für Mütter, die aus dem veganen Hintergrund Tierprodukte vermeiden wollen, oder bei schwerer Laktoseintoleranz und Galaktosämie gibt es die Möglichkeit, dem Baby die speziell hergestellte Säuglingsnahrung aus Soja, Reis oder Mandeln (vor allem in Frankreich erhältlich) mit der Ergänzung von pflanzlichem DHA zu verabreichen.[46]

Babynahrung aus Sojamilch schützt jedoch nicht vor Ausbruch von Allergien oder bei anderen Magen-Darm-Symptomen wie Bauchkolik oder Aufstoßen. Es sollte bei Frühgeborenen oder bei bestehenden Allergikern vor dem Erreichen des sechsten Monats nicht verabreicht werden. Erst nach sechs Monaten kann das Sojaprotein für Allergiker eingeführt werden, insofern es toleriert wird.[47]

Folgenahrungen (2, 3)

Ein Wechsel auf Folgenahrungen ist nicht notwendig. Wenn gewechselt wird, sollte dies frühestens **nach Beginn der Beikosteinführung** erfolgen, da Folgenahrungen nur als Ergänzung der gemischten Kost verwendet werden sollten. Sie sollten ebenfalls genau nach den Zubereitungs- und Mengenangaben auf der Verpackung gefüttert werden. Angeboten werden Folgenahrungen mit der Bezeichnung „2" oder „3".

Flaschenmilch nicht selbst herstellen

Kinderärzte und Kinderärztinnen, das *Forschungsinstitut für Kinderernährung*, die *Deutsche Gesellschaft für Kinder- und Jugendmedizin* und die *Deutsche Gesellschaft für Ernährung* raten davon ab, Flaschennahrung selbst zuzubereiten. Dies gilt für alle Milcharten (Kuh-, Ziegen-, Schafs-, Stutenmilch) und für andere Rohstoffe wie Mandeln oder Soja.

Die eigene Herstellung mag zwar kostengünstiger sein, birgt aber Risiken: Die Zusammensetzung gelingt kaum so, wie sie fertige Säuglingsmilchnahrung bietet, und die Säuglinge gedeihen nicht so gut. Und selbst bei größter Sauberkeit im Haushalt ist die hygienische Sicherheit bei der Selbstzubereitung nicht immer gewährleistet. Dies erhöht das Risiko für Magen-Darm-Infektionen (Stand: 15.02.2019).[48]

Qualität für Ersatzmilchnahrung

Alle auf dem Markt befindlichen Fertigmilchen werden streng kontrolliert, das betrifft nicht nur die Nährstoffzusammensetzung, sondern auch eine Kontrolle in Bezug auf die Schadstoffgehalte, insbesondere für Schädlingsbekämpfungsmittel (Pestizide) und Schwermetalle wie Blei oder Kadmium. Relativ neu ist der Schadstoff 3-MCO-Fettsäureester, welcher bei der Raffination von pflanzlichen Fetten und Ölen entstehen kann und in Babyersatznahrungen durch ihren Anteil an pflanzlichen Ölen enthalten sein könnte.[49]

Trotzdem werden ständig neue Schadstoffe entdeckt, die noch wenig über die Auswirkung auf die Gesundheit zulassen. Bei vielen neutralen Testungen, in Deutschland z. B. von Ökotest, Stiftung Warentest oder Foodwatch, fallen daher Milchnahrungen mit Fettschadstoffen und Chloratrückständen auf, die hoch dosiert schädlich sein können.

Im Zuge der letzten Forschungen in Deutschland (Stand: Mai 2020) wurden sogar krebserregende Mineralöle gefunden. In staatlichen Laboren werden laufend Untersuchungen veranlasst, damit Babyersatznahrung am Markt möglichst sicher angeboten wird.[50] Ich empfehle daher, **Milchnahrungen aus dem Biobereich mit entsprechenden Gütesiegeln zu verwenden** (z. B. Demeter). Diese sind zwar teurer, schützen aber vor bedenklichen Inhaltsstoffen und Rückständen, die in der Ersatznahrung fürs Baby nichts zu suchen haben.

BESONDERHEITEN IM BEIKOSTDSCHUNGEL

Vegan, vegetarisch oder Mischköstler – Beikost bei allen Ernährungsformen

So bunt wie der genetische Mix jedes einzelnen Individuums, so bunt ist auch die Ernährungsweise jedes Menschen. Eine eigentlich intime und private Angelegenheit. Trotzdem werden wir durch Ernährungsberatung, Ratgeber und die sozialen Medien über gesunde und gesund erhaltende Ernährung informiert, wodurch auch in dieser Hinsicht ein wirrer Ernährungsdschungel existiert.
Ich habe eine klare Position, was eine für unsere Familie gesundheitsfördernde Ernährung bedeutet, möchte aber die individuelle Freiheit lassen, dass jeder selbst entscheiden kann, was sich gut, gesund und richtig anfühlt.
Die Meinungen zur angeblich richtigen Ernährungsform gehen unter den Gesellschaften für Ernährung weltweit auseinander. So gilt für die amerikanische AND *(Academy of Nutrition and Dietetics)*, der weltweit größte Zusammenschluss von Ernährungsfachleuten, dass eine **rein pflanzliche Ernährung für Schwangerschaft, Stillzeit und Kindheit bei guter Planung durchaus geeignet** sein kann. Dem schließen sich auch die australische, die kanadische und die britische Ernährungsorganisation an.
Die Deutsche Gesellschaft für Ernährung (DGE) empfiehlt die vegane Kinderernährung sicherheitshalber nicht, da sich mit dem Verzicht auf jegliche tierische Lebensmittel das **Risiko für Nährstoffdefizite** und damit das Risiko für Gesundheitsstörungen erhöht. Mittlerweile gibt sich das IFANE *(Institut für alternative und nachhaltige Ernährung)* jedoch auch liberaler. Ein Mentor des IFANE weist darauf hin: „Die DGE ist sehr vorsichtig in ihren Empfehlungen [...]. Aber die Wirklichkeit zeigt, dass die Veganer gut informiert sind, und gerade wenn sie ihre Kinder auch vegan ernähren, das in der Regel auch richtig machen."[51]
Studien zu vegetarisch oder vegan ernährten Kindern gibt es leider noch wenige, genauso wie für vegane Schwangere. Jedoch zeigt sich bei ausgewählten Befunden vegetarisch ernährter Kinder:

- Das Wachstum ist meist vergleichbar mit denen von mischköstlich ernährten Kindern, auch wenn sie tendenziell etwas leichter und kleiner sind.
- Britische Vorschulkinder zeigten ein günstiges Ernährungsmuster für die Menge an Fetten, bei Cholesterin, Kohlenhydraten, Protein und Natrium. Der Spiegel für Zink, Eisen, Vitamin B12 und Vitamin D waren vergleichbar mit mischköstlich versorgten Kindern. Einzig die Eisenspeicher waren niedriger.
- Andere Studien[52] erkannten eine gute Nährstoffzufuhr, jedoch bei Energie- und Kalziumzufuhr sowie bei der Aufnahme von Vitamin D, Vitamin B2 und Vitamin B12 teilweise nicht erreichte Referenzwerte. Trotzdem gibt es eine altersgerechte Entwicklung.
- Insgesamt ist der **Eisen-** und der **Vitamin-B12**-Versorgung bei veganer oder vegetarischer Ernährung höchste Aufmerksamkeit zu schenken und mittels Ergänzungen, häufigen Blutuntersuchungen eine nährstoffreiche Ernährung sowie fachgerechte Beratung anzuraten. So sehen es auch die DGE und andere Fachgesellschaften, um eine gut geplante und überwachte Ernährungssituation für Kinder zu gewährleisten.

Generelle Empfehlungen für vegan ernährte Kinder im ersten Lebensjahr

Wie bereits mehrfach erwähnt, ist in den ersten Lebensmonaten Muttermilch die beste Nahrung **für alle Kinder,** und es darf in den ersten sechs Monaten voll und dann je nach Beikoststart weiterhin nach Bedarf gestillt werden, solange es Mutter und Kind gefällt. Sollte die Muttermilchversorgung nicht oder nur zum Teil erfolgen, sollen auf eine adäquate Säuglingsnahrung zurückgegriffen und keine Soja- oder Pflanzendrinks aus dem Supermarkt zur Milchversorgung gewählt werden.

Auch im Stillprozess ist darauf zu achten, dass die Muttermilch hochwertig ist, was durch eine gesunde vollwertige Ernährung gelingt mit Augenmerk auf kritische Nährstoffe. Das impliziert vor allem eine sichere Ergänzung von Vitamin B12, die gute Versorgung mit Proteinen, ungesättigten Fettsäuren, Vitamin D, Kalzium, Eisen und Zink. So enthält auch die Muttermilch ausreichend Nährstoffe. Vergleiche auch die Nährstoffe im Kapitel „Optimal versorgt" (siehe S. 139).

Ob **sojabasierte Säuglingsmilchnahrung** als vegane Alternative zum handelsüblichen Pulver auf Kuhmilchbasis geeignet ist, wird kontrovers diskutiert, jedoch **von der *American Academy of Pediatrics* als geeignet und sicher eingestuft.**[53]

Erreicht das Baby die Reife für die Beikost, sollten bei veganer Kost möglichst noch zwei Muttermilchmahlzeiten täglich bis zum Ende des ersten Lebensjahres gegeben werden. Begleitendes Stillen über das erste Lebensjahr hinaus ist grundsätzlich mit vielen Vorteilen in der veganen Kinderernährung verbunden.[54] Dies gilt wie erwähnt nicht nur für die vegane Ernährungsweise. Das überwiegende Selbstkochen ist in der veganen Küche sehr empfehlenswert.[55] Sie sollte frisch, vollwertig und nährstoffreich sein.

Wenn die Mahlzeiten schließlich komplett in die Familienkost übergehen, gleicht sich die Ernährung von Kindern und Erwachsenen immer mehr an. Wer eine vegane Kinderernährung über die gesamte Kindheit plant, sollte sich fundiertes Ernährungswissen aneignen[56]:

- **abwechslungsreiche und vollwertige** Lebensmittel
- ausreichende Zufuhr von **Nahrungsenergie**
- **höhere Proteinzufuhr** (da pflanzliches Protein eine geringere biologische Wertigkeit hat)
- sichere Versorgung mit **kritischen Nährstoffen** wie Kalzium, Eisen, Zink, Jod, Vitamin B2, Vitamin D, langkettigen Omega-3-Fettsäuren (DHA) und Vitamin B12

Veganer Ernährungsteller – vollwertige Gemüse und Kohlenhydrate, in diesem Fall Kartoffeln und Rosenkohl, hohe Proteinzufuhr mit Linsenhummus, genug Nahrungsenergie mit enthaltenem Tahini und Öl. Topping mit vitaminreichen Hanfsamen oder Weizenkeimen.

Kritische Nährstoffversorgung in der veganen Ernährung

- **Vitamin D** ist am besten über Nahrungsergänzungsmittel aufzunehmen, da die Produktion über die Haut hierzulande nur in den Sommermonaten (März–Oktober) ausreichend funktioniert. Unabhängig von der Ernährungsweise empfehlen Fachleute für Kindergesundheit in Deutschland, Säuglingen 400–500 I. E. Vitamin D pro Tag ab der zweiten Lebenswoche als Nahrungsergänzungsmittel zu verabreichen. Die von den Krankenkassen bezahlten Vitamin-D3-Präparate sind allerdings meist nicht vegan. Da Vitamin D3 im Gegensatz zum pflanzlichen D2 vermutlich besser vom Körper verwertet werden kann, ist für Veganer Vitamin D3 aus **Flechten** geeignet.
- **Jod** wird unabhängig von der Ernährungsweise zu wenig aufgenommen: Über ein Viertel der deutschen Bevölkerung gilt als unterversorgt. In der Beikost wird generell auf Salz und damit auch auf Jodsalz verzichtet. Da bei veganen Gerichten außerdem Milch und Fisch wegfallen, sollten Mütter in der Stillzeit Nahrungsergänzungsmittel einnehmen. So ist die Muttermilch ausreichend mit Jod angereichert. Alternativ können von den Müttern entsprechende Mengen **Nori-Algen** verzehrt werden (Packungsangabe zum Jodgehalt beachten). Auch im Getreidebrei eignen sich Nori-Algen. Die Zubereitung mit einer sojabasierten Säuglingsmilchnahrung mit Jod ist eine weitere Möglichkeit.
- **Omega-3-Fettsäuren** nehmen Säuglinge über das dem Essen hinzugefügte Raps- oder Leinöl auf. Allerdings ist die körpereigene Umwandlungsrate in Docosahexaensäure (DHA) begrenzt. Eltern sollten Kindern diese wichtige Omega-3-Fettsäure direkt über Mikroalgen, z. B. aus mit DHA angereichertem Öl **(Algenöl)** verabreichen.
- **Eisen** aus pflanzlichen Lebensmitteln wird nicht so gut wie aus Tierprodukten aufgenommen. Hier helfen eisenreiche Grundzutaten (z. B. Hirse, Kürbiskerne, Haferflocken), **Einweichen** (eventuell auch Garen) und der Verzehr **zusammen mit Vitamin-C-haltigen** Lebensmitteln (z. B. Orangensaft).
- **Kalzium** wird ebenfalls durch Einweichen oder Garen besser aufgenommen. Beispielsweise sind Mandelmus, Kichererbsen, Fenchel und kalziumreiches Mineralwasser geeignete pflanzliche Kalziumquellen.

- **Zink:** Einweichen, Garen oder der Verzehr mit Säurehaltigem hilft außerdem bei der Aufnahme von Zink aus Vollkorngetreide und Hülsenfrüchten. Beispiele sind Hafer, Amaranth, Linsen und Cashewkerne.
- **Proteine:** Da die biologische Wertigkeit von pflanzlichen Proteinen geringer ist, rät man einerseits die Kombination verschiedener Proteinquellen wie Sojaprodukte und Hülsenfrüchte. Andererseits ist die Dreier-Kombination empfehlenswert wie im Kapitel „Optimal versorgt" unter den Eiweißquellen (siehe S. 150) beschrieben:
    - Getreide
    - Hülsenfrüchte
    - Nüsse

  Dabei brauchen ein- bis zweijährige Kinder etwa ein Drittel mehr Proteine als in den generellen Empfehlungen. Zwei- bis Sechsjährige sollen ein Viertel mehr Proteine erhalten. Im Schulalter liegt der höhere Bedarf bei 15 bis 20 Prozent.[57]
- **Vitamin B12** kommt praktisch nicht in pflanzlichen Lebensmitteln vor und muss von Mutter und Kind über Nahrungsergänzungsmittel aufgenommen werden. Der Säugling hat nur begrenzte Reserven nach der Geburt. Während des Stillens klappt die Versorgung beispielsweise gut mit Tropfen, die auf die Brustwarze geträufelt und dann vom Kind aufgenommen werden. Später bieten sich neben den Tropfen auch Tabletten zum Kauen oder Auflösen an.

Vegane Ernährung und generelle Gesundheit

In Studien haben Jugendliche mit überwiegend pflanzlicher Ernährung im Vergleich zu Gleichaltrigen mit mischköstlicher Ernährung einen niedrigeren Body-Mass-Index und niedrigere Cholesterinwerte. Die spiegeln sich positiv in der Herzgesundheit und im späteren Erkrankungsrisiko für beispielsweise Herz-Kreislauf-Erkrankungen, Bluthochdruck, Arteriosklerose oder Schlaganfall wider. Analysen zu vollwertiger und überwiegend pflanzlicher Ernährung zeigen ein um etwa **20 bis 25 Prozent geringeres Risiko für Herzkrankheiten und Diabetes bei Erwachsenen.**[58]

Für eine bedachte vegane oder veganere Ernährung empfiehlt sich dennoch, **regelmäßige Blutuntersuchungen** (mindestens jährlich) von Vitamin B12 und

Vitamin D sowie eine qualifizierte Beratung durch Ernährungsberaterinnen, Ärzte oder Stillberaterinnen bzw. Fachberaterinnen für vegane Ernährung.

Zum Selbststudium eignen sich Fachbücher und Websites/Blogs

- *Vegane Ernährung – Schwangerschaft, Stillzeit und Beikost* von Dr. Markus Keller und Edith Gätjen
- *Vegane Eltern – junges Gemüse* von Corinne Matzka und Jonas Engelmann
- *Tofu Family:* ein Internetblog rund um das Thema vegane Familie
- *Vegan von Anfang an – Optimal versorgt: Schwangerschaft, Stillzeit, Beikost, Kindesalter* von Niko Rittenau

Gesundheit und Mischkost

Auch wenn die Mischkost einzelne Nährstoffe leichter stellt und wir sie zum Teil leichter aufnehmen können, hängt es davon ab, was in welcher Verteilung gereicht wird. Deswegen gibt es oft wesentliche Unterschiede in der Gesundheit von Vegetariern, Veganern und Omnivoren.

Mittlerweile gibt es genügend Studienergebnisse zur **Bedenklichkeit von Milch,** teilweise auch Milchprodukten, besonders **rotem Fleisch** und die verarbeiteten Erzeugnisse wie Wurst, Salami, unter Debatte steht auch **Fisch,** besonders Meeresfisch (Pegasus, aber auch Thunfisch, Schwertfisch und andere große Fische) mit ihrer Anreicherung an Schwermetallen und Mikroplastik. Auch bei **Eiern** werden negative Beeinflussungen durch das tierische Eiweiß vermutet. Ich verweise hierbei gern auf Dr. Greger, Dr. Longo, Dr. Dahlke, Bas Kast, Niko Rittenau und einige andere Ikonen im alternativen Ernährungsbereich, die fundierte Werke über Krankheit und krankheitsvorbeugende Ernährung erstellt haben.

Fakt ist, tierisches Eiweiß wird vom Körper besser aufgenommen und hat oft schnellere Erfolge bei der Behandlung von Eisenmangel oder Eiweißmangel. Auch Jod und Zink sind eher in tierischen Lebensmitteln zu finden. Bei den Fetten müssen tierische Produkte passen, denn Pflanzenöle und das Fett aus Nüssen, Samen und Avocados liefern weitaus bessere Fettsäuren zum Körperaufbau und zur Gesunderhaltung.

Fazit

Die verschiedenen Ernährungsformen haben in einer entsprechenden Weise (frisch, vollwertig, pestizidarm und nachhaltig produziert) alle ihre Berechtigung, bei guter Information, Überwachung und Beratung auch die vegetarische oder komplett vegane Ernährung. Es sollte die Freiheit genossen werden, individuell und persönlich zu entscheiden, wie und was in der Familie gekocht wird. Wenn es vollwertige Mahlzeiten sind, können Kinder gesund aufwachsen.

Wenn das Baby von Beikost nichts mehr wissen will

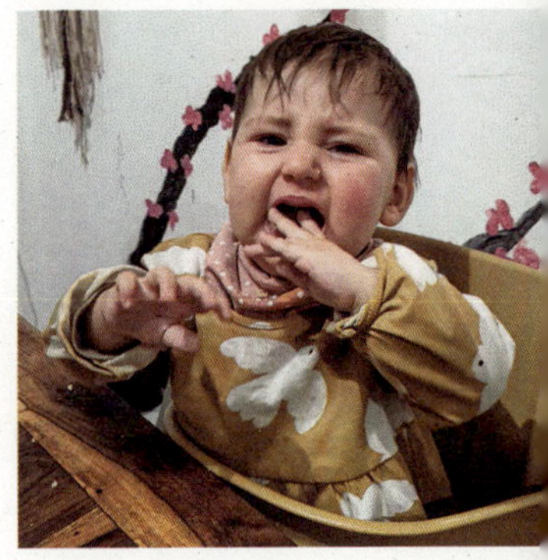

Es passiert immer wieder: Ich erhalte Anrufe von verzweifelten Müttern, weil das Baby plötzlich nicht mehr essen will. Mama versteht die Welt nicht mehr, hat es anfangs großes Interesse gezeigt, ist es plötzlich genau das Gegenteil! Dieses Verhalten beobachtet man bei den meisten Babys. Die sogenannte erste „Beikostkrise“ tritt meist nach den ersten Wochen der Probierphase auf. Die Grundneugier der neuen Welt der Lebensmittel ist gesättigt. Kleinste Störungen im Wohlbefinden des Babys schieben das Beikostabenteuer immer wieder nach hinten.

Die Hauptgründe für Babys Beikostkrise sind:

- Das Baby hat nicht gut geschlafen.
- Es ist müde und quengelig.
- Es schiebt Zähne.
- Es ist erkältet oder es bahnt sich etwas an.
- Es hat Durchfall oder Erbrechen.
- Es hat Fieber.
- Es hat einen Wachstumsschub.
- Es hat einen Entwicklungsschub.
- Es hat keine Lust.

Egal wie (un-)ersichtlich es ist, **warum** das Baby nicht essen möchte, es wäre für alle angenehm, wenn Mama/Papa nicht immer zwingend nach dem Grund sucht, sondern einfach hinnimmt, dass es mal nicht so läuft. Irgendwann wird es schon wieder essen, mit Freude, Genuss und Leidenschaft!

Haferporridge, das besser schmeckt aus MAMAS FINGERN

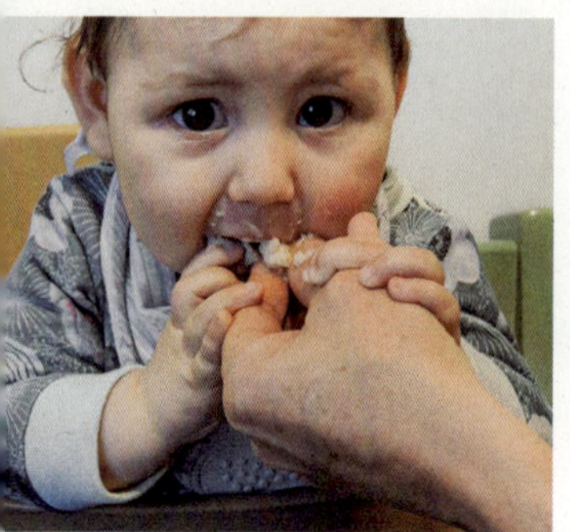

Übrigens gibt es auch Unterschiede, je nachdem, wie Beikost begonnen wird. Der anfänglich gut akzeptierte Brei wird gerne komplett verweigert, und das Baby gibt vielleicht auch Zeichen, dass es Beikost sprichwörtlich selbst in die Hand bekommen möchte. Aber auch reine BLW-Babys zeigen nach einigen Wochen oft eine Krise, sie sind frustriert, weil sie vielleicht noch nicht die Fertigkeiten haben, die sie bräuchten, um das Essen besser aufzunehmen oder zu kauen. In jedem Fall ist Geduld gefragt, das Baby kann liebevoll getröstet werden und eventuell eine Milchnahrung bekommen. Manchmal sind sie auch einfach nur müde und möchten zum Schlafen gebracht werden.

Um hungrige Babys noch eine weitere Möglichkeit des Essens zu bieten, hat sich in meiner Praxis das breiige oder feste Fingerfood-Angebot aus den Händen der Eltern bewährt (siehe Bild).

Zu vermeidende Lebensmittel im ersten Lebensjahr

Aus diversen Gründen sollte vor allem im ersten Lebensjahr auf bestimmte Lebensmittel verzichtet werden:

- Alles **Runde, Harte, Kleine,** an dem sich das Baby leicht verschlucken könnte. Außerdem ist es noch nicht fähig, harte Lebensmittel zu zermalmen: harte Erbsen, Bohnen, Nüsse, hartes Korn oder Samen, harte Beeren wie Heidelbeeren, Erdbeeren oder unreife harte Früchte wie Trauben. Diese Lebensmittel sind nicht generell zu vermeiden, sondern in adäquater Form anzubieten:
  - als Erbsen/Bohnen**püree** (bis zum Pinzettengriffalter)
  - als **Nussmus** (besonders Mandel- und später Cashewmus)
  - Samen eingeweicht (Leinsamen, Chiasamen), als **Mus oder Öl**
  - Heidelbeeren püriert und weiterverarbeitet, später halbiert
  - Cocktailtomaten oder Trauben **halbiert** (Achtung Schale)
  - Körner eingeweicht und weich gekocht, geschrotet oder gemahlen

- Alle **Blattgemüse** wie Salat, Spinat, Mangold, Rucola, Grünkohl, Basilikum, Petersilie – die Blätter können leicht im Mund hängen bleiben. Auch hier gibt es kein direktes Verbot, nur das Angebot in anderer Form: gemixt in Smoothies, Teigen, Pestos usw.
- **Kleie –** sie reizt den Verdauungstrakt und behindert gegebenenfalls die Aufnahme von Mineralien wie Kalzium und Eisen.
- **Honig und Ahornsirup –** Sporen des Botulismus-Bakteriums könnten möglicherweise darin vorhanden sein und eine Vergiftung auslösen.
- **Rohe Eier, rohen Fisch und rohes Fleisch, Rohmilch –** auch hier besteht die Gefahr der Infektion mit Salmonellen oder Verkeimungen durch Bakterien.
- Fisch mit **Gräten –** gut durchsuchen! Besonders bei großen Meeresfischen ist außerdem auf die Schwermetallbelastung zu achten.
- Stark **salzhaltige** Lebensmittel wie Wurstwaren, Speck, Geräuchertes, Sojasoße.
- **Zuckerhaltige Lebensmittel:** Schokolade, Eis, Kuchen, aber auch gezuckerte Getränke, Fertigprodukte, Fruchtjoghurt, Kekse (auch wenn sie speziell als Babykekse gekennzeichnet sind, aber Zucker enthalten).

Immer auf die Zutatenliste schauen (Zucker und Zuckerzusätze wie Glucose, Saccharose, Dextrose, Maltodextrin, Maltose, Fructose, Sirup oder Dicksäfte).

- **Koffein,** Teein oder Alkohol oder Speisen, die Genanntes enthalten!
- Alle **verarbeiteten** oder **fettreduzierten** Lebensmittel
- Keine Lebensmittel mit **Zusatzstoffen** wie Aroma-, Konservierungsstoffen, Stabilisatoren, E-Nummern
- **Milchprodukte** wie Kuhmilch, Joghurt oder Quark sind unnötig, belasten wegen ihres hohen Eiweißgehalts die Nieren und könnten Übergewicht im Schulalter provozieren.[59] Sie sollten im ersten Lebensjahr nicht und später nur in geringer Menge vorkommen. In das Thema Milch gehe ich im unteren Abschnitt noch näher ein.

Milchprodukte für Babys

Braucht es wirklich Milch oder Milcherzeugnisse in einer vollwertigen Ernährung?

Als ich zum ersten Mal richtig bewusst den Konsum von Milch hinterfragte, befand ich mich gerade in der Stillzeit meines ersten Kindes. Zu realisieren, dass ich selbst Milch erzeugte, lies mich erkennen, dass Menschenmilch für Menschenbabys gedacht ist und Kuhmilch eigentlich nur für Kälber. Die Zusammensetzung der Milch richtet sich nach den Bedürfnissen des Lebewesens und Kälber müssen doch um einiges anders gesättigt werden als Menschen. Sie brauchen beispielsweise wesentlich mehr Eiweiß als Menschenbabys. Welche Nachteile und Gefahren in tierischer Milch stecken, werden nun nach und nach aufgelistet.

Der **Eiweißgehalt** (Proteingehalt): Kuhmilch enthält **dreimal so viel Protein** wie Menschenmilch. Viel zu viel für den kindlichen Organismus (Formulamilch ist angepasst), denn beim Abbau dieser Proteine entsteht Harnstoff, der von den Nieren gefiltert und mit viel Wasserverbrauch ausgeschieden werden muss. Aus diesem Grund sollte eine eventuelle Verabreichung ab dem Alter von sechs Monaten auch nur eine Maximalmenge von 200 Millilitern täglich erreichen, ab einem Jahr maximal 300–350 Milliliter. In der Kuhmilch ist zusätzlich das Protein Casein enthalten, es ist schwer verdaulich und kommt in doppelter Menge im Vergleich zu Muttermilch vor. Außerdem sind weniger Eisen,

Laktose, Vitamine, Jod und weniger gesunde Fettsäuren für die Gehirnentwicklung enthalten. Milchprodukte hemmen sogar die Eisenaufnahme und führen statistisch eher zu **Eisenmangel** als eine Ernährung ohne Milchprodukte![60] Darüber hinaus gibt es einige Studien[61], die belegen, dass Babys und Kleinkinder bei Verabreichung von zu viel Eiweiß eine höhere Wahrscheinlichkeit haben, später **übergewichtig** zu werden.
Gängige Milcherzeugnisse in Supermarktregalen werben häufig mit der gesundheitlich wertvollen (teils auch notwendigen!) Wirkung für Säuglinge zwecks Eiweiß -oder Kalziumversorgung, werden aber als Fruchtjoghurt, Milch oder Quarkprodukte mit ungesundem Zucker, Zusatzstoffen und Geschmacksverstärker angeboten. **Quark** enthält zudem **noch mehr** von dem überschüssigen Eiweiß und fordert demnach vom Babykörper, dieses zu verstoffwechseln.

Was macht Milchprodukte bedenklich?

Sie erhöhen das Risiko für **entzündliche Darmerkrankungen** wie Morbus Crohn.[62] Sie erhöhen das **Krebsrisiko**[63], der neuartige Erreger BMMF in Milcherzeugnissen kann das Darm-und Brustkrebsrisiko erhöhen, besonders wenn Säuglinge unter einem Jahr damit infiziert werden. Derselbe Erreger findet sich übrigens auch in Rindfleisch, das aus diesem Grund im ersten Lebensjahr auch nicht mehr empfohlen wird.[64]

Und was ist mit dem Kalzium?

Brauchen Kinder dauerhaft Milch, um genügend Kalzium für die Knochen aufzunehmen? Obwohl in Kuhmilch mehr Kalzium enthalten ist, ist noch nicht geklärt, ob es auch vom menschlichen Organismus aufgenommen und genutzt werden kann. Es hängt von mehreren Faktoren ab, wie gut es absorbiert wird, z. B. wie viel Angebot da ist, womit es kombiniert wird oder ob die Aufnahme durch Phosphor (das in Kuhmilch in hoher Konzentration vorkommt) gehemmt wird. Medial wird Kuhmilch als **die Kalziumquelle** angepriesen, dabei gibt es einige andere gute Kalziumquellen im täglichen Ernährungsangebot wie Grüngemüse (Grünkohl, Brokkoli usw.), aber auch Karotten, Fenchel und Beerenfrüchte wie Brombeeren (siehe Tabelle im Kapitel „Spezielle Nährstoffe decken", S. 161).
Der Umstieg von Formulamilch hin zu frischen Kuhmilcherzeugnissen im zweiten Lebensjahr ist nicht gerechtfertigt, dem Baby und Kleinkind kann weiterhin Pre- oder 1er-Milch begleitend zur Beikost verabreicht werden. Stillt die

Mutter noch, braucht es keine zusätzlichen Milchprodukte! Auch Ziegen-, Schaf- oder Stutenmilch sind **nicht** der Formulamilch vorzuziehen, die zumindest annähernd an die Bedürfnisse des Kindes angepasst wird.

Fazit

Um die Frage von oben zu beantworten: Nein, es braucht nicht unbedingt Milch und Milcherzeugnisse für eine vollwertige Ernährung.

Nicht nur der zu hohe Proteingehalt, sondern auch langfristig gesundheitliche Nachteile erfordern besondere Vorsicht im Verabreichen von Milchprodukten, vor allem im ersten Lebensjahr, aber auch darüber hinaus darf reflektiert werden, ob und in welchem Maß sie angeboten werden. Vor allem kritisch beleuchten sollte man die industriell verarbeiteten Milcherzeugnisse speziell für Kinder, da sie mit gesundheitlich bedenklichen Inhaltsstoffen erzeugt werden, sowie konventionell erzeugte Milchprodukte mit den bedenklichen Faktoren von Massentierhaltung und Zusatzstoffen wie Antibiotika und Medikamente.

Die süße Versuchung – Zucker, Süßigkeiten und Co.

Das Teufelchen, das im Zucker steckt

Unter den zu vermeidenden Lebensmitteln – besonders im ersten Lebensjahr – ist vor allem der Zucker zu erwähnen (gemeint ist der Industriezucker). Laut WHO ist der Zuckerkonsum aber auch danach in Schranken zu halten und **nicht mehr als fünf Prozent** des Tagesbedarfs an Kalorien über Zucker zu decken! Denn er hat nicht besonders wertvolle gesundheitliche Eigenschaften, wenn nicht sogar krank machende.

Was Eltern oft nicht ahnen, Zucker ist nicht nur in typischen Süßigkeiten wie Gummibärchen, Schokolade oder Überraschungseiern enthalten, sondern auch in scheinbar gesunden Produkten speziell für Babys.

Ich finde es besonders spannend zu sehen, wie sich die Geschmacksnerven der Babys prägen. Bevor sie Zucker bekommen, scheinen sie sehr zufrieden mit den „gesunden" Alternativen, die angeboten werden. Sobald sie aber mit den gängigen Zuckerfallen in Kontakt kommen, mögen sie plötzlich die liebevoll gezauberten Süßvarianten nicht mehr so euphorisch …

Natürlich sollte Kindern nichts vorenthalten oder verboten werden, um nicht später eine noch stärkere Neigung zu provozieren, jedoch darfst du zumindest in den eigenen vier Wänden die Natürlichkeit mit den Süßangeboten beibehalten. Ich denke, dies ist eine gute Prägung im Kindesalter, die auch langfristig bleibt und gesund hält.
Außerdem sind die heutigen Möglichkeiten der Herstellung von zuckerfreien Desserts unglaublich ausgereift. Die besten Babydesserts finden sich im Rezeptteil und lassen keine Wünsche offen!

Zehn Fakten zur Auswirkung von Industriezucker auf den Körper:

1. Er schwächt besonders das Immunsystem, was zu Infektanfälligkeit führt und die Darmflora verändert.
2. Er macht schlaff, müde, antriebslos und energielos.
3. Er führt zu Verdauungsproblemen (Blähungen, Durchfall, Verstopfung).
4. Langfristig fördert er Übergewicht.
5. Es kann zu Hauterkrankungen kommen.
6. Er kann den Pilzbefall fördern.
7. Er führt zu Nervosität (besonders bei Kindern).
8. Er kann Schlafstörungen fördern.
9. Es kann zu einer Konzentrationsschwäche kommen.
10. Zucker macht süchtig! Der kurze positive (berauschende) Effekt verlangt nach immer mehr!

Diese Auswirkungen betreffen natürlich nicht den natürlichen Zucker in Obst, Gemüse und Vollwertgetreide. Je vollwertiger und vollständiger der Zucker im Lebensmittel vorhanden bleibt, desto gesünder bleibt er für den Menschen. Es muss also nicht strikt verzichtet werden, das Bedürfnis nach Süßem kann mit viel gesünderen Alternativen gesättigt werden. Dafür muss nicht täglich eine Nachspeise gereicht werden (Gewöhnungseffekt), aber zwischendurch darf es auch mal etwas Süßes geben! Highlight ist spätestens zum ersten Geburtstag die erste richtige Geburtstagstorte (siehe Rezept S. 257).

ALLERGIE UND PRÄVENTION

Alles, nur keine Allergie!

Die Angst von Eltern, aber auch Fachleuten, Allergien zu provozieren und dadurch immer empfindlichere Menschen zu beklagen, ist durch die steigenden Zahlen für allergische Erkrankungen wie atopische Dermatitis (Neurodermitis), Nahrungsmittelintoleranz, Heuschnupfen, Asthma und andere Autoimmunerkrankungen berechtigt.

Lebenszeitprävalenz mindestens einer atopischen Erkrankung (Astma bronchiale, Heuschnupfen, Neurodermitis) bei 0–17-jährigen

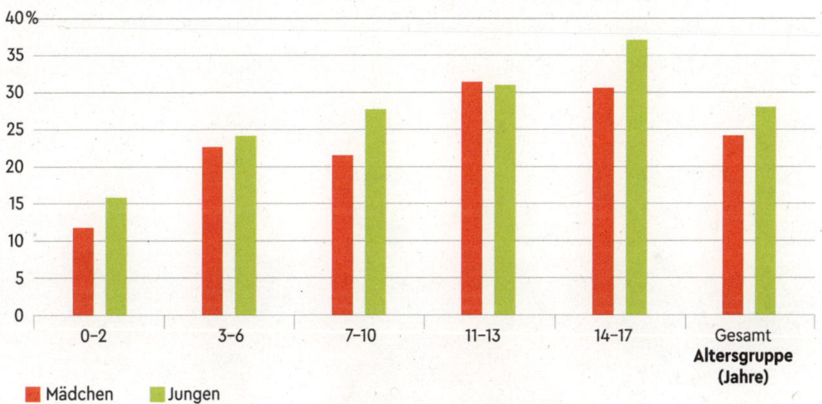

Datenbasis: KiGGS Welle 1 2009–2012 [13]; Quelle: www.gbe-bund.de/gbe/abrechnung.prc_abr_test_logon?p_uid=gast&p_aid=0&p_knoten=FID&p_sprache=D&p_suchstring=25305

Um dieses Problem gar nicht entstehen zu lassen, wird schon seit Längerem die Empfehlung großgeschrieben, sechs Monate **ausschließlich** zu stillen bzw. das Fläschchen zu geben und erst ab dem siebten Lebensmonat mit Beikost zu beginnen.

Darauf folgten die Empfehlungen zur **sehr vorsichtigen Einführung** von einzelnen Lebensmitteln, die einmal am Tag eine Woche lang „verabreicht" werden. Wurde die Karotte gut vertragen, ging es weiter mit dem nächsten Gemüse, dem nächsten monotonen Brei und fortlaufend eine weitere „neue" Woche mit neuen Obst-/Gemüsebreis. Monat für Monat sollte so eine Still- oder Flaschenmahlzeit durch eine Breimahlzeit ersetzt werden.

Nahrungsmittel mit dem Verdachtsmerkmal, Allergien auszulösen, wurden rigoros bis zum Ende des ersten Lebensjahrs gestrichen. Dazu gehörten beispielsweise Eier, Zitrusfrüchte, glutenhaltiges Getreide, Fisch und Nüsse.
Leider haben sich allergische Erkrankungen durch diese Maßnahmen **nicht** reduziert, sondern in den letzten Jahren immer weiter zugenommen.
Studien belegen mittlerweile, dass die Meidung oder auch die späte Einführung von allergieauslösenden Lebensmitteln **keinen ersichtlichen Schutz** gegen Allergien bieten (folgende Abbildung zeigt die häufigsten Allergene).
Das Baby darf und sollte sogar mit **allen** gesunden Lebensmitteln zwischen dem (frühestens) fünften und (spätestens) siebten Lebensmonat in Kontakt kommen, um das Immunsystem zu sensibilisieren und damit das Risiko der Entstehung einer Allergie zu reduzieren[65] – besonders gut klappt das unter dem Schutz des Stillens. Dies reduziert das Allergierisiko um 25 Prozent.
Bei folgenden Lebensmitteln ist ein achtsamer Umgang jedoch sinnvoll, da sie starke Allergene sind, also imstande, Allergien auszulösen:

Quelle: kochenohne.de

Folgende aktuelle Empfehlungen sind daher momentan wegweisend:

- Die Beikost **kann** mit dem fünften Lebensmonat begonnen werden, **keinesfalls** jedoch früher, denn dies kann das Risiko für Allergie und späteres Übergewicht erhöhen.[66]
- Der späteste Beginn, Lebensmittel zu probieren, sollte mit Beginn des siebten Lebensmonats erfolgen (sofern das Kind bereit ist zu probieren).
- Wer stillt, darf und sollte begleitend weiterstillen, um durch den Mix von Lebensmitteln und Muttermilch im Darm des Babys die Toleranz des Körpers für alles Neue zu erhöhen.
- Es wird die Toleranz von **gesunden** Lebensmitteln erhöht, wenn diese angeboten werden. **Eine strikte Vermeidung erhöht die Akzeptanz des Körpers für Neues nicht.**
- Die Reihenfolge der angebotenen Lebensmittel ist egal, es darf alles angeboten werden, was gesund ist!
- Auch wenn Elternteile oder Geschwister allergische Erkrankungen haben, darf das Baby alles kosten, was gesund ist.
- Wenn Babys gewisse Lebensmittel über Wochen strikt vermeiden, **kann, aber muss dies nicht** ein Hinweis für allergische Neigungen sein. Manchmal braucht es einfach ein wenig Zeit, bis das Baby Neues akzeptiert und oft auch gerne isst. Oder das Baby braucht das Lebensmittel gerade nicht.
- Wenn es jedoch **ersichtliche Reaktionen** auf bestimmte angebotene Lebensmittel gibt, sollte die Meinung des Kinderarztes oder der betreuenden Fachperson mit spezifischen Kenntnissen hinzugezogen werden.
- Auch wenn Kinder in der Stillzeit oder mit begleitenden Säuglingsmilchfläschchen **allergische Symptome** zeigen (z. B. Hautausschläge, trockene Stellen, veränderter Stuhlgang), sollte mit einer Hebamme oder Stillberaterin Kontakt aufgenommen werden, um das Problem zu besprechen.
- Eine **Allergie auf die Milchnahrung** bei Säuglingen zeigt sich gern in Verzögerungen des Wachstums, frühzeitiger Sättigung, häufigem Wegdrehen des Kopfes und ausgeprägtem Schreien beim Füttern und genereller Verweigerung der Flasche.

- Bei **Allergien auf Ersatznahrung** oder bekanntem erhöhten Allergierisiko wird die hypoallergene Milch bis zum Beginn des fünften Monats empfohlen. Danach hat diese Milch keinen präventiven Effekt mehr.
- Will oder kann eine Mutter **nicht voll stillen,** macht es trotzdem Sinn, auch nur kurz oder begleitend mit ergänzender Flaschennahrung zu stillen, da sich die Muttermilch in jedem Fall schützend vor Ausbruch von Allergien erweist.

Zeichen einer potenziell allergischen Reaktion auf Lebensmittel[67]:
- **Haut:** Rötungen, Nesselsucht, Juckreiz, Ekzem
- **Mund:** Schwellungen oder Brennen an den Lippen, Zunge und Hals
- **Nase:** Schwellung, Niesen oder Fließschnupfen
- **Atemwege:** Husten oder Asthma
- **Magen-Darm-Trakt:** Erbrechen, Bauchschmerzen, Koliken, Durchfall, Verstopfung, blutiger Stuhl
- die schwerste – aber sehr seltene – allergische Reaktion ist der sogenannte **anaphylaktische Schock,** bei dem es zu einem Kreislaufzusammenbruch kommt.

Nicht jede Reaktion auf ein Lebensmittel beruht auf einer richtigen Allergie. Manchmal reagieren Kinder eine Zeit lang auf gewisse Lebensmittel, wobei die anfängliche Unverträglichkeit mit den Jahren verschwindet. Deshalb ist das rigorose Weglassen von Lebensmitteln, auf die das Kind reagiert, nicht notwendig. Besonders wenn es nur einen Ausschlag um den Mund beim Genuss von säurehaltigen Früchten wie Zitrusfrüchten, Tomaten, Erdbeeren bekommt.

Babys mit Erkrankungen aus dem atopischen Formenkreis

Haben Babys Grunderkrankungen wie Neurodermitis (atopische Dermatitis), Heuschnupfen (allergische Rhinitis) oder allergisches Asthma, ist ein besonderes Augenmerk bei der Gabe von bestimmten Lebensmitteln, sogenannten **Allergenen,** zu setzen, da sie als „Trigger" besonders im Kindesalter allergische Immunreaktionen auslösen können. Es leidet etwa ein Drittel

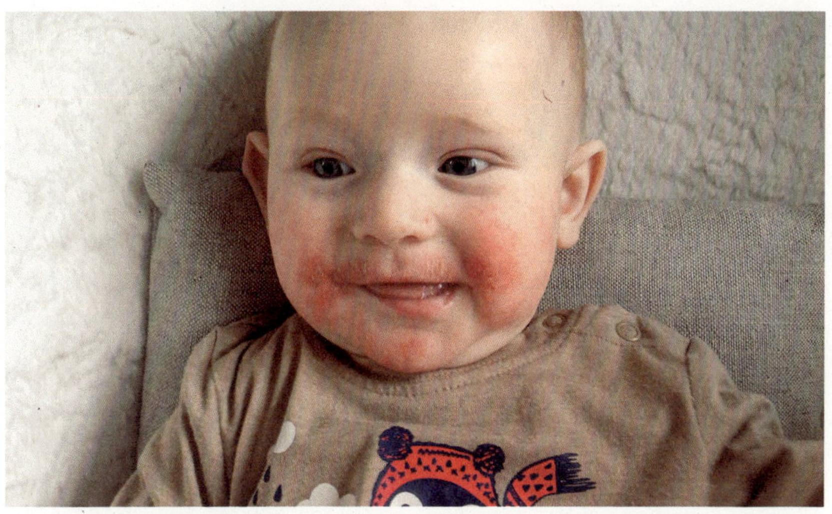

der Kinder mit Neurodermitis an einer echten Immunglobulin-E-(IgE)-vermittelten Lebensmittelallergie, die sich jedoch bis zum Schulalter häufig verliert. Eine negative Auswirkung auf das Hautbild können vor allem Milch- und Hühnereiweiß, Soja, Weizen, Erdnuss und Baumnüsse wie Haselnuss, Cashew und Walnuss haben. Bei einigen wenigen Betroffenen können sich auch natürliche und künstliche Lebensmittelinhaltsstoffe wie Farb-, Konservierungs- oder Süßstoffe sowie Geschmacksverstärker, aber auch natürliche Aromastoffe negativ auf das Hautbild auswirken. Später sind nur noch Erdnüsse und Baumnüsse relevant. Die meisten Nahrungsmittelallergien bei Jugendlichen und Erwachsenen sind jedoch pollenassoziierte Nahrungsmittelallergien, zu deren Auslösern Obst- (Apfel und anderes Kern- und Steinobst inklusive Hartschalenobst) und Gemüsesorten (Sellerie, Möhre) gehören. Da die meisten Patienten mit Neurodermitis grundsätzlich keine Nahrungsmittelallergie haben, sollten diese Lebensmittel aber **niemals vorsorglich gemieden** werden, sondern nur dann, wenn tatsächlich eine bestätigte Allergie vorliegt.

Kinder mit Zöliakie oder anderen Unverträglichkeiten

Zöliakie ist ebenfalls eine Autoimmunkrankheit, die schon von Geburt an bestehen kann oder sich im Lauf des Lebens gegen **Gluten** entwickelt. Es kommt zu starken Entwicklungsverzögerungen und Nährstoffmangel.

Das Baby leidet häufig unter folgenden Symptomen:

- Bauchschmerzen
- Blähungen, Verstopfung
- Durchfall
- Müdigkeit, Erschöpfung
- aufgeblähter Bauch
- Appetitlosigkeit
- Kopfschmerzen
- Wachstumsverzögerungen
- Gewichtsstagnation oder -abnahme
- Eisenmangel

Das Gluten in Getreiden wie Weizen, Dinkel, Emmer, Roggen, Gerste oder Hafer provoziert dabei Entzündungen im Darm, die diesen langfristig schädigen können und daher bei einer richtigen Zöliakie streng vermieden werden. Auch bei Kindern, die ähnliche Symptome zeigen, kann eine reine **Glutenunverträglichkeit** dahinterstecken. Nachdem Gluten aber ab Beikostreife angeboten werden kann (wenn auch erstmal nur in kleinen Mengen) und dies die Gefahr von späteren Glutenunverträglichkeiten, Zöliakie oder Weizenallergie reduzieren kann, wird es nicht empfohlen, Babys rein glutenfrei zu ernähren. Nur bei bestehender und diagnostizierter Erkrankung ist eine rein glutenfreie Ernährung wichtig und sinnvoll.[68]

Eine Weizenallergie zeigt sich übrigens meist in folgenden Symptomen und ist nicht mit einer Glutenunverträglichkeit gleichzusetzen, denn in diesem Fall ist es nicht Gluten, sondern das Weizenprotein, das Probleme macht:

- tränende, geschwollene oder juckende Augen
- laufende Nase
- Schwellungen, Brennen oder Jucken im Mund- und Rachenbereich
- Ekzeme auf der Haut
- Atemnot, Hustenreiz, Asthma
- Übelkeit, Erbrechen
- Bauchschmerzen, Blähungen
- Durchfall

Die Allergiesymptome treten meist unmittelbar nach dem Verzehr oder manchmal sogar nach dem Anfassen der Nahrungsmittel auf.

Fazit

Babys dürfen aus dem bunten und gesunden Lebensmittelangebot im ersten Lebensjahr alles kosten:

- frisches buntes Obst/Gemüse
- Getreide (anfangs vermehrt glutenfrei)
- Hülsenfrüchte
- Nüsse und Samen
- Eier (Achtung, sehr hoher Proteingehalt!)
- Fisch (maximal 2x wöchentlich, aus nachhaltiger Fischerei)
- Fleisch (maximal 5x wöchentlich aus nachhaltiger und biologischer Landwirtschaft)
- Gewürze (außer Salz und Zucker)
- Öle (hochwertige Pflanzenöle)
- Brot und Mehlerzeugnisse wie Nudeln, Teige
- ungesüßte oder natürliche Backwaren (am besten selbst hergestellt)

Nur bei nachgewiesener bestehender Allergie oder Unverträglichkeit ist ein vorsichtiger Umgang mit speziellen Lebensmitteln ratsam.

Wann darf das Baby glutenhaltige Lebensmittel essen?

Babys dürfen und **sollen** ab Beikostalter glutenhaltige Getreide bekommen, wenn auch nur in kleinen Mengen. Wie aktuelle Studien zu den Allergenen im Allgemeinen zeigen, ist das In-Kontakt-Kommen von **allen** glutenhaltigen Lebensmitteln wichtig, um das Risiko für Weizenallergie, Glutenunverträglichkeit oder Zöliakie zu senken. Eine komplett glutenfreie Ernährung macht also nur Sinn, wenn das Baby bereits eine glutenbezogene Erkrankung hat.

Um das Verdauungssystem anfangs jedoch nicht allzu sehr zu belasten, wird der größte Teil der Getreideangebote anfangs gern anhand von **glutenfreien Lebensmitteln** angeboten. Glutenhaltiges kommt noch zurückhaltend vor. Nach und nach kann bei guter Verdauung in den weiteren Beikostmonaten (empfehlenswert ab 8/9 Monaten) mit Glutenhaltigem abgewechselt werden.

DER BEIKOSTBEGINN – DAS BUNTE KOSTEN, SPIELEN UND ERKUNDEN

In Kontakt kommen mit ersten Lebensmitteln

(frühestens ab dem fünften Lebensmonat)

Es geht endlich los! Babys Interesse ist geweckt, und so kann alles, was Mama oder Papa in der Hand hält (außer die Lebensmittel, die anfangs zu vermeiden sind, siehe S. 111), mit der Hilfe der Eltern an den Babymund gelangen. So kommt das Kind immunologisch in Kontakt mit verschiedensten (fremden) Lebensmitteln. Es ist die Phase des Sensibilisierens, die innerhalb des siebten Lebensmonats begonnen werden sollte.

Diese ersten Versuche haben noch nichts mit Nahrungsaufnahme zu tun, sondern sind lediglich zum **In-Kontakt-Kommen** gedacht. Babys haben Interesse, Neues kennenzulernen und mit allen Sinnen zu begreifen. Dies ist der Fokus der ersten Beikostzeit, die sich manchmal über Monate hinwegzieht!

In Kontakt kommen

Ideal für das erste Herantasten sind:

- **alle Obst- und Gemüsesorten** roh oder gekocht, an denen das Baby den Saft, Geschmack und die Konsistenz erprobt
- **glutenfreie und gelegentlich glutenhaltige Getreide** in Brot- oder fester Form (siehe Rezeptteil Brote und Pommes/Bällchen)
- **Nudeln** in Spiralform (glutenfrei oder zwischendurch auch mit Gluten)
- **Kartoffeln** gekocht, Polenta abgekühlt oder andere Getreidebeilagen
- optional Fleisch oder Fisch in dicker Pommesform zum Lutschen (Achtung, der Saugreiz ist sehr stark, es können auch Teile eingesaugt werden!)

- **Hülsenfrüchte,** diese sollten jedoch zwecks Verschluckungsgefahr als Taler, Bällchen oder in anderer fester Form verarbeitet sein (z. B. Hummus, als Suppe, Aufstrich oder Dip)

Es braucht grundsätzlich keine Extraküche für Babys Beikostversuche. Integriere die Angebote so, dass sie aus deinem Gericht angeboten werden können. Dafür gibst du im Kochprozess vor dem Salzen oder Zuckern sowie vor einer Beigabe von Milchprodukten ein wenig auf die Seite und verarbeitest das eigene Gericht wenn notwendig weiter.

HINWEIS

Das Eintreten des Babys in die Alltagsküche veranlasst viele Eltern zum Reflektieren der eigenen Ernährungsgewohnheiten. Wenn das Baby so gar nicht aus den Tellern der Eltern probieren kann, wird hinterfragt, ob man sich generell gesund ernährt. Enthaltene Milchprodukte, Fertiggerichte oder stark gesalzene oder geröstete/frittierte Lebensmittel tun weder dem Baby noch uns gut, um eine gute Basis für ein langes, gesundes Leben zu fördern. Dies ist eine Chance, noch mal von Neuem die täglichen Gewohnheiten umzukrempeln und langfristig besser weiterzugeben!

Kartoffelbrei – MIT LÖFFEL angeboten

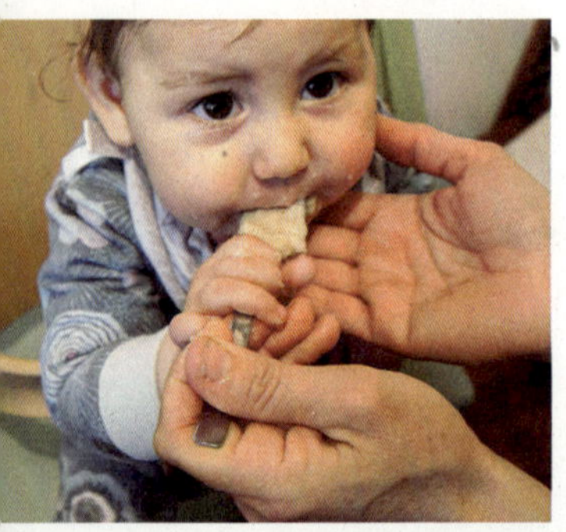

Größere Beikostzubereitungen vor vollendetem 6. Lebensmonat

Wird schon mit richtigen Portionen von Beikost begonnen, **bevor das Baby sechs Monate alt ist,** können mit Löffel- oder Fingerfütterung **breiige** Lebensmittel angeboten werden. Die folgenden breiigen Grundrezepte eignen sich besonders für die ersten Wochen nach dem Beikoststart mit Babys unter sechs Monaten.

Manche Babys mögen die breiigen Zubereitungen auch bis weit in die Beikostzeit hinein! Hier bietet sich das Einfrieren in Eiswürfelformen oder in Muffinformen an. Lehnt das Baby die Löffelfütterung jedoch komplett ab, können diese Varianten auch mit dem Becher getrunken werden. Dies gilt auch für gemüsige Suppen.

WICHTIG!

Diese „Breis" ersetzen noch lange nicht die Milchmahlzeit. Das Baby kostet sich durch die bunte Obst-/Gemüsevielfalt und spuckt in den ersten Wochen meist alles wieder aus. Auch hängt es vom Baby ab, wie lange es nur gelegentlich kostet und wann es Zeit ist, die Mahlzeit anzureichern, weil das Baby größere Mengen isst und damit auch satt werden möchte (siehe Rezeptteil „Richtig mitessen!" ab S. 177).

Breiige Obst- und Gemüsevarianten

Ob das Baby mit Obst oder Gemüse beginnen möchte, ist vom Baby (oder den Eltern) abhängig. Fest steht, dass Babys auch noch Gemüse probieren, wenn sie mit Obst anfangen. Es hängt von der saisonalen (und kulturellen)

Gegebenheit ab, ob es gerade frischen leckeren Kürbis im Herbst gibt oder süße Erdbeeren im Frühsommer. Das Baby kostet an dem, was gerade da ist, und ist einfach nur neugierig, alles Neue zu erleben.

Für das „süße" Angebot kann saisonales Obst geschält, schonend mit ein wenig Wasser (und dem Deckel auf dem Topf) weich gedünstet und püriert werden. Geeignet für **Obstmus** sind: Apfel, Birne, Pfirsich, Aprikose, Pflaume, Feige, Beeren, Kiwi, Maroni. Nicht gekocht werden müssen/sollten Banane und Avocado.

Akzeptiert das Baby die Musform nicht, kann es auch als Fruchtsauger angeboten werden.

Festes Angebot im **FRUCHT-SAUGER**

GUT ZU WISSEN

Gemüse- wie auch Obstmuse sind in größerer Menge hergestellt und eingefroren eine tolle Reserve für zahlreiche Rezepte in der späteren „richtigen Beikosthungerphase". Es kann den Kochalltag enorm erleichtern, wenn es nach und nach aufgetaut und den Beikostrezepten als Gemüse- oder Obstkomponente beigegeben wird (siehe Rezeptteil).

Gemüsemuse eignen sich besonders mit: Zucchini, Kürbis, Fenchel, Wurzelgemüse wie Karotten, Pastinaken, Süßkartoffeln, Rohnen oder Kartoffeln.

Sie können einzeln gegart und püriert werden oder in Kombination wie die folgenden Varianten.

Gemüsemuse in mehreren Varianten

Variation 1	Variation 2	Variation 3	Variation 4	Variation 5
1 Pastinake 1 Karotte 1 Lauch 1 Kartoffel	¼ Blumenkohl 1 Petersilienwurzel 1 kl. Bund Petersilie 1 Kartoffel	100 g Kürbis 1 Süßkartoffel 1 Kartoffel 1 kl. Bund Petersilie	1 Kohlrabi 1 Karotte 1 Kartoffel 1 kl. Bund Petersilie	1 Rohne 1 kl. Knollensellerie 1 Pastinake Schnittlauch, gehackt

Die Zutaten werden jeweils gewaschen, geschält, mit ein wenig Wasser (etwa 200 ml) schonend bei niedriger Flamme gedünstet (Deckel auf den Topf!). Eventuell Wasser nachgießen, sollte es verdampfen. Für die Suppenvariante darf es auch ein bisschen mehr Wasser sein, für den Stampf reicht ein klein wenig. Abgeschmeckt wird mit frischen Kräutern und einer Prise Salz oder Gemüsebrühe, die am Ende zugegeben werden. Im Mixer oder mit dem Mixstab kann das Gemüse zur Suppe püriert werden oder zum Stampf verarbeitet.
Die Suppe in einer **Trinktasse** serviert animiert das Baby dazu, das Trinken aus der Tasse zu lernen. Der Stampf kann auf einem Tellerchen serviert werden.
Die leicht verdauliche Mahlzeit eignet sich auch als Vorspeise für den Rest der Familie, besonders als basische Ernährung für Entlastungstage ist es für Erwachsene wertvoll oder im Winter als wärmende Suppe. Hinzugegeben wird für den Erwachsenen eventuell noch 1–2 EL Olivenöl, ein Spritzer Zitrone, Pfeffer und Zwiebel/Knoblauch, um die verstärkende basische Wirkung zu erzielen.
Mit dem **Thermomix/Bimby** eignen sich besonders der „allererste Möhrenbrei", die „Gemüsecremesuppe" oder die spezifischen Babybreie unter den Kollektionen wie „Feinstes für Kleinste" oder „Love at first bite".

Suppe ZUM TRINKEN

TIPP

Mag das Baby die breiige Konsistenz nicht mit dem Löffel, ist das Angebot als „Getränk" vielfach besser akzeptiert. Das Baby hält das Glas oder den Becher und schlürft die Suppe heraus. Anfangs können sie sich jedoch auch leicht daran verschlucken, also langsam und achtsam mit diesem Angebot.

Was machen, wenn das Baby das Breiige komplett ablehnt?

Dieses häufige „Problem" kennen sehr viele Beikosteltern, vor allem wenn sie nur diesen Fahrplan kennenlernen und daran verzweifeln, weil das Baby so gar nicht mitspielen will/kann. Hier bieten sich ab dem siebten Lebensmonat die Variationen als Fingerfood an:

Fingerfood in drei Varianten von typischen Breis

Müslistangen statt Obst-Getreide-Brei	**Getreide-Gemüse-Stangen** statt Gemüse-Getreide-Brei	**Gemüse-Linsen-Stangen** statt Linsendip oder Getreide-Linsen-Brei
50 g Haferflocken 1 TL Mandelmus ½ Banane 2 EL Apfelmus	50 g Hirse oder Reis, gekocht 50 g gekochtes püriertes Gemüse	50 g Hirse oder Reis, gekocht 50 g rote Linsen, gekocht

Zubereitung

Jeweils die Zutaten gut vermischen, längliche Stangen auf einem mit Backmatte oder Backpapier ausgelegten Backblech verteilen. Im Ofen bei 180 Grad Celsius Ober- und Unterhitze etwa 20 Minuten backen.

Weitere Fingerfood-Rezepte findest du im Rezeptteil ab S. 198.

MÜSLI-STANGEN statt Obst-Getreide-Brei

BLW – Fingerfood zum Beikoststart

Greift das Baby im Alter von etwa sechs Monaten nach fester Nahrung, hat es die Beikostreife für das Greifen und Verdauen fester Lebensmittel endgültig erreicht. Es können Basislebensmittel wie weiches Obst oder Gemüse in Pommesform geschnitten werden, damit das Baby es gut in der Hand halten kann. Dabei ragt jeweils oben und unten das Ende heraus, an dem das Baby lutscht.
Versuche dabei, dem Baby nicht zu helfen, indem du ihm das Essen in den Mund steckst. Die Erstickungsgefahr ist dadurch größer. Erwarte bitte auch nicht, dass es gleich alles isst, es kann sogar sein, dass es in den ersten Wochen überhaupt nichts isst, und erst nach und nach „auf den Geschmack kommt". Biete es einfach immer wieder an.
Damit es das Gemüse oder Obst besser halten kann, bietet sich auch das Schneiden der Pommesstücke mit dem Wellenschneider an (siehe Bild ganz oben) oder das Einschneiden der Stücke in der Mitte.

Möglichkeiten, das Angebot zurechtzuschneiden – Schneiden in der LÄNGE EINES FINGERS

GUT ZU WISSEN

Da das Baby anfangs die Faust nicht öffnen kann (dies gelingt erst mit etwa 8 Monaten), wird es nur oben und unten lutschen, der Teil in der Mitte wird zum Festhalten genutzt, es wird zerquetscht und landet meist in den Haaren, am Tisch verteilt oder auf dem Boden. Nicht verzweifeln – das gehört dazu! Man nennt diese Phase auch Palmarphase.

Haben Eltern kein gutes Gefühl für diese Zubereitung, gibt es auch die Möglichkeit, mit Babystangen (aus Mais, Reis, Hirse ...) das Greifbedürfnis des Babys zu sättigen.

Folgende Lebensmittel aus dem Gemüse- und Obstbereich können anfangs gereicht werden ...

Maisstangen in Pommesform

Gemüseangebote für den Anfang

Gemüse ist toll! Vor allem wenn das Baby es erst kennenlernt. Die meisten Babys probieren unvoreingenommen gerne alles durch, was angeboten wird. Je nach Baby bemerkt man dann aber schon erste Neigungen oder Abneigungen. In der ersten Beikostzeit kann neues Gemüse sehr gut angenommen werden, im weiteren Verlauf wird Gemüse durch die evolutionsbedingten nicht anlockenden Geschmackstoffe oft zunehmend uninteressant bis „eklig". Dies kann sich bis ins Schulalter hineinziehen, bis es wieder interessanter wird.

Die Gewohnheiten der Familienküche, in der Babys die täglichen Speisen beobachtet, sind meist interessanter als der gesunde Gemüsebrei. Dies veranlasst ein Umdenken der gesamten Familienküche, am Ende tut es allen gut, eventuell in eine vollwertigere Ernährung überzugehen.

Auch der Einfluss von gleichzeitig mitessenden Eltern und/oder Geschwistern ist wertvoll für ein natürliches Eintreten in die Welt der Lebensmittel.

Ideale Gemüsesorten ab Beginn der Beikostreife

Alle Lebensmittel, die nicht zu hart, zu klein oder für Babys aus anderen Gründen ungeeignet (z. B. zu stark gewürzt, schwer verdaulich) sind, sind erlaubt.

VON ANFANG AN am Familientisch animiert das Baby, baldigst mitzumischen!

Gemüse ab Beginn der Beikost: Möglichkeiten und Grenzen der Darreichungsform

Gemüsesorten	gedünstet/ gebacken	roh/reif	als ganze Gemüse geschält anbietbar	Fingerfood-Sticks möglich	geschält
Kürbis	x			x	x
Blumenkohl	x			x Bäumchen	
Brokkoli	x	x		x Bäumchen	
Pastinake	x			x	x
Karotte	x			x	x
Selleriewurzel				x	x
Süßkartoffel	x			x	x
Kohlrabi				x	x
Fenchel		x		x Achtung, Fäden!	
Kartoffel	x			x	x
Gurke		x		x Achtung!	x
Zucchini	x			x Achtung, Schale!	
Paprika	x Haut abziehen	x		x Achtung, Schale!	x
Mangold			x püriert		
Spinat			x püriert		
Rohne	x			x	x

Als **Bäumchen** wird die Form des Angebots bezeichnet, wenn Gemüsesorten wie Bäumchen abgezweigt werden können, wie bei Blumenkohl, Brokkoli oder anderen Kohlsorten.

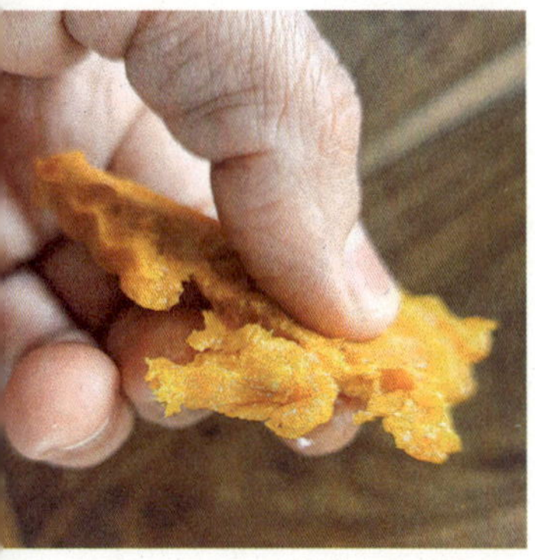

Fädige Gemüsesorten wie Sellerie, Fenchel oder Spargel sollten achtsam gereicht werden und bitte beobachten, wie gut das Baby damit umgeht. Grobe Fäden werden entfernt. Auch die Konsistenz der Schale ist bei einigen gedünsteten Gemüsesorten noch zu hart oder zum Zermalmen schwierig. Alles außer Gurke sollte anfangs gedünstet werden, damit es für das Fingerfood und auch zur besseren Verdaulichkeit geeignet ist. Das Gemüse sollte so weich sein, dass es zwischen Zeige- und Mittelfinger zerdrückbar ist (siehe Foto).

WICHTIG

Generell musst du in der „Lernphase" der Beikost bei jeder Mahlzeit achtsam dabei bleiben, um dein Baby in seinem Lernprozess zu beobachten und Sicherheit zu gewinnen, was es schon kann oder wo es Schwierigkeiten hat.

Im Rezeptteil ab S. 198 findest du die gängigen und angereicherten Gemüsezubereitungen fürs Fingerfood.

Obstangebote für den Anfang

- Avocado
- Banane
- Erdbeeren und Himbeeren, sowie Brombeeren (sehr reif)
- Kiwi (reif)
- Aprikose (sehr reif)
- Pfirsich (sehr reif)
- Zuckermelone
- Wassermelone
- Pflaume
- Apfel (gedünstet/gebacken)
- Birne (gedünstet/gebacken)
- Mango (reif; Achtung, schlüpfrig!)
- Medjool-Dattel
- Papaya (reif)
- Ananas (reif)

Zu dünstende oder ebenfalls im Ofen weich gebackene Obstsorten sind Apfel, eventuell nicht gut ausgereifte Sorten wie Birne, Pfirsich, Aprikose und Pflaume. Exotische Obstsorten müssen nicht unbedingt sein und wenn dann nur in ihrer Saison. Genauso wenig braucht ein Baby im Winter Erdbeeren. Saisonale, regionale sowie biologische Lebensmittel sind für das Baby meist verträglicher und für die Umwelt nachhaltiger.

Diese Angebote sind auf persönlicher Erfahrung entstanden und dürfen in der Praxis noch einmal individuell betrachtet werden. Jedes Baby ist anders beim Kosten. Prinzipiell gilt: **Immer beim Baby bleiben,** es **beobachten** und es bei sichtbar ungeeigneten Stücken **bitten,** sie ihm aus der Hand nehmen zu können. Landet so ein Stück im Mund, kann man das Baby bitten, den Mund aufzumachen, dabei am besten selbst den Mund öffnen, um es zum Nachahmen zu animieren. Das Baby kann auch aufgefordert werden, es auszuspucken, wenn es zu viel ist. Schafft es das nicht alleine, holt man das ungeeignete Stück mit einem (sauberen) Finger vorsichtig aus dem Mund.

Apfel in drei VARIATIONEN: gebacken (oben), Apfelmus (Mitte) und gedünstet (unten)

GUT ZU WISSEN

Mit BLW lernt das Baby aber relativ schnell, mit dem festen Angebot umzugehen, und es kommt immer seltener zu ungünstigen Brocken im Mund. Die Fertigkeit fürs Zermalmen von festen Stücken lernt es dabei am besten zwischen 7 und 9 Monaten.

Weitere für Fingerfood geeignete erste Angebote

- Mais- oder Hirsestangen (aus dem Handel)
- zwischendurch auch Brotkanten (siehe Rezepte S. 185–188)
- Fleisch oder Fisch in Pommesform zum Lutschen (Achtung nicht zu weich und schlüpfrig, bei Fisch auch Vorsicht vor den Gräten!)
- Nudeln in Spiralform (glutenfrei oder zwischendurch auch mit Gluten)
- Pfannkuchen süß und herzhaft (siehe Rezept S. 189) in Pommesform geschnitten

Wie bereits erwähnt, kannst du Babys erste Beikostangebote so in der Familienküche integrieren, dass sie auch zu deinem Gericht passen. Im Kochprozess vor dem Salzen auf die Seite geben und das eigene Gericht weiterverarbeiten. Das klappt gut mit Gemüsesticks, Getreidebeilagen wie Reis, Polenta (abgekühlt auch in Pommesform geknetet oder geschnitten!), Hirse, Kartoffeln, Süßkartoffeln, morgendlich auch Brotkanten oder Porridge. Die weichlichen „brösligen" Getreidearten wie Reis, Hirse oder Porridge kann auch von den Eltern zusammengedrückt **als Fingerfood aus Elterns Hand** angeboten werden (siehe Bild). Leicht verdauliche Hülsenfrüchte wie rote Linsen lassen sich sehr schnell mit etwas Wasser gar kochen; unter Getreide gemischt kann die Kombination gut zu festen Sticks verarbeitet werden.

Ich finde diesen **Mix zwischen Fingerfood von Babys Hand und Fingerfood-Angebot aus der Hand der Eltern** sehr angenehm und instinktiv, da auch steinzeitliche Babys so unterstützt wurden. Das Vorkauen zum breiisieren von ungeeigneten Lebensmitteln ist heutzutage jedoch gut ersetzbar mit Mixern oder Besteck. Die Darreichung der Angebote ist insgesamt aber jedem selbst überlassen!

FINGERFOOD
aus Elterns Hand

HINWEIS

Der Aufwand für die ersten Beikostangebote ist mit BLW sehr gering, mit der Breizubereitung ein wenig größer. Mit BLW werden an den Hauptmahlzeiten die Gemüsebeilagen so zubereitet, dass auch das Baby Gelegenheit hat, zu üben. Restliche Komponenten wie Getreidebeilagen, Brot, Hülsenfrüchte, Fleisch, Fisch oder Eier können je nach Verarbeitung zum Kosten angetastet werden.

Braucht das Kind Zähne zum Kauen?

Babys erste Zähne lassen oft lange in die Beikost hinein auf sich warten. Trotzdem schaffen es Babys durch das Üben, festere Nahrung mit der harten Zahnleiste plus Gaumen im Mund zu verarbeiten und zu schlucken. Auch wenn es verwirrend erscheint, ohne Zähne richtig essen zu können, schaffen es Babys souverän! Und sollte ein Stück nicht zermalmbar sein, wiederholt man immer wieder deutlich: „Wenn es dir zu viel ist, dann spuck es aus!"

ZAHNLOS GLÜCKLICH beim Essen – Lou mit 7½ Monaten

DER WEG HIN ZUR VOLLWERTIGEN BABY- UND FAMILIENKÜCHE

OPTIMAL versorgt – der vollwertige Babyernährungsteller

Nach einem gelungenen Start in die Welt der Basis-Lebensmittel kommt das Baby früher (oder später) „auf den Geschmack" und kann das Essen nun auch mit „Hungerstillen" verbinden – meist im Alter von sieben bis elf Monaten. Das ist der Startschuss, Mahlzeiten immer vollwertiger zu gestalten, damit das Baby auch wirklich **alles bekommt, was es braucht, und schneller satt wird.**
Wie erwähnt, ist die Beikostzeit eine tolle Gelegenheit, als Eltern oder Familie noch einmal komplett die tägliche Ernährung zu beleuchten und gegebenenfalls umzustellen oder zu verbessern! In der traditionellen Küche ist es europaweit leider zu einer Verschlechterung der Nährstoffkomponenten gekommen. **Fertiggerichte** werden aufgrund von Zeitmangel immer öfter gekauft. Verarbeitete Lebensmittel wie **Weißmehl und extreme Zusätze von Zucker und Salz** in diversen Vorratserzeugnissen wie Soßen, Dips, Brote, Nudeln, Snacks füllen Supermarktregale und führen zu immer nährstoffärmeren Gerichten. Das Selberkochen aus hochwertigen, biologischen Rohstoffen und Alternativen im Verwenden von Salz und Süßungsmitteln ist hierbei der sicherste Weg, wirklich gesunde Lebensmittel anzubieten. Eltern heranwachsender Generationen haben zukünftig eine Schlüsselfunktion, von Anfang an wieder eine **qualitativ hochwertige Familienküche** zu bieten und damit die Prägung von Geschmacksknospen zu beeinflussen.
Die vollwertige Ernährung wird nach der Deutschen Gesellschaft für Ernährung folgendermaßen definiert:

EINE VOLLWERTIGE ERNÄHRUNG IST DIE BASIS FÜR BEDARFSGERECHTES, GESUNDHEITSFÖRDERNDES ESSEN UND TRINKEN. SIE KANN DAZU BEITRAGEN, WACHSTUM, ENTWICKLUNG UND LEISTUNGSFÄHIGKEIT SOWIE DIE GESUNDHEIT DES MENSCHEN EIN LEBEN LANG ZU FÖRDERN BZW. ZU ERHALTEN.

Neben reichlich Gemüse werden Getreideprodukte wie Brot, Reis, Nudeln, Getreideflocken aus Vollkorn sowie Kartoffeln empfohlen, ergänzt wird diese Basis gängig durch Milchprodukte, Fleisch und Fisch und geringe Mengen Öle und Fett.

Eine weitere Definition für **eine vollwertige Ernährung** ist die nach aktuellen wissenschaftlichen Erkenntnissen ernährungsphysiologisch ausgewogene Ernährung.[69]

Die vollwertige Ernährung kann aus unterschiedlichsten Lebensmitteln zusammengestellt sein; entscheidend sind allein der Energie- und Nährstoffgehalt sowie der Gehalt an anderen gesundheitlich relevanten Lebensmittelinhaltsstoffen.

Der für Babys **angepasste Ernährungsteller** sieht nach der Beleuchtung aller Lebensmittelgruppen **im ersten Lebensjahr** ungefähr so aus wie der auf S. 141.

Nachdem es besonders für Milchprodukte, aber auch für tierische Proteine wie Eier, Rindfleisch oder Meeresfisch aufkommende Kritik gibt, besteht der grundlegende Ernährungskreis für Babys aus Gemüse, Obst, Getreide, Hülsenfrüchten, Ölen, Nüssen und Samen. Je nach Ernährungsform können auch ausgewählte tierische Quellen integriert werden.

Beispielgericht für einen vollwertigen veganen Babyteller: Gebackenes Gemüse, Kartoffeln und ein Kürbis-Linsen-Dip (siehe S. 224) mit Weizenkeim-Topping

Das Baby darf aus allen gesunden Lebensmittelbereichen probieren, die Hauptkomponenten sollten jedoch Gemüse, Obst, einige komplexe Kohlenhydrate, Proteine und Fette aus Hülsenfrüchten, Nüssen und Samen sein. Unbedenklicher Fisch, Eier (für Babys ab 9 Monaten) und Fleisch **können, müssen aber nicht zwingend** integriert werden, besonders, wenn Eltern die vegetarische oder vegane Ernährungsweise vorziehen oder aus gesundheitlichen Gründen vorübergehend darauf verzichten möchten. Begleitendes Stillen oder Formulamilch nach Bedarf decken in allen Fällen die notwendige zu ergänzende Kalorien- und Nährstoffzufuhr.

Erhöhte Bedürfnisse des Babys im Unterschied zum Erwachsenen sind jedoch:

- **Fett:** Babys brauchen einen höheren Fettanteil, da sie sehr viel Energie verbrennen. Dieser kann mit Pflanzenölen, Nüssen und Samen erreicht werden. Die wertvolle Omega-3-Versorgung wird über die Milchnahrung sichergestellt. Später kann auch fettreicher Fisch wie Sardine, Forelle, Makrele oder Lachs gereicht werden, jedoch aufgrund der Schadstoffbelastung nicht öfter als zweimal wöchentlich. Die fischfreie oder vegane Alternative wären Algen, Algenöl oder die fettreiche Avocado.
- **Ballaststoffe,** wie sie in Hülsenfrüchten, Haferflocken oder Obst enthalten sind, fördern regelmäßig eine gute Verdauung. Die Ballaststoffe in Vollgetreide sollten jedoch begrenzt werden, da sie sehr schnell satt machen und keinen Platz für andere nährstoffdeckende Lebensmittel lassen. Kleie oder angereicherte Zerealien als Ballaststoffquelle sind nicht empfohlen, da sie wie bereits erwähnt den Verdauungstrakt reizen können.

Bunter Ernährungsteller mit Kohlenhydratquelle, buntem Gemüse, Proteinquelle, Fetten und Gewürzen

Gemüse im AMPEL-PRINZIP zur Deckung vielfältiger Vitamine

- Als **Nahrungsergänzung** außerhalb von Lebensmitteln wird vor allem Vitamin D in den sonnenarmen Monaten Oktober bis April empfohlen und bei der veganen und vegetarischen Lebensweise auch Vitamin 12 als essenzieller Nährstoff.

Wie Eltern nun regelmäßig einen vollwertigen Ernährungsteller anbieten können, erfährst du im folgenden Abschnitt.

Die Hauptkomponenten der Babyernährung nach dem Baukastensystem

Um die Mahlzeiten vollwertig und nährstoffreich zu gestalten, werden für jede Mahlzeit Bestandteile aus den folgenden Kategorien gewählt:

- **Gemüse und Obst**
- **Kohlenhydrate** in Form von Getreiden, Teigwaren, Brot
- **Fette** in Form von Ölen oder Nussmus
- **Eiweiße** in Form von Hülsenfrüchten, Samen, Nüssen, optional Fleisch, Fisch oder Ei
- natürliche **Nahrungsergänzungen** und Gewürze (siehe Seite 171)

Gemüse und Obst im Ampelprinzip

Täglich werden zwei bis vier verschiedene Sorten Gemüse/ Obst gereicht. Sie sollten bunt – rot, grün und gelb – gewählt und anfangs in Fingerfood-tauglicher Form vorbereitet (BLW) oder zu einem Brei püriert (Löffelfütterung) werden. Das Gemüse sollte frisch, mit Wasser abgespült, eventuell geschält, im Topf mit ein wenig Wasser gedünstet, gegart oder in der Pfanne schonend gebraten werden. Alternativ kannst du sie mit etwas Öl und Gewürzen im Backofen bei 200 Grad Ober- und Unterhitze backen. Sie sollten nicht zu hart, aber auch nicht zu weich werden. Siehe die Konsistenz auf dem Foto auf S. 134.

Komplexe Kohlenhydrate

Neben Gemüse- und Obstkomponenten dürfen auch energiedichtere Kohlenhydrate angeboten bzw. Mahlzeiten damit angereichert werden. In der anfänglichen Beikost ist neben den Kartoffeln und Süsskartoffeln das leichter verdauliche glutenfreie Getreide vorzuziehen. Möglichkeiten dafür sind die folgenden.

Flocken

Feine Getreideflocken passen in Obst- oder Gemüsezubereitungen (auch feste), beginnend mit einem Esslöffel. Hat das Baby tendenziell immer noch Hunger, kann die Flockenmenge auch erhöht werden! Zu den geeigneten Getreideflocken für die Anfangsphase gehört vor allem sämtliches glutenfreies Getreide wie:

- **Hirse:** Das etwas vergessene Supergetreide enthält wertvolles Eisen, Eiweiß, Vitamin B1, Vitamin B3, Vitamin B5 und Vitamin B6, Fluor, Zink, Magnesium sowie besonders wertvolles Silizium (sehr wertvoll für das Bindegewebe und die Knochen).
- **Haferflocken:** Sie toppen als besondere Quelle von zahlreichen Vitaminen und Mineralstoffen wie B-Vitamine (Folsäure und Biotin), Vitamin E, Vitamin K, Eisen, Phosphor, Kalium, Kalzium, Kupfer, Selen, Mangan, Jod, Aminosäuren und am Ende die so wichtigen Ballaststoffe für die Verdauung. Sie enthalten nur wenig Gluten, was sie auch in der ersten Beikostzeit bekömmlich macht. Sie passen gut in einen Guten-Morgen-Porridge, Müsli oder Müslistangen, zubereitet mit Pflanzendrinks ist es ein tolles Frühstück für die ganze Familie!

HINWEIS

Abends rate ich von Zubereitungen mit Haferflocken ab, da sie eine leicht stimmungsaufhellende Wirkung haben.

- **Reis:** Für mehr als die Hälfte der Weltbevölkerung ist Reis ein Hauptnahrungsmittel. Er enthält wertvolles Eiweiß, das besonders in Kombination mit Hülsenfrüchten seine Wertigkeit steigert. Zudem enthält er fast alle Vitamine der B-Gruppe. Um die Verdaulichkeit zu erhöhen, kann anfangs auch die Halbvollkorn-Variante gewählt werden. Am besten ist jedoch bei allen Getreiden das volle Korn. Wichtig ist, dass Getreide

lange weich gekocht wird. Außerdem sollte bei Reis auf die Herkunft und Qualität geachtet werden, und er sollte immer gespült bzw. eingeweicht werden, um den Arsengehalt zu reduzieren.

- **Buchweizen:** Dieses Pseudogetreide war in Europa weit verbreitet, bis ihn Weizen und andere ertragreichere Sorten verdrängten. Buchweizen hat wertvolle Inhaltsstoffe wie B-Vitamine, Vitamin E, Kalium, Kalzium, Phosphor und Magnesium. Außerdem hat er alle essenziellen Aminosäuren und ist deshalb auch als Eiweißquelle geeignet. Leider ist in den letzten Jahren ein Zweifel entstanden, ob Buchweizen in größeren Mengen gegeben werden kann, da er stark allergieauslösend sein kann, hohe Mengen davon eine Hautirritation auslösen können (Buchweizenkrankheit) und Bitterstoffe enthalten kann, die eventuell die Nährstoffaufnahme behindern. Außerdem kann er mit Stechapfelsamen verunreinigt sein. Die DGE empfiehlt deshalb Buchweizen erst für Babys ab zwölf Monaten, der *Codex Alimentarius international food standards* (CCNFSDU 2006), an dem sich auch die WHO beteiligt, sieht Buchweizen als zulässiges Getreide für Beikostprodukte.[70] Es bleibt also die eigene Entscheidung, wie viel und ob man ihn als Getreidebasis nutzen möchte.
- **Amaranth:** Ein Süßgras, das zu meinen Lieblingen gehört, da es auch alle essenziellen Aminosäuren enthält, was ich später noch zum pflanzlichen Schnitzel eingehend erklären werde. Zudem enthält Amaranth viel Magnesium und Kalzium, Eisen und Vitamine der B-Gruppe. Allerdings ist auch dieses Pseudogetreide nicht zu häufig oder in großen Mengen empfohlen, da es Bitterstoffe enthält, die die Aufnahme von Mineralien, Vitaminen und Proteinen stören könnte. Sie lassen sich zwar durch Schälen, Waschen oder Kochen ausspülen, es muss jedoch erwähnt sein.
- **Quinoa:** Dessen Flocken, gepoppt oder als Beilage wie Reis, ist ebenfalls ein toller Nährstofflieferant. Das Pseudogetreide aus Südamerika enthält ebenso Bitterstoffe wie Saponine, die zu Unverträglichkeiten führen und die Darmschleimhaut reizen können. Im industriellen Prozess werden diese aber bis zu 95 Prozent gereinigt, und es ist wissenschaftlich nicht erwiesen, dass er schadet.

Getreide als ganzes Korn – der Gesundheitswert von Vollkorngetreide

Generell sind der Nährwert- und der Ballaststoffgehalt am höchsten, wenn keine Verarbeitung durch verschiedene Verfahren bis hin zum Auszugsmehl (z. B. Type 405 oder 00 wie in Italien angegeben) stattfindet. Somit ist das volle Korn am nährstoffreichsten (es kann durch das Keimen noch nährstoffreicher gemacht werden).

Gesundheitlich am wenigsten brauchbar sind alle Weißmehlprodukte wie das typische Süßspeisenmehl (Auszugsmehl), Weißbrot oder auch eingefärbtes Schwarzbrot, Brioches, Pizzaböden, weiße Nudeln, weißer Reis, geschältes Getreide.

Vollkorn ist deshalb so gesund, weil es noch alle Ballaststoffe, Protein, B-Vitamine und Zink enthält. Zu den geeignetsten Vollkorngetreiden in der Babyküche gehören alle Vollkornmehle aus Reis, Hafer, Hirse, später auch Roggen, Dinkel und Kamut (in Italien ähnlich „Senatore Cappelli"), Vollkornbrot (wenn schon fertig gekauft), Vollkornpasta (aus Reis, Dinkel, Kamut), gekochtes Getreide wie Vollkornreis, Hirse, Hafer, Gerste und gelegentlich Pseudogetreide Amaranth, Quinoa und Buchweizen.

Weizen ist wegen seines allergischen Potenzials, der schweren Verdaulichkeit und dem Einsatz als Weißmehlprodukt in den meisten Backwaren in den ersten Monaten nicht unbedingt das bevorzugte Getreide. Was in der späteren Beikost gut angeboten werden kann, ist die (biologische) Verarbeitung des Weizens in **Couscous oder Bulgur.** Achte auch hier auf die Vollwertigkeit (Vollkorn-Couscous).

Mögliche Getreideangebote:

- das **Korn als Beilage** oder auch für die Herstellung von **Fingerfood-**Gerichten: Anfänglich empfiehlt sich vor allem Reis, Hirse, Mais (Polentamehl) und Hafer
- später Gerste, Dinkel, Roggen, Emmer (Urkorn), Kamut und Weizen
- verarbeitet als Nudeln (anfänglich glutenfreie Reis-/Erbsen-/Linsennudeln, später Nudeln in allen Getreideformen möglichst in Voll- oder Halbvollkorn)
- verarbeitet als Teig für Pfannkuchen, Gnocchi, Muffins, Knödel

- als Porridge oder als angedickte Suppen
- in Form von Brot und Backwaren, stets mit möglichst hohem Anteil an Vollkorngetreide

HINWEIS

Werden Kinder schon anfänglich mit vollwertiger Ernährung geprägt, hält sich diese Ernährungsweise meist bis ins Erwachsenenalter. Es ist also von großer Bedeutung, wie die erste Babyküche angeboten wird, um die Kinder für eine bewusste Ernährungsweise zu sensibilisieren.

Hochwertige Fette

Fett macht satt und spendet Energie! Vor allem, wenn es auch noch „gute" Fette sind. Grundlegend unterscheidet man bei Fetten gesunde ungesättigte und gesättigte Fettsäuren. Gesättigte Fettsäuren sind meist industriell gehärtete Pflanzenfette wie Kokosfett (nicht Kokosöl!) oder Margarine und tierische Produkte wie Milch, Butter, Schweineschmalz und Fleisch.
Zu den einfach und mehrfach **ungesättigten Fettsäuren** gehören Avocado, Olivenöl, Kokosöl, Lachs, Walnüsse, Leinsamen und Sonnenblumenkerne.[71]

Vor allem aus der Pflanzenreihe eignen sich für die Beikost folgende Fette:

- **Öle:** Leinöl, Rapsöl, Olivenöl und zum Braten Kokosöl
- **Nussmuse:** Mandelmus, Tahini (Achtung bei allergiegeneigten Kindern)
- **gemahlene Nüsse:** Mandeln blanchiert, Pinienkerne, Cashews
- **fettes Obst/Gemüse:** Avocado – eine birnenförmige Butterfrucht, die gute Fette liefert. Sie sollte roh verzehrt werden und ist aufgrund ihrer weichen Konsistenz für die BLW-Beikost besonders geeignet.

Nüsse, Nussmuse und Öle in der Beikostküche

Pflanzliche Fette enthalten einen hohen Gehalt an gesunden, einfach und mehrfach ungesättigten Fettsäuren. Diese werden vom Körper **nicht** selbst hergestellt und müssen daher von außen zugeführt werden. Besonders zum Aufbau der Zellwände und für den gesamten Stoffwechsel sind Fette unerlässlich.
Besonders wertvolle Fette stecken dabei in flüssigen pflanzlichen Ölen, wie in der Grafik auf Seite 149 dargestellt.
Kokosöl hat zwar einen hohen Anteil an gesättigten Fettsäuren, hat aber trotzdem gesundheitlich hilfreiche Eigenschaften.

Allrounder Kokos

Die Kokosnuss ist zwar nicht regional, jedoch fair und biologisch bezogen empfehlenswert, da sie viele wertvolle Inhaltsstoffe hat und sich auch in der Babyküche vielfältig verwenden lässt.

- **Kokoswasser** stammt direkt aus dem Inneren der Kokosnuss und hat viele wertvolle Mineralien, wie Natrium, Magnesium und Kalium und ist reich an Spurenelementen wie Eisen, Jod und Zink. Vor allem in heißen Sommermonaten kann der Mineralienhaushalt bei starkem Schwitzen aufgefüllt werden (auch bei stillenden Müttern!).

- **Kokosöl** hingegen wird aus der ganzen Nuss gepresst und kann als Bratöl, als Butter- und Margarineersatz in Rezepten sowie für die Hautpflege gut genutzt werden!
- **Kokosmus** ist noch hochwertiger, da es nicht nur wie das Öl aus dem Fruchtfleisch gepresst wird, sondern alle Bestandteile des Fruchtfleisches fein vermahlen enthält. Es wird gängig in Desserts verwendet .
- Außerdem gibt es noch **Kokosjoghurt** als gute Alternative zu Kuhmilchjoghurt, **Kokosmilch** ist eine dickliche Milch aus dem Fruchtfleisch und Trinkwasser. Diese sollte keine Zusätze wie Zucker, Konservierungsmittel oder Verdickungsmittel enthalten, also zu 100 Prozent aus Kokosnuss bestehen. Sie wird in Suppen, Gemüsegerichten oder als Ersatz der Kuhmilch in typischen Gerichten wie Milchreis, Grießbrei oder asiatischen Gerichten beigemischt. Sie ist aber wie alle Pflanzendrinks **kein** Ersatz für die Muttermilch oder Formulamilch, auch wenn sie angeblich eine ähnliche Zusammensetzung hat.
- **Kokosflocken** können in Gerichte eingearbeitet werden und sind bei süßlichen Snacks wie Energiebällchen (siehe Rezept S. 239), im Müsli oder in Desserts (Kuchen) beliebt. **Kokosraspeln** sind als BLW-Angebot eher ungeeignet. Sie können erst später ein gesunder Snack für Kinder werden. Trotz des hohen Anteils an gesättigten Fettsäuren hat die Kokosnuss, die botanisch gesehen zu Steinfrüchten gehört, kein Allergiepotenzial.

Achtung vor Trans-Fettsäuren!

Trans-Fettsäuren entstehen beim unvollständigen industriellen Härtungsprozess pflanzlicher Öle (z. B. für Margarine), beim Erhitzen von kalt gepressten Pflanzenölen oder beim zu starken Erhitzen aller Öle (wenn das Öl zu rauchen beginnt, ist es zu heiß und schädlich!)!
Trans-Fettsäuren stehen im Zusammenhang mit dem Risiko für eine Fettstoffwechselstörung (mit erhöhter Triglycerid- sowie Gesamt- und LDL-Cholesterolkonzentration und erniedrigter HDL-Cholesterolkonzentration im Blut). Auch das Risiko für eine koronare Herzkrankheit (KHK) steigt mit einer erhöhten Zufuhr von Trans-Fettsäuren an.[72]

Anbraten sollte man daher nur mit Ölen, die hitzeverträglich sind, wie raffiniertes Rapsöl, Olivenöl oder eben Kokosöl. Es sollte nicht zu heiß werden, ansonsten kommt es zur Rauchentwicklung.

Kalt gepresste Öle sind am gesündesten und hochwertigsten, wenn sie, wie das Wort auch sagt, kalt übers Essen kommen.

HINWEIS

Mehrfach ungesättigte Fette wie Lein-, Hanf-, Walnuss- oder Kürbiskernöl müssen nach dem Öffnen im Kühlschrank gelagert werden, da sie sonst schnell ranzig werden und ranzig riechende Öle müssen entsorgt werden!

Fettzusammensetzung einiger Fette und Öle

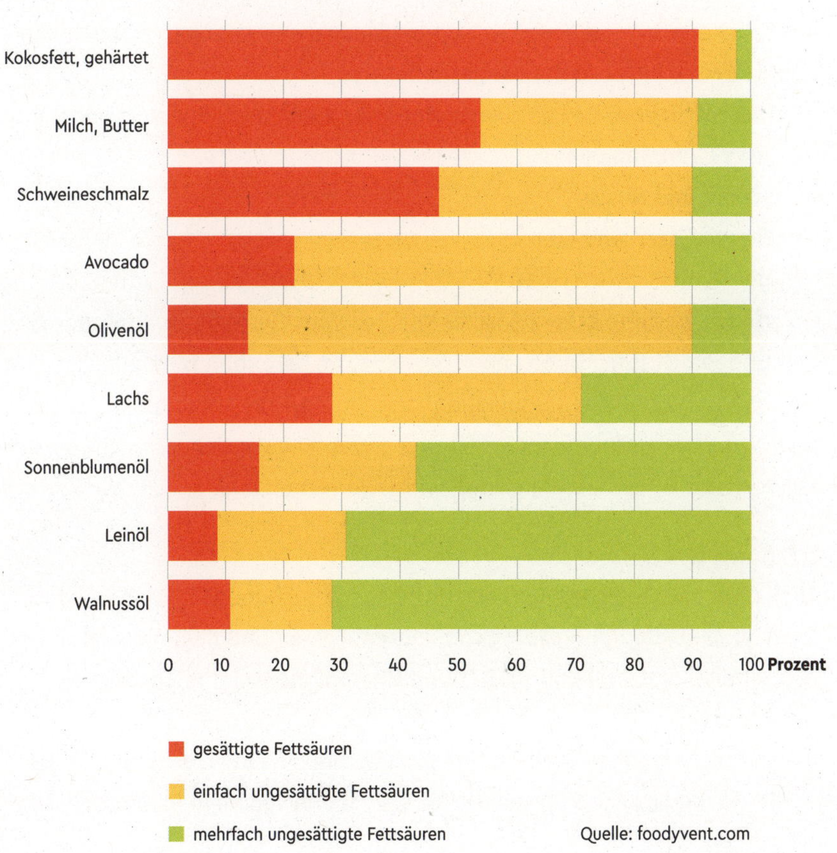

Eiweißquellen

Eiweiße sind **die** Bausteine für den Körper, um Zellen und Gewebe aufzubauen, Enzyme, Hormone und Immunzellen zu bilden, Muskeln aufzubauen, für Blutgerinnungsfaktoren zu sorgen und für viele weitere Aufgaben im Körper zu dienen!

Vor allem Babys und Kinder, aber auch Schwangere und Stillende haben einen erhöhten Bedarf an Eiweißen, die von außen zugeführt werden müssen.

Grundsätzlich braucht es zum Eiweißaufbau 22 Aminosäuren, von denen acht essenziell sind (**müssen** von außen zugeführt werden), die nicht immer in einem Lebensmittel mit hohem Eiweißanteil vorhanden sind. Deshalb sind vor allem für den Eiweißaufbau Lebensmittel zu kombinieren, die den Eiweißaufbau gewährleisten (man nennt dies auch **biologische Wertigkeit).**

Besonders wertvolle Kombinationen, die möglichst in einer Mahlzeit (bzw. innerhalb drei bis vier Stunden Nahrungsaufnahme) vorhanden sein sollten, sind Getreide, Reis und Pseudogetreide mit ...

- **Hülsenfrüchten** und ab dem ersten Lebensjahr auch öfters Sojaerzeugnisse (Tofu, Tempeh)
- **Samen und Nüsse**
- **Fleisch, Fisch und Eier**

Ob pflanzenbasierte oder tierische Kost, es wird Getreide mit Hülsenfrucht, Getreide mit Nüssen/Samen oder Getreide mit tierischen Eiweißquellen wie Fleisch, Fisch als „Superkombination" angeboten.[73] Die Kombination muss übrigens nicht unbedingt in einer Mahlzeit angeboten werden, es reicht, sie am Tag verteilt anzubieten, um die Aufnahme zu verbessern.

ÜBRIGENS

Auch Obst und Gemüse enthalten Protein, so findet man in Holunderbeeren, Datteln, Avocado, Aprikosen, Brombeeren, Feigen und Bananen viel davon, bei Gemüse sind Brokkoli, Spinat und Champignons am reichsten.

Beispielrezepte für die vollwertige Eiweiß- und Eisenversorgung im Buch:

- Pasta mit Linsenbolognese (siehe S. 223) und veganem Parmesan (siehe S. 229)
- Apfelmus (siehe S. 179) mit Flocken und Mandelmus
- Reissticks (siehe S. 203) mit Hülsenfruchtbeilage

- Hackbällchen (siehe S. 214) mit Kartoffelpüree (siehe S. 197)
- Herzhafter Muffinteig (siehe S. 191)
- Veganer Burger, Falafel und andere Proteinrezepte ab S. 210

Tierische Eiweiße haben in dieser Hinsicht einen oft höheren Eiweißgehalt und eine höhere biologische Wertigkeit (besonders Ei, Rindfleisch, Geflügel, Käse, Quark). Jedoch kann auch eine vegan oder vegetarisch lebende Familie durch die Kombination eiweißhaltiger pflanzlicher Lebensmittel locker mithalten. Pflanzlich hochwertige Eiweißquellen sind:

- Getreide wie Hirse, Buchweizen, brauner Reis, später Hafer, Gerste, Weizenkeime
- alle Sorten Linsen, Bohnen und Erbsen
- Samen und Nüsse wie Kürbis, Sonnenblume, Sesam (Tahini), Mandelmus, Hanfsamen, später Cashew
- eiweißreiches Obst wie Avocado, Melone, Orange
- Gemüse wie Spinat, Brokkoli, Kartoffeln, Pilze, Rohnen, Kohlsorten, Tomaten

Hülsenfrüchte als wahre Proteinbomben

Hülsenfrüchte gehören in der vegetarischen oder veganen Lebensweise, aber auch für Mischköstler aus gesundheitlichen Gründen regelmäßig auf den Speiseplan. Sie glänzen mit ...

- einem ausgezeichneten Proteingehalt (vergleichbar mit Fleisch oder Fisch);
- einem hohen Anteil an gesunden Ballaststoffen;
- viel Eisen und der essenziellen Aminosäure Lysin (vor allem Linsen).
- positiven Auswirkungen auf das Risiko für Zivilisationskrankheiten.

Aufgrund der **Konsistenz** sind die meisten Hülsenfrüchte jedoch nicht für BLW geeignet, sondern lassen sich in verarbeiteter Form in die Gerichte integrieren. Auch die **Verdaulichkeit** kann bei Beikostbeginn für die meisten Hülsenfrüchte schwieriger sein, deshalb ist der Beginn mit roten und gelben Linsen (geschält) ratsam. Schwerer verdauliche Sorten wie Kichererbsen und Bohnen können nach gutem Start mit Linsen in den folgenden Monaten öfters integriert werden. Regelmäßig konsumiert wird die Verdaulichkeit immer besser (auch bei Erwachsenen). Dabei helfen in der Zubereitung auch das **Einweichen** (Einweichwasser wegschütten) und **langes Kochen** mit den **Zusätzen** von

Lorbeer, Natron oder einige Scheiben Ingwer. Im Gericht kann der Zusatz von verdauungsfördernden Kräutern wie Kümmel oder Fenchel, Koriander, Majoran, Liebstöckel, Bohnenkraut, Thymian, Rosmarin die Verdaulichkeit noch steigern. Ich persönlich bin ein Fan von Hülsenfrüchten, bereite sie täglich zu und habe auch bemerkt, dass vor allem die regelmäßige Zubereitung die Verdaulichkeit verbessert und Verdauungsprobleme, wie sie gängig beobachtet werden, erst gar nicht entstehen müssen („Jedes Böhnchen gibt ein Tönchen"). Besonders wertvoll in einer vegetarischen oder veganen Ernährung ist auch die hohe **Verfügbarkeit von Eisen –** besonders aus Linsen! 100 Gramm Linsen liefern die gleiche Menge hoch bioverfügbares Eisen wie 100 Gramm Steak.[74] Auch wenn nicht eine komplett tierfreie Ernährung angestrebt wird, kann der regelmäßige Verzehr von Linsen eine fleischfreiere Ernährung wunderbar ermöglichen und trägt zu einer nachhaltigeren und gesünderen Ernährungsweise bei.

Fleischfreie und doch eiweißreiche Rezepte im Buch

- Hummusdip (siehe S. 225)
- Reissticks mit weißen Bohnen (siehe S. 203)
- alle Rezepte mit Kichererbsenmehl
- Kürbis-Linsen-Dip (siehe S. 224)
- Kichererbsenschnitzel (siehe S. 213)
- Bohnenburger (siehe S. 211)
- vegane Hackbällchen (siehe S. 214)
- Quinoataler (siehe S. 219)
- Falafelbällchen (siehe S. 212)
- Linsenbolognese (siehe S. 223)
- Rote-Linsen-Brot (siehe S. 189)

Braucht mein Baby Fleisch?

Nach aktuellen Empfehlungen darf ein Baby ab dem fünften Lebensmonat auch Fleisch erhalten, **muss es aber nicht.** Denn mittlerweile kann auch eine vegetarische oder vegane Ernährung genug Eisen und Eiweiß liefern und durch eisenhaltiges Vollkorngetreide wie Hafer und Hirse ersetzt werden. Vitamin C erleichtert dabei die Aufnahme. Es gibt keine nennenswerten Unterschiede zwischen vegan oder vegetarisch ernährten Kindern und denen mit Mischkost.[75]

Laut aktuellen Ratgebern kann Fleisch wie folgt angeboten werden:

- bis zu fünfmal wöchentlich bevorzugt Rind (eisenhaltiger), Lamm, Schwein und Geflügel
- Fleisch kann auch zweimal wöchentlich durch fettreichen Fisch wie Lachs ausgetauscht werden.
- gebratenes oder gekochtes Fleisch[76]
- Für BLW eignet sich die Pommesform. Babys saugen daran, erhalten zwar nicht so viel Eiweiß, saugen jedoch das Eisen aus dem Saft.
- Breiig püriert kann es auch in Speisen eingearbeitet oder zu Bällchen verarbeitet werden.

Der Fleischkonsum erhöht laut aktuellen Studien nicht wesentlicher den Eisenspiegel als bei pflanzlicher Eisenzufuhr[77] und kann auch noch ethisch sowie gesundheitlich bedacht werden:

- die tierrechtsverletzende Massentierhaltung und präventive Gabe von Medikamenten für die Fleischproduktion
- die klimaschädliche Auswirkung der Fleischproduktion
- die langfristigen gesundheitlichen Risiken im Verzehr von vor allem rotem Fleisch wie Krebs, Diabetes oder Herz-Kreislauf-Erkrankungen
- die Übertragung schädlicher Erreger wie die BMMF in Rindfleisch oder andere Rückstände wie Hormone, Antibiotika und Bakterien
- die Prägung von Ernährungsgewohnheiten und Geschmacksvorlieben, die ein Leben lang über die Vielfältigkeit in der Ernährung entscheiden können

Aufgrund dieser gesundheitlichen, ethischen und nachhaltigen Fakten sind die Rezepte im Buch größtenteils pflanzenbasiert und bedarfsdeckend aufgebaut. Jeder darf selbst entscheiden, ob ergänzend oder austauschend tierische Produkte in die Beikostangebote für das eigene Baby mit einfließen oder nicht.

Quelle: foodyvent.com

Übrigens: Lebensmittel, die ein tolles Aminosäurenprofil enthalten, sogenannte eiweißreiche **Superfoods** sind:

- Avocado, Brokkoli, Spinat, Kartoffeln
- Kokosnuss, Pistazien, Mandeln
- Hanfsamen, Chiasamen, Kürbiskerne
- Quinoa (Achtung, Menge begrenzen!)
- Amaranth (Achtung, Menge begrenzen!)
- Buchweizen (Achtung, Menge begrenzen!)
- Soja, Süßlupine, weiße Bohnen

Sie dürfen vor allem bei einer pflanzenbasierten Ernährung öfter auf den Teller!

Das Ei mit dem Ei

Eier gehören in vielen Haushalten zur Herstellung vieler Gerichte oder auch als Eiweißquelle statt Fleisch und Fisch für Vegetarier gern dazu. Sie enthalten wertvolle Nährstoffe, die ein zu entwickelndes Küken bräuchte. Unter anderem finden sich Vitamine wie Vitamin A, B1, B6, B12, D, E und K, Lecithin, Kalzium, Jod und Eisen darin.

Nennenswert ist aber vor allem der **zu hohe Proteingehalt** im Ei, der Babys Nieren belasten und den Wasserhaushalt auch stören kann. Es ist also Vorsicht bei der Gabe geboten, Babys beziehen das nötige Eiweiß in der mit Milchnahrung begleiteten Beikostzeit in ausreichender Menge aus der Muttermilch oder Formulamilch. Deshalb ist die Gabe von Ei in aktuellen Ratgebern erst ab einem Alter von neun Monaten, manchmal sogar erst ab einem Jahr empfohlen. Wenn es jedoch eingearbeitet in Teigen und Gerichten „verdünnt" wird, ist es bezüglich des Eiweißgehaltes nicht bedenklich. Du solltest die wöchentliche Gabe von ein, zwei Eiern jedoch nicht überschreiten. Wie bei anderen Tierprodukten (besonders Fleisch und Milchprodukten) ist auch bei Eiern das Risiko für spätere Zivilisationskrankheiten wie Diabetes, Bluthochdruck, Herz-Kreislauf-Erkrankungen, Krebsleiden vorhanden, was das Ei als gesundes Lebensmittel dauerhaft infrage stellt.

Was beim Eikonsum sonst noch beachtet werden sollte:

- Das Ei darf aus biologischer Landwirtschaft von nachvollziehbar glücklichen Hühnern stammen. Unter konventionellen Bedingungen ist nicht nur die Eiproduktion der Legehennen ein großes Problem, sondern auch die beigefügten Medikamente und bedenkliche Farbstoffe, um das Eigelb beispielsweise gelber zu machen. Der Farbstoff Canthaxanthin kann in größeren Mengen die Netzhaut schädigen.
- Das Ei sollte stets durchgekocht oder gebraten sein, um das Risiko für eine Salmonelleninfektion zu reduzieren.
- Rohe Eier finden sich zudem oft in Speisen wie selbst gemachter Mayonnaise oder selbst gemachter Sauce Hollandaise (Fertigprodukte sind haltbar gemacht und enthalten kein rohes Ei), Kuchenteig, Waffelteig, Carbonarasoße, Tiramisu.

- Da das Ei zu den starken Allergenen gehört, sollte es im ersten Lebensjahr auch aus diesem Grund vorsichtig verwendet und bei starken Allergiesymptomen (siehe Abschnitt zu Allergie und Prävention, S. 117) natürlich vermieden werden. Wie bei vielen anderen Allergenen kann bei Reaktion darauf aber auch gehofft werden, dass es sich „auswächst" (meist spätestens im Schulalter).
- Eier können durch unterschiedliche Alternativen ersetzt werden.

VEGANER EI-ERSATZ

Veganer Ei-Ersatz in der Küche

Ersatz als Bindemittel (entspricht 1 Ei)	↘ 1 EL Leinsamen/Chiasamen + 3–6 EL Wasser ↘ ½ EL Pfeilwurzelmehl + 3 EL Wasser ↘ 1 EL Kichererbsenmehl + 3–6 EL Wasser ↘ ½ reife Banane ↘ 60 g Apfelmus ↘ fertiger Ei-Ersatz (Achtung, meist ist dies ein Lupinenerzeugnis, das auch potenziell allergen sein kann!)
Geschmack	Kala namak
Farbe	Kurkuma oder Safran, gekochte Karotten
Konsistenz	Aquafaba
Reine Eigerichte	Tofu (Achtung, allergene Neigung!), oder fertige vegane Rührei-/Omelettalternativen

HINWEIS

Die Gerichte im Buch sind eifrei zusammengestellt, es kann aber je nach Bedarf der Ei-Ersatz auch durch Eiern ausgetauscht werden.

Fisch – gesund oder schädlich?

Fisch als Eiweißquelle, aber auch als Lieferant von essenziellen Fettsäuren wie Omega 3 (EPA/DHA) sowie Jod scheint ein wichtiger Bestandteil zu sein, kann aber auch durch ein hochwertiges Mikroalgenöl, ein hochwertiges und schadstofffreies Fischöl (siehe Bezugsadresse im Anhang) sowie Meeresalgen gedeckt werden (dazu mehr im Abschnitt „Fette", S. 144). Die extreme **Überfischung,** aber auch die Kontamination von Meeresfischen mit **Schwermetallen** macht den Fischkonsum besonders bedenklich. Als Eiweißquelle stehen die bereits besprochenen Eiweiße zur Verfügung.

Zukünftig kann **zellbasierter und 3-D-gedruckter** Fisch eine gute Alternative darstellen, ohne Belastungen, Umweltschäden und Tierrechtsverletzungen.

Fische aus nachhaltigen Aquakulturen tragen zwar auch noch zu einer negativen Ökobilanz bei, sind aber frei von Schadstoffen und medikamentösen Belastungen. Man findet sie in gut sortierten Bioläden. Tiefkühlware ist dem

frischen Fischkauf vorzuziehen – aufgrund der langen Transportwege von frischem Fisch und des durch lange Lagerung entstehenden Histamins.
Da auch Fisch zu den starken Allergenen gehört, sollte er mit Vorsicht eingeführt werden. Zeigt das Baby schon eine allergische Neigung gegenüber gewissen Lebensmitteln, sollten auch Fisch und Meeresfrüchte nur achtsam probiert werden.

Wird dem Baby Fisch gegeben, sollte es fetter Seefisch sein. Folgende Fischsorten kommen infrage:

- Lachs
- Seelachs
- Makrele
- Saibling
- Kabeljau
- Scholle
- Forelle

Andere Fischsorten, aber vor allem große Meeresfische, sind aufgrund der Schwermetall- und Toxinbelastung nicht empfohlen. Dazu gehören Thunfisch, Barsch, Hecht, Heilbutt, Seeteufel, Steinbeißer, Rotbarsch, Blauleng, Bonito, Aal, Stör, Haifisch, Grenadierfisch, Schwertfisch, Speerfisch, Rochen, Zander.

Tofu und Sojaerzeugnisse

Tofu als Eiweißquelle bzw. alle Erzeugnisse aus Soja werden hier noch einmal gesondert beschrieben. Die Sojabohne, aus dem auch Tofu und andere pflanzliche Milch-, Joghurt-, Käse- und Fleischalternativen produziert werden, enthält sogenannte **Isoflavone – Phytoöstrogene,** die dem weiblichen Hormon Östrogen ähneln. Sie können an manchen Östrogen-Rezeptoren andocken und ähnliche Wirkungen wie das körpereigene Hormon erzeugen. Dies führt zur Annahme, Männern könnten Brüste wachsen, was mit „normalem" Konsum **jedoch nicht vorkommt** und auch vielfach widerlegt wurde. Hier empfehle ich auch die gut ausgearbeiteten Erkenntnisse von Niko Rittenau, einem bekannten Ernährungswissenschaftler, der Bücher wie „Vegan-Klischee ade" oder andere spezifische Beiträge zu diesem Thema erstellt hat und Sojaprodukte sogar als gesundheitlich vorteilhaft nachweist.[78]

Wie Phytohormone auf Babys und Kleinkinder wirken, ist bis dato nicht vollständig untersucht, jedoch weisen Untersuchungen darauf hin, dass diese die Produktion der Sexualhormone beeinflussen könnten. Aus diesem Grund wird von vielen Institutionen der Konsum von Tofu und Sojaprodukten im ersten Lebensjahr nicht empfohlen.

Soja gehört auch zu den Hauptallergenen, weshalb ein vorsichtiger Umgang automatisch empfohlen ist. Generell gilt für den Konsum von Sojaprodukten, dass diese **aus biologischer, europäischer Landwirtschaft** stammen sollten, um Gesundheit und Klima zu schützen und die Qualität des Sojaproduktes aus gentechnikfreiem Saatgut zu erhalten.

Lange bekannt ist, dass der weltweite Sojaanbau für die Abholzung der Regenwälder im Amazonas mitverantwortlich ist und außerdem Sojabohnen genetisch verändert werden. Dies betrifft zu 80 bis 98 Prozent den Sojaanbau für die **Tiernahrung.** Die tatsächliche Produktion von Sojaprodukten für Menschen macht lediglich zwei Prozent aus.[79]

Die Entscheidung, Sojaprodukte zu verabreichen, ist wie bei allen anderen Lebensmitteln jedem selbst überlassen. Als pflanzenbasierte Alternative zu Sojadrink, -joghurt, -sahne oder Tofu gibt es mittlerweile auch andere Ersatzerzeugnisse aus Getreide oder anderen Hülsenfrüchten wie Kichererbsen, Erbsen, Nüssen wie Mandelfeta, Mandeljoghurt oder auch Kokos wie Kokosmilch und Kokosjoghurt, Reis- oder Hafersahne, Cashewkäse.

Wie viel Eiweiß sollte das Baby im Tagesverlauf erhalten?

Dazu habe ich die Richtlinien der österreichischen Gesellschaft für Kinder und Jugendheilkunde betrachtet, die vor allem die besorgniserregende Entwicklung von Übergewicht und ernährungsbedingte Erkrankungen reduzieren möchten: Für vier bis sechs und sechs bis zwölf Monate alte Säuglinge werden etwa **10 Gramm Protein pro Tag** empfohlen. Das entspricht beispielsweise etwa 80 Gramm Haferflocken oder 100 Gramm Kidneybohnen.

Den Gehalt an Protein in verschiedenen Lebensmitteln kann man in der folgenden Tabelle erkennen:

Menge an Protein in Gramm pro 100 Gramm Lebensmittel

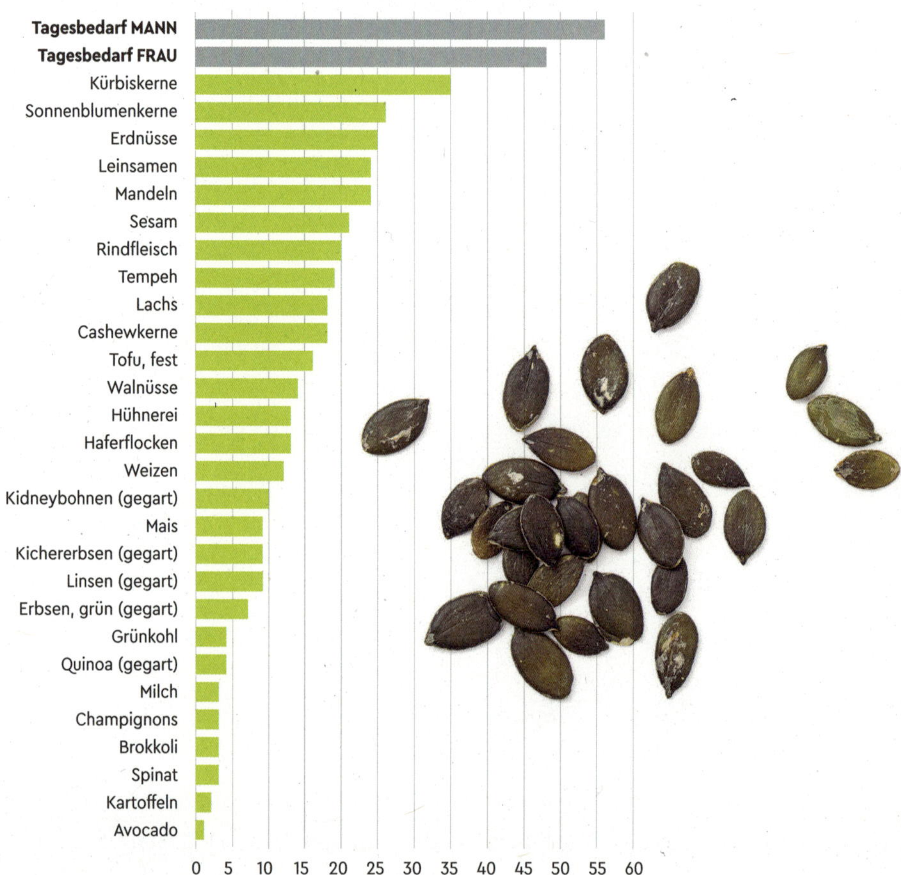

Das Protein-Energie-Verhältnis im Lebensmittel sollte mindestens 1 g/100 kcal betragen, um den Proteinbedarf ausreichend zu decken.[80] Um eine übermäßige Nierenbelastung und Dehydratation zu vermeiden, sollte das Protein-Energie-Verhältnis unterhalb von 3,2 g/100 kcal bleiben.[81]

In einer europäischen Studie mit 1138 gesunden Säuglingen konnte gezeigt werden, dass ein hoher **Proteingehalt von Formulanahrungen (vor allem Folgemilch)** mit einem **erhöhten Gewicht** in den ersten zwei Jahren zusammenhängt.[82] Vergleichbares passiert auch mit Babys und Kleinkindern, die in den ersten Lebensjahren Milchprodukte erhalten. Mehr dazu im Kapitel „Milchprodukte für Babys" (siehe S. 112). Ein geringer Proteingehalt von Formulanahrungen (Pre-Nahrung) bzw. Muttermilch wirkt sich positiv auf die Gesundheit aus.[83] Zu Formulanahrungen auch mehr im Kapitel „Begleitendes Stillen und Flaschennahrung" (siehe S. 85).

Spezielle Nährstoffe decken

Im Laufe der Monate haben Babys für manche Nährstoffe einen höheren Bedarf, der mit einigen Lebensmitteln oder natürlichen Nahrungsergänzungen gedeckt werden kann ...

Eisen

Eisen gehört zu den lebensnotwendigen Spurenelementen und gewährleistet, in roten Blutkörperchen eingebaut, den Transport von Sauerstoff im Körper. Ein Eisenmangel macht sich deshalb durch blassen Gesichtsausdruck, Müdigkeit oder Infektanfälligkeit bemerkbar.

In der Schwangerschaft dockt das Baby noch an Mutters Reserven an und sorgt dafür, dass noch Monate nach der Geburt die Eisenversorgung gedeckt ist. Auch das spätere Abnabeln nach der Geburt füllt die Eisenreserven um ein Drittel auf. Dann erfolgt die Eisenaufnahme durch die Muttermilch oder Kunstmilch und ist bis zum ersten Lebensjahr mit Einführung der Beikost recht stabil. Voraussetzung dafür ist:

- das Baby wurde nicht zu früh geboren (Eisenmangel durch fehlende Reserven, die es in den letzten Wochen noch von der Mutter holt)
- Eisenmangel der Mutter bereits in der Schwangerschaft und Stillzeit

Der Mythos, Babys hätten schon ab Beikostbeginn eine Mangelsituation und müssten mit besonders rotem Fleisch gefüttert werden, ist bei termingerechter Säuglingszeit, in der das Baby gut mit Eisen versorgt wird, hinfällig, auch wenn die Bioverfügbarkeit mit Fleisch besser ist als mit pflanzlichen Eisenquellen (siehe Tabelle).

Eine gute Versorgung von Eisen in der Beikostzeit wird gewährleistet durch:

- Hämeisen (aus Fleisch)
- Hülsenfrüchte wie roten Linsen, Bohnen, Kichererbsen, Sojabohnen, Erbsen
- Hafer, auch Haferflocken oder Hafermehl, und andere Getreidesorten
- Hirse, Quinoa und Amaranth
- Nüsse, Sesam, Leinsamen und Kürbiskerne (gemahlen)

Tierische und pflanzliche Eisenquellen

Tierische Quellen Bioverfügbarkeit ca. 20 %	**Eisengehalt** (in mg Fe) per 100 g	**Pflanzliche Quellen** Bioverfügbarkeit ca. 5 %	**Eisengehalt** (in mg Fe) per 100 g
Leber (Schwein oder Kalb)	18,0	Weizenkleie	16,0
Bündner-Fleisch	9,8	Sesamsamen	14,6
Muscheln	5,8	Sojabohnen	9,7
Eigelb	5,5	Linsen	8,0
Rindsfilet	2,3	weiße Bohnen	7,0
Forelle	2,0	getrocknete Aprikosen	5,2
Truthahn	2,0	Spinat	2,7
Huhn	0,7	Vollkornbrot	2,4
		grüne Bohnen	1,0

(Quelle: paediatrieschweiz.ch)

Auch mit BLW werden diesbezüglich Bedenken geäußert, da Babys an Fleischstücken nur saugen und wenig Masse davon wirklich aufnehmen. Allerdings ist der Großteil des Eisens im Fleischsaft enthalten, welchen das Baby heraussaugen kann. Fleischhaltige Breis führen deshalb NICHT zu einer höheren Eisenreserve, wie lange vermutet wurde.[84]
Um die Aufnahme von Eisen im Körper zu erhöhen, hilft es außerdem, eisenreiche Lebensmittel mit Vitamin C, beispielsweise aus Zitrusfrüchten, Äpfeln oder roter Paprika zu kombinieren.

Eisenquellen für Vegetarier

Auch die vollwertige Ernährung mit Vollkornprodukten hat für die Eisenaufnahme Vorteile: Das meiste Eisen ist in der Hülle des Korns, die nur in Vollkornprodukten erhalten bleiben.

Omega-3- und Omega-6-Fettsäuren

Omega 3 ist in aller Munde. Es ist nicht nur eine gesunde entzündungshemmende Fettsäure, die als Vorstufe von Botenstoffen und Gewebshormonen dienen, sondern werden Müttern schon in der Schwangerschaft empfohlen, um einer Frühgeburtsbestrebung vorzubeugen.[85]

Außerdem wird Omega 3 auch in Zusammenhang mit der Entwicklung des Gehirns und der Sehkraft in Verbindung gebracht. Omega 3 erhält das Baby über die Nabelschnur bzw. später auch über die Muttermilch oder eine angereicherte Kunstmilch.

Die beiden wichtigsten Vertreter der Omega-3-Fettsäuren sind DHA und EPA, die als Vorstufe ALA (alpha-Linolensäure) in pflanzlichen Ölen wie Leinöl, Hanföl, Rapsöl, Weizenkeimöl, Walnussöl enthalten ist, sowie direkt als EPA und DHA in fettreichen Kaltwasserfischen (Hering, Makrele, Lachs, Sardine, Thunfisch) und Krill (arktische Kleinstkrebse).

Bei Meeresfischen wird zunehmend die Bedenklichkeit der Gesundheit diskutiert, aufgrund hoher Schwermetall- und Mikroplastikbelastung.[86]
Möchte sich die Familie vegan oder vegetarisch ernähren, ist es durchaus möglich, die positiven Wirkungen mit Pflanzenölen zu decken, auch wenn die Omega-Fettsäuren in tierischen Lebensmitteln schneller zugänglich (ohne im Körper noch umgewandelt zu werden) und angereicherter zu finden sind.[87]
Es ist jedoch empfehlenswert, zur schnellen und effizienten Bedarfsdeckung hochwertiges Algenöl zu integrieren.
Für eine ausreichende Versorgung braucht ein Baby etwa 10 g täglich von pflanzlichem Omega 3 durch Hanfsamen, Leinöl oder Rapsöl.

Der erhöhte Nährstoffbedarf von Frauen währen der Schwangerschaft und Stillzeit

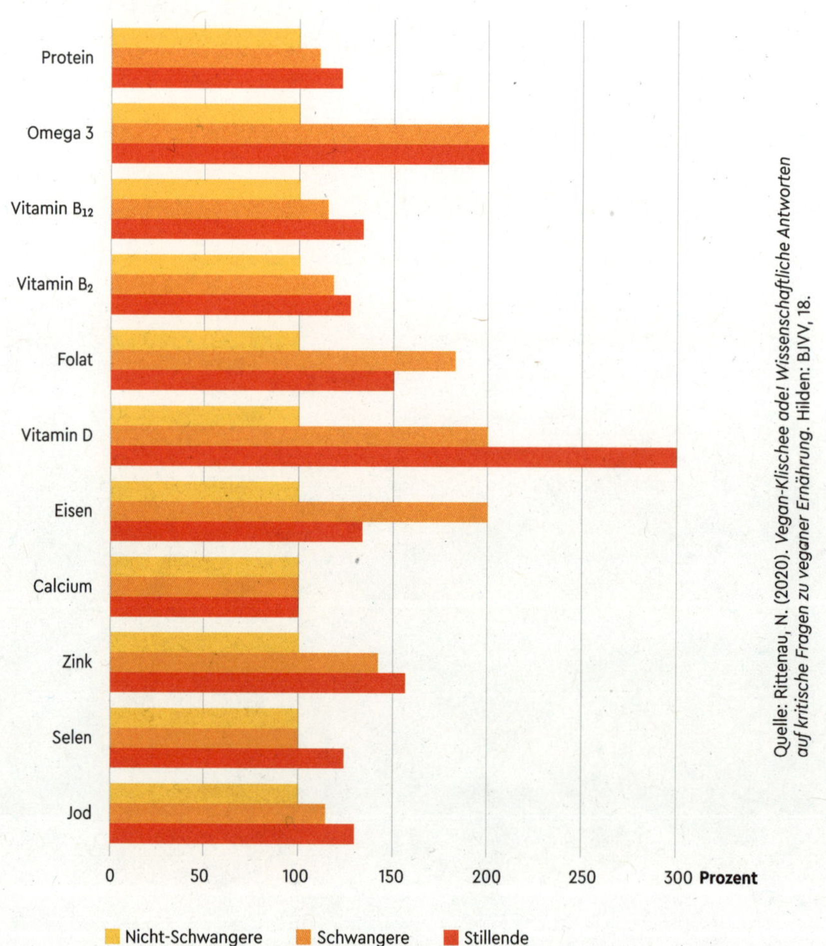

Quelle: Rittenau, N. (2020). *Vegan-Klischee ade! Wissenschaftliche Antworten auf kritische Fragen zu veganer Ernährung.* Hilden: BJVV, 18.

Für Schwangere oder Stillende ist eine gute Omega-3-Versorgung ebenso sinnvoll, da der Bedarf erhöht ist (siehe Tabelle) und für das Baby vom Körper der Mutter gezogen wird.

Omega 6 ist eine Fettsäure, die im Verhältnis zu Omega 3 niedrig bleiben sollte, um Entzündungsneigungen zu verhindern. Leider ist die heutige Ernährung sehr Omega-6-lastig, daher wird ein besonderes Augenmerk auf die Aufnahme von Omega 3 gesetzt.

Grundsätzlich sollte das Verhältnis zwischen Omega 3 und Omega 6 in Ölen und Fetten mindestens 1 : 5 (Omega 3 : Omega 6) betragen, was vor allem in Lein-, Raps-, Walnuss- oder Hanföl gewährleistet wird. „Schlechte" Vertreter sind Öle und Fette wie Sonnenblumen-, Maiskeim- und Distelöl. Nachfolgend eine Tabelle dazu.

Verhältnis Omega-3- zu Omega-6-Fettsäuren: Speiseöle

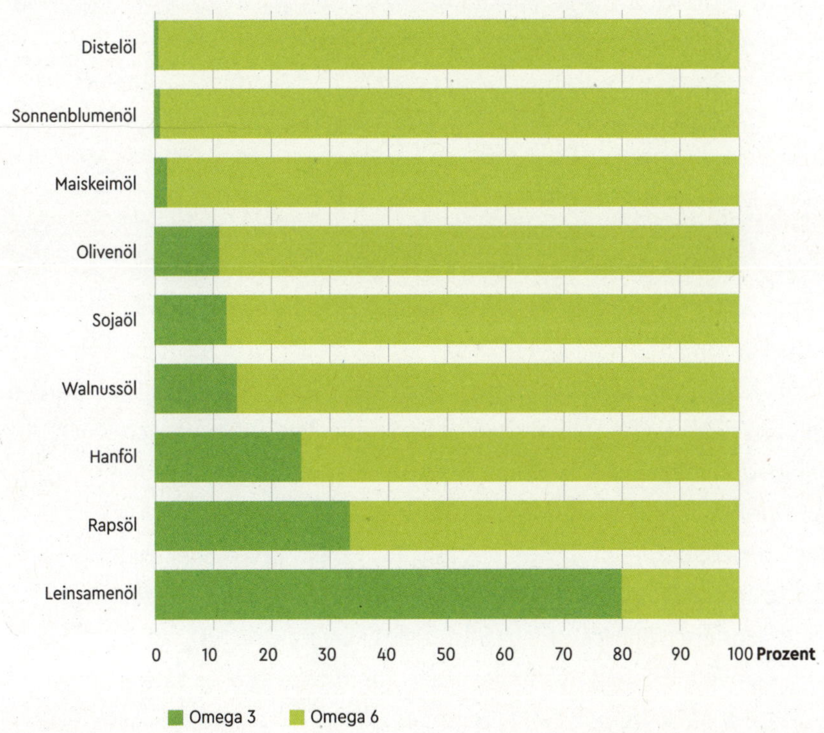

Quelle: behappy-lifestyle.com

Für die erste Babyküche eignen sich besonders Lein- und Rapsöl, zum Anbraten gerne Kokosöl (z. B. für Pfannkuchen, Bratlinge, Bällchen, Sticks), zum Anreichern auch das Omega-9-haltige Olivenöl.

Um die Omega-3-Versorgung in der Beikostzeit optimal zu gewährleisten, sind **Mikroalgenöl oder Fischöl** die besten Quellen. Die Bezugsadresse für ein hochwertiges, schadstoffarmes und nachhaltiges Öl zur optimalen Versorgung findest du im Anhang. Am wirkungsvollsten ist eine direkte Gabe des Öls. Die Ölzufuhr in Kapseln ist weder für Babys (Verschluckungsgefahr!) noch für die Mutter empfohlen, da Menge und Qualität nicht gewährleistet ist.

Auch wenn noch einige Studien die positive Wirkung von Omega 3 bestätigen müssen, vermutet man mittlerweile viele weitere positive Auswirkungen des Genusses dieser Öle, auch für Erwachsene:

- Herz- und Gefäßsystem werden unterstützt
- Normalisierung des Cholesterinspiegels
- Entwicklung und Erhaltung von Gehirnfunktionen
- Potenzial bei symptomatischer Behandlung von ADHS bei Kindern
- Abschwächung chronisch entzündlicher Krankheiten[88]

Kalzium

Kalzium ist mengenmäßig der wichtigste Mineralstoff im menschlichen Körper und wichtigster Baustein von Knochen und Zähnen, ist bei der Blutgerinnung beteiligt und in den Muskeln für die Weiterleitung von Nervensignalen. Obwohl Kuhmilch und dessen Produkte als **die** Kalziumquelle definiert werden, gibt es noch einige andere Quellen in der täglichen vollwertigen Ernährung für Babys, Kinder und Familien:

- grünes Gemüse wie Grünkohl, Brokkoli, Fenchel, Petersilie
- Sesam, besonders als weißes Tahini in Hummusdips oder als Topping, zum Wälzen von Stangen und Bällchen, als herzhafter Brotaufstrich
- Leinsamen (in Müsli, Riegel, Brot, als Ei-Ersatz)
- Mandeln (besonders Mandelmus in Porridge, als Käseersatz auf Pizza, Lasagne, in Desserts und Eiscremes, als Topping ...), Haselnüsse, Walnüsse oder Cashews
- Trockenfrüchte wie Feigen, Rosinen, Aprikosen (in Broten, Müslis, Bällchen)

KALZIUM-QUELLEN

- Hülsenfrüchte wie Kichererbsen (Hummus, Getreide-Hülsenfrucht-Stange, Falafel, Kichererbsenschnitzel, alle Rezepte mit Kichererbsenmehl)
- mit Kalzium angereicherte Pflanzendrinks, die täglich in Teigen, Porridge, pur zum Trinken, für Béchamel, Desserts verwendet werden kann
- kalziumreiches nitratarmes Mineralwasser (unter 20 mg/l)
- **Muttermilch oder Formulamilch!**

Jod

Jod gehört zu den Mineralstoffen, die sich sehr förderlich für die Entwicklung des Kindes und dessen Stoffwechselfunktionen erweisen.
Um einer eventuellen Mangelernährung der Bevölkerung vorzubeugen, werden seit den 1980er-Jahren Lebensmittel systematisch mit Jod angereichert (jodiertes Speisesalz) oder erhalten durch die Verarbeitung Jod, so beispielsweise Fleisch, Wurst oder Brot.

Da im ersten Lebensjahr kein Salz verabreicht wird und viel selbst gekocht sowie gegebenenfalls auch eine vegetarische Ernährung bevorzugt wird, sind die Quellen aus Seefisch, Brokkoli, **Algen (Nori-Flocken) oder Algenöl** möglich.

Magnesium

Ebenso ist Magnesium ein essenzieller Nährstoff zum Erhalt von gesunden Knochen. Es ist besonders in Nüssen, Hülsenfrüchten, Vollkornprodukten oder auch in Bananen oder Himbeeren enthalten.
Auch für die stillende Mutter ist eine gute Mineralstoffversorgung zum Erhalt ihrer Gesundheit empfehlenswert.[89] Eine natürliche Magnesiumquelle für die Mutter ist beispielsweise die **Sango-Koralle,** eine geriebene Koralle mit einem Verhältnis von 2:1 aus Kalzium und Magnesium. Es unterstützt die Knochen- und Muskelfunktion sowie den Energiestoffwechsel und die Nervenkraft.

Zink

Zink ist ein weiteres Spurenelement und muss mit der Ernährung aufgenommen werden, da es der Körper nicht selbst herstellt. Es ist Bestandteil von mehr als 300 Enzymen im Körper und spielt deshalb auch in fast allen Lebensvorgängen eine Rolle. Bekannt ist Zink vor allem für seine Aufgaben bei der körpereigenen Abwehr. Es ist unerlässlich für die Entwicklung, Reifung und Funktion des Immunsystems. Aber auch bei der Zellteilung und Zellerneuerung hat Zink eine wichtige Funktion und ist damit essenziell für ein gesundes Wachstum.
Gute Zinkquellen sind tierische Lebensmittel aber auch pflanzliche Bomben wie **Kürbiskerne** (in Brot gemixt, Pesto, Kürbissuppe mit Kürbiskernöl), **Haferflocken** (Porridge, Müslistangen, Brot, Bohnenburger, Muffins, Haferdrink), **Amaranth,** Mohnsamen, Sonnenblumenkerne, Leinsamen, Linsen und Cashewkerne.
Einweichen, Garen oder der Verzehr mit Säurehaltigem hilft außerdem bei der Aufnahme von Zink aus Vollkorngetreide und Hülsenfrüchten.

Vitamine

Vitamine tragen wesentlich zur längerfristigen Gesundheit und einer normalen Funktion des Immunsystems bei. Eine generell **bunte, frische und saisonale Küche** sorgt grundlegend für eine gute Vitaminversorgung des Babys und der Familie. Zu den einzelnen Vitaminen ...

Vitamin A

Dieses Vitamin kommt als Beta-Carotin in einigen Obst- und vielen Gemüsesorten wie Karotten, Kürbis, Grünkohl, Spinat und Aprikosen vor (**orange und grüne Sorten!).** Da es ein fettlösliches Vitamin ist, wird zu einer Aufnahme in Kombination mit Fetten wie Pflanzenölen oder Nussmus geraten.

B-Vitamine

B-Vitamine wie B1, B2, B3, B5, B6, B7, B9 und B12 halten den Stoffwechsel und das Nervensystem in Schwung. Sie sorgen dafür, dass die Organe den nötigen Kraftstoff bekommen. Die Vitamine der B-Gruppe unterscheiden sich chemisch wie auch in ihrer Wirkung und können leider nur begrenzt (Vitamin B3 und Vitamin B12) vom Körper gespeichert werden. Sie sind wasserlöslich und werden wieder ausgeschieden. Daher ist die regelmäßige Aufnahme über die Nahrung wichtig. Sie kommen besonders vor in:

- Schalen und Keimen von Getreide
- Hefeflocken
- Hülsenfrüchten und Nüssen
- Brokkoli, Spargel, Spinat und Pilzen
- Milchprodukten, Eiern, Fleisch und Fisch

Vitamin C

Vitamin C ist ein Alleskönner unter den Vitaminen. Es ist ein wichtiger Bestandteil der Immunzellen und sorgt für ein funktionstüchtiges Immunsystem. Außerdem fördert es die Aufnahme und Verwertung von Eisen aus pflanzlichen Lebensmitteln.

Besonders Vitamin-C-reich sind **Paprika,** Schwarze Johannisbeere, Sanddorn(-Saft), Petersilie, Grünkohl, Brokkoli, Fenchel, Zitrusfrüchte oder Hagebutten(-Pulver).

Vitamin D

Vitamin D, als das Sonnenvitamin bezeichnet, kann durch ausreichende Sonneneinstrahlung (in den Sommermonaten mindestens zehn Minuten, im Winter mindestens eine Stunde mit frei liegenden Händchen und Gesicht) über die Haut produziert werden und findet sich auch in Algen- oder Fischöl, Milch und Ei sowie in Pilzen. Zur Sicherheit wird Babys die Vitamin-D-Supplementierung ab der Geburt und dringlicherweise zwischen Oktober bis April empfohlen.

Für einen effizienten Einbau von Kalzium in die Knochen ist außerdem die ausreichende Versorgung mit Vitamin K zu bedenken. Ein Mangel an Vitamin D kann in schlimmen Fällen zu Rachitis führen und insgesamt den Kalzium- und Phosphatstoffwechsel stören.

Vitamin E

Vitamin E ist fettlöslich und kann dadurch gut in die Haut eindringen und dort gespeichert werden. Es schützt die Körperzellen vor schädlichen Einflüssen, beispielsweise vor aggressiven Sauerstoffverbindungen (freie Radikale). Diese können durch Entzündungen, Stress, UV-Strahlung oder Umweltgifte entstehen und unsere Zellen schädigen.

Gute Quelle für Vitamin E ist in erster Linie **pflanzliches Fett.** Nüsse, Samen, Butter und Eier enthalten ebenfalls Vitamin E, wenn auch in geringeren Mengen.

Superfood-Toppings als natürliche Träger zahlreicher Vitamine, essenzieller Fettsäuren und Mineralstoffe

Diese natürlichen Nahrungsergänzungen enthalten konzentrierte Nährstoffe, die in höheren Mengen gebraucht werden oder wo sich leicht(er) eine Mangelsituation entwickeln kann. Folgende Lebensmittel empfehle ich gerne zur natürlichen Anreicherung ...

Hefeflocken

Auch als Nährhefe bekannt, sie wird aus einzelligen Hefepilzen hergestellt, die auf ein Nährmedium wachsen. Beim Trocknen wird die Hefe inaktiviert, wodurch in den fertigen Hefeflocken keine lebenden Pilzzellen mehr enthalten sind. Die Vitalstoffe der Hefe jedoch bleiben größtenteils erhalten, da die beim Trocknungsprozess eingesetzten hohen Temperaturen nur kurz bestehen.[90] Sie enthalten konzentrierte Vitamine, besonders aus der **Vitamin-B-Gruppe**, die oft in Zusammenhang mit Immunsystemschwäche und Müdigkeit in Verbindung gebracht werden. Sie stärken durch den hohen Anteil an Vitamin B1, Vitamin B2 und Vitamin B6, Pantothen sowie Folsäure die Hormonbildung, beeinflussen die Durchblutung, tragen zum gesunden Stoffwechsel bei, zur Blutneubildung und zur normalen Funktion der Nerven. Zudem enthalten sie Spurenelemente, Mineralstoffe und Eiweiß in Form von leicht verwertbaren Aminosäuren.[91]

Auf Melasse gezüchtete Hefeflocken sind glutenfrei und können vor allem Babys im ersten Lebensjahr angeboten werden. Sie schmecken leicht nussig und käsig und können deshalb auch super als veganer Parmesanersatz und in Rezepten, die käsige Alternativen enthalten, eingearbeitet werden. Dazu mehr im Rezept „Veganer Parmesan“ (siehe S. 233).

Die Mahlzeiten können damit zwei- bis dreimal wöchentlich angereichert werden.

Glutenfreie Hefeflocken

Nori-Flocken

Diese besonderen Meeresalgen enthalten hochwertiges Eiweiß, Vitamine und Ballaststoffe. Besonders wertvoll ist der hohe Gehalt an Mineralstoffen wie Kalzium, Magnesium, Kalium, Silizium, Selen, Zink und vor allem **Jod.** Da oft in Gemüse und Obst nicht mehr ausreichende Mineralstoffe enthalten sind (ausgelaugte Anbauböden) und Nährstoffe wie Jod aus Salz oder Fischen im ersten Lebensjahr nicht ausreichend angeboten werden können, ist eine Anreicherung sinnvoll und schmackhaft! Sie werden wie Petersilie oder Schnittlauch über jegliche Hauptmahlzeiten (außer Frühstück) gestreut. Sie haben einen leicht fischigen Geschmack und dürfen zwecks Jodgehalt nicht überdosiert werden (½ TL 2 x pro Woche).

Hanfsamen

Diese Supersamen enthalten unglaublich viele Spurenelemente wie **Eisen,** Kalium, Kalzium, Magnesium, aber auch alle essenziellen Aminosäuren für den **Eiweißaufbau,** zudem viel Omega 3 als essenzielle Fettsäure und sättigende Ballaststoffe, wodurch es sie als Anreicherung ideal macht. Auch sie werden übers Essen gestreut, 1 TL zwischendurch bzw. abwechselnd mit anderen Toppings auf den Gerichten.

Weizenkeime

Weizenkeime sind eigentlich ein Abfallprodukt aus der Mehlherstellung, jedoch protzt dieses heimische Superfood ähnlich der Nährstoffe von Avocado mit B-Vitaminen, Vitamin E, Provitamin A, Provitamin D2, Vitamin K und Ballaststoffen. Etwa eine Messerspitze (1 Msp.) der feinen Keimlinge können als Topping über das Gericht gestreut werden – abwechselnd mit anderen Toppings.

Leinöl, Rapsöl, Hanföl

Nicht nur als sättigende Anreicherung, sondern vor allem durch ihr wertvolles Verhältnis von **Omega 3 zu Omega 6** sind die „Superöle" als Topping zu empfehlen. Wichtig ist allerdings ihre Qualität – sie sollten möglichst biologisch, in schonender Kaltpressung, hergestellt sein und nicht ranzig riechen. Nach dem Öffnen und Anwenden schnell den Deckel wieder schließen, damit so wenig wie möglich Sauerstoffkontakt mit dem Öl in der Flasche besteht. Die

Lagerung muss nach dem Öffnen des Öls im Kühlschrank erfolgen, und es sollte innerhalb weniger Wochen verbraucht werden. Durch die hohe Anfälligkeit der Superöle kannst du abwechselnd immer ein Öl zu Hause haben, um der Lebensmittelverschwendung entgegenzuwirken.

Gewürze und Kräuter

Gewürze haben es in der Beikostküche schwer, denn es wird ihnen nachgesagt, dass sie für das Baby nicht geeignet wären. Dabei machen sie Gerichte oft zu dem, was das Gericht als Lieblingsgericht ausmacht (Erinnerung: Das Baby kennt die Geschmacksnuancen schon aus dem Mutterbauch und evtl. der Stillmilch). Bei sehr scharfen Gewürzen kann man anfänglich ein wenig Abstand halten, etwa scharfe Chili, Cayennepfeffer, scharfes Paprikapulver, scharfes Currypulver. Alle anderen Gewürze sind in mäßiger Form jedoch gut geeignet und runden das Gericht geschmacklich ab. Außerdem sind die Gerichte auch meist besser verträglich und enthalten wertvolle Vitamine und Mineralstoffe, die die Aufnahme von anderen Nährstoffen aus der Nahrung erleichtern.

Ideale Gewürze und Kräuter für die Babygerichte

- frische Kräuter wie Petersilie, Schnittlauch, Basilikum, Oregano, Rosmarin, Thymian
- Kreuzkümmel, Kümmel für vor allem Hülsenfruchtgerichte
- Pfeffer (wenig), Dill
- Kurkuma, gelbes Currypulver für orientalische Gerichte
- Zimt, Vanillepulver, Nelkenknospen für süße Gerichte
- Koriander, Muskatnuss und Kardamom gemahlen
- Knoblauch- und Zwiebelpulver (vor allem in anfänglichen Rezepten und für Kinder, die alles eklig empfinden)
- Shiitake-Pulver (enthält sehr hochwertige Eiweiße, Eisen, Phosphor, Zink, Kalium und Kalzium und macht das Gericht sehr schmackhaft)

Und was ist mit Salz?

Salz als zusätzliches Gewürz ist für Babys nicht empfohlen. Der Körper braucht Natriumchlorid, was aber in ausreichender Menge in Obst, Gemüse, Muttermilch und Formulamilch enthalten ist. Auch Erwachsene bräuchten kein zusätzliches Salz, wir nutzen es lediglich als Geschmacksverstärker. In der Praxis ist

Gemüse und Maissticks mit Kürbis-Linsen-Püree, Rapsöl und Petersilie fein als Topping

eine rein salzfreie Ernährung utopisch, denn es ist so gut wie überall bereits enthalten (in Fertiggerichten, Backwaren, Käse usw.). Die empfohlene Tagesmenge wird weltweit täglich überschritten. Referenzwerte der DGE:

- Babys bis zwölf Monaten: ein Gramm Salz pro Tag
- Kleinkinder zwischen ein und drei Jahren: zwei Gramm Salz pro Tag
- Jugendliche und Erwachsene: sechs Gramm Salz pro Tag

Wie das Anreichern und Würzen mit allen Nährstoffen in der Praxis aussieht, erfährst du im Rezeptteil (siehe ab S. 177).

Zusätzliche Ergänzung bei veganer oder vegetarischer Lebensweise

Wie bereits im Kapitel „Vegan, vegetarisch oder Mischköstler" (siehe S. 103) beschrieben, ist bei veganer oder vegetarischer Ernährung ein besonderes Augenmerk auf folgende Versorgung zu setzen:

- abwechslungsreiche und **vollwertige** Lebensmittel
- ausreichende Zufuhr an **Nahrungsenergie**
- höhere **Proteinzufuhr** als bei mischköstlich ernährten Kindern (wegen der geringeren biologischen Wertigkeit des pflanzlichen Proteins)
- sichere Versorgung mit den besonders bei veganer Ernährung kritischen Nährstoffen **Kalzium, Eisen, Zink, Jod, Vitamin B2, Vitamin D, langkettige Omega-3-Fettsäuren (DHA) sowie Vitamin B12**[92] (siehe Kapitel „Optimal versorgt", S. 139)

Neben den im Buch vorgeschlagenen angereicherten Rezepten ist eine zwingende Einnahme von **Vitamin B12** und für alle Babys auch **Vitamin D** in Tropfenform notwendig.

Natürliche Nahrungsergänzungen für Babys – zur Versorgung kritischer Nährstoffe: von links Vitamin B12, Vitamin D, Melasse-Hefeflocken sowie Nori-Flocken

RICHTIG MITESSEN – REZEPTE FÜR DEN „GROSSEN" BEIKOSTHUNGER

Es geht nun endlich los mit den Rezepten für den größeren Beikosthunger! Die folgenden Beikostangebote und Rezepte sind nun kaloriendichter sowie bedarfsdeckend für dein Baby im ersten Lebensjahr. Um unnötiges Extrakochen zu vermeiden, dürfen die meisten Rezepte an gängige Alltagsgerichte angepasst werden, damit alle Familienmitglieder damit glücklich sind und die Babygerichte auch mit wenig Abweichung auf den ganz normalen Familientisch kommen.

In diesem Rezeptteil findest du vor allem:

- Basics, die gebrauchsfertig lagernd sein sollten
- Grundrezepte für Teige
- Grundrezepte für „Pommes" und Bällchen
- Grundrezepte für richtige Proteinbeilagen
- Grundrezepte für Soßen, Dips und Aufstriche zum Abrunden der Babyangebote
- Rezeptklassiker im Alltag – Frühstücksideen, für unterwegs, Hauptmahlzeitenteller, Betthupferl und Desserts

Die Rezepte sind mit einer ungefähren Mengenangabe (in Babyportionen) und einem Symbol ausgestattet, das den (vor allem zeitlichen) Aufwand angibt:

- ◔ minimaler Aufwand
- ◑ geringer Aufwand
- ◕ mittlerer Aufwand
- ● großer Aufwand

Basics: tägliche Helferchen

Diese Basics helfen in der täglichen Routine, schnell tolle, vollwertige Gerichte zu zaubern! In größeren Mengen zubereitet, können sie auch durch Tieffrieren oder Einkochen haltbar gemacht werden, um so die Notfalltage zu überbrücken.

APFELMUS

Apfelmus ist nicht nur eine gute Obstbasis als Zwischenmahlzeit, sondern lässt sich in viele Gerichte als Ei-Ersatz oder zum Süßen einarbeiten. Dafür kann man eine größere Menge herstellen, in Gefrierformen einfrieren und portionsweise verwenden. Es hält sich aber auch einige Tage im Kühlschrank, und selbst größere Mengen werden in einigen Tagen aufgebraucht!
Zur Erinnerung: Gekochtes Apfelmus fördert die Verdauung und kann bei Neigung zu Verstopfung als tägliches Frühstück oder Zwischenmahlzeit angeboten werden!

12 Portionen 

Zutaten

750 g Äpfel, geschält, in gröbere Würfel geschnitten
200 ml Wasser
1 Msp. Vanillepulver
½ Zitrone, Saft

Zubereitung

- Die klein geschnittenen Äpfel in einem Topf mit den restlichen Zutaten erhitzen und bei kleiner Hitze und einem Deckel (wasserlösliche Vitamine entkommen sonst!) etwa 15 Minuten dünsten.
- Anschließend mit dem Kochwasser fein mixen, heiß in ausgekochte Schraubgläser füllen und gut verschließen.
- **Thermomix:** Apfelmus
- So ist es im Kühlschrank einige Tage und im Tiefkühler einige Monate haltbar.

- **Beim Einfrieren:** Das in Formen gegossene Apfelmus lässt sich nach dem Hartwerden gut herauslösen und in Gefrierbeuteln weiter einfrieren. So kann man die Gefrierform für andere Basiszutaten bereitstellen.
- **Zero waste:** Die Apfelschalen können als gesunder Snack geknabbert werden, für hungrige Geschwisterkinder oder als Vitaminfrischekick für die Eltern!

GEFRORENE BANANEN

Ein weiteres Obst lässt sich für einige Gerichte vielfältig nutzen und konservieren, um es schnell verfügbar zu machen. Die Banane ist ein perfekter Begleiter für Grundrezepte im Brot, als Ei-Ersatz, als Süßungsmittel oder zur Herstellung von Desserts – vor allem für gesundes Eis! Ich habe von diesen Lieblingen immer mindestens eine Box voll im Tiefkühler lagernd, um schnell gesunde Süßspeisen zu zaubern!

Rezepte im Buch sind beispielsweise:

- Bananenbrot
- Glutenfreie Pancakes
- Babys Müslistangen
- Beste Dessertcreme (Eis)

Zutaten

2 reife Bananen

Zubereitung

- Bananen in etwa 2 cm breite Stücke brechen und in vorbereitete Boxen geben.

- Für Rezepte mit frischen Bananen die Bananen einige Stunden vor dem Kochen aus dem Tiefkühler nehmen. Dabei werden sie leicht bräunlich, was dem Genuss aber nichts zu Leide tut!
- **Zero waste:** Die Einfriermethode ist auch eine wunderbare Art, dem Verfall neigende, reife Bananen noch eine zweite Chance zu geben und so der Lebensmittelverschwendung entgegenzuwirken!

GEMÜSEMUS

Gemüsemuse eignen sich hervorragend als Suppengrundlage oder für das Aufwerten von teigigen Gerichten wie:

- Gemüsepancakes
- Brotrezepten
- Waffeln, Spatzeln, Knödeln, Gnocchi oder Pizza (Süßkartoffelpizza)
- gemüsehaltigen Getreidesticks und -bällchen
- Nudelsoßen (als Grundzutat)
- Getreidebeilagen (zum schnellen Anreichern)

Es empfiehlt sich auch hier, eine größere Menge herzustellen, um längerfristig Zeit zu sparen!

10 Portionen 

Zutaten

500 g von einem Gemüse (Karotten, Zucchini, Kürbis, Süßkartoffel, Fenchel, Brokkoli, Blumenkohl, Pastinake)
300 ml Kochwasser

Zubereitung

- Gemüse waschen, ggf. schälen (wenn nicht biologisch oder nicht anders möglich, wie bei Kürbis) und in kleine Würfel schneiden.
- Mit dem Wasser in einen Topf geben und je nach Gemüsesorte weich dünsten. Am Ende das Gemüse mit dem verbliebenen Kochwasser (wasserlösliche Vitamine sind darin enthalten!) fein mixen.
- In Eiswürfelformen oder größere Gefrierformen füllen und einfrieren.
- Sie halten bis zu 6 Monate im Tiefkühlfach und einige Tage im Kühlschrank!
- **Thermomix:** Einstellung für jeweiliges Gemüse wählen, z. B. Karottenmus.

TIPP

- Die Thermomix-Herstellung dieser Gemüsemuse ist besonders empfehlenswert und zeitsparend!

SALZFREIE GEMÜSEBRÜHPASTE

Diese Grundpaste kann in vielen Soßen, Suppen, Gemüsegerichten, Eintöpfen zum Würzen statt Salz verwendet werden. Sie macht die Gerichte herzhaft und intensiviert den Geschmack! Aufgrund des salzfreien Rezepts muss die Paste im Tiefkühlschrank haltbar gemacht werden.

10 Portionen 

Zutaten

1 gelbe Zwiebel
200 g Selleriewurzel
100 g Karotten
1 Stange Lauch
3 Knoblauchzehen
2 TL Petersilienpulver oder 1 Handvoll frische Petersilie, fein gehackt
2 EL Liebstöckel
1 TL Pfeffer
1 EL Shiitake-Pulver
3 Lorbeerblätter
5 EL Olivenöl
4 Wacholderbeeren

Zubereitung

- Zwiebel, Selleriewurzel, Karotten, Lauch und Knoblauch klein schneiden und mit allen anderen Gewürzen im Mixer klein häckseln.
- Die Masse in Eiswürfelformen umfüllen und gefrieren.
- Aus den Formen nehmen und in einer Box im Tiefkühlfach lagern.
- Für den Gebrauch einen tiefgefrorenen Würfel herausnehmen und im bereits heißen Kochtopf mitköcheln, bis er sich aufgelöst hat.
- **Thermomix:** Gewürzpaste für Gemüsebrühe (ohne Salz und Sojasoße)

SCHNELLER PFLANZENDRINK

Milchersatz als Bestandteil in einigen Rezepten lässt sich ganz schnell zaubern, ohne das Öffnen eines Tetrapacks notwendig zu machen. Dabei spart man viel Müll und Geld! Ich verwende die Pflanzendrinks für:

- Porridge am Morgen oder Frühstücksmuffins
- schnelle Milchalternativen
- Brot- und Teigrezepte
- Béchamel für Lasagne oder zum Überbacken
- Desserts

Sollten die Pflanzendrinks ausschließlich selbst gemacht werden, muss jedoch beachtet werden, genügend Kalzium aus anderen Lebensmitteln zuzuführen (siehe Kapitel „Optimal versorgt", S. 139).

MEIN TIPP

Die Sango-Koralle, erhältlich als geriebenes Pulver, ist eine direkte, gute und natürliche Kalzium- und Magnesiumquelle und kann auch gelegentlich dem Trinkwasser beigemischt werden.

500 ml 

Zutaten
500 ml Wasser
1 geh. EL Mandelmus

Zubereitung

- Wasser in den Mixer geben, Mandelmus dazugeben und einmal kräftig durchmixen!
- Den Pflanzendrink gleich wie Kuhmilch weiterverwenden.

TIPP

- Es gibt mittlerweile Pflanzendrinkpulver im Handel, mit denen im Nu Pflanzendrinks angemischt werden können! Hierfür 1 EL des Pulvers mit 200 ml Wasser anrühren und weiterverwenden.

Grundrezepte Kohlenhydrate

Babys und Kinder sind regelrechte Kohlenhydratjäger! Wenn folgende Brote und Teigwaren lagernd sind, haben Eltern und Babys einen entspannten Alltag und immer einen variierbaren greifbaren Snack zur Hand!

SUPERFOOD-MEHLE

Superfood-Mehle sind reich an Nährstoffen und peppen gängige Brotrezepte, ohne Geschmack oder Konsistenz wesentlich zu verändern. Damit tricksen wir auch Gesundheitsmuffel aus, die nicht viel mit vollwertigen Zutaten in Gerichten anfangen können!

Die Mehle sollten jedoch nicht mehr als zehn Prozent des Grundteiges ausmachen.

Zu den Superfood-Mehlen gehören Lein-, Linsen-, Kichererbsen-, Mandel-, Braunhirse-, seltener Quinoa-, Amaranth-, Buchweizen- und Hanfmehl.

BABYS ERSTES BROT

glutenfrei, hefefrei, eisenreich, omega-3-reich

Dieses leicht süßlich schmeckende Brot eignet sich wunderbar für alle Situationen mit Brotzeit: von Frühstücksbrot über Zwischensnacks bis hin zur Beilage für Suppen oder als Kohlenhydratbeilage für Gemüse- und Proteingerichte.

1 Kastenform 

Zutaten

200 g Vollkornnaturreis, gemahlen
200 g Hirse, gemahlen (oder abwechselnd Braunhirse, Teff oder Hirseflocken)
20 g Flohsamenschalen
30 g Maisstärke
10 g Leinmehl oder Leinsamen, geschrotet
2 TL Backpulver
1 TL Apfelessig
700 ml Wasser

Zubereitung

- Naturreis, Hirse, Flohsamenschalen, Maisstärke, Leinmehl, Backpulver und Apfelessig vermischen.
- Das Wasser hinzugeben und alles zu einem Teig verarbeiten.
- Die Masse in eine ausgefettete Backform geben, ein feuchtes Tuch darüberlegen und 15 Minuten gehen lassen.
- Im kalten Backofen bei 200 Grad Ober- und Unterhitze etwa 60 Minuten backen.
- Das Brot hält sich etwa 3–4 Tage und lässt sich in Stücke geschnitten auch vorrätig einfrieren.

- Je nach Alter des Kindes können beliebig Kerne wie Sonnenblumenkerne, Kürbiskerne, Chia- oder Leinsamen, Sesamsamen oder eine kleine Menge geraspeltes Gemüse wie Karotten, Zucchini, Kürbis für eine herzhafte Anreicherung hinzugefügt werden.
- Auch andere Superfood-Mehle wie im Kasten links dargestellt lassen sich alternativ zu 10 Prozent (20–30 g) beifügen und machen das Brot dadurch noch reichhaltiger.

BANANENBROT – DER HAMMER!

Dieses Brot ist ein toller Energielieferant; Banane ist reich an Kalium (unentbehrlich für Muskeln, Nerven und das Herz), Magnesium und Vitamin B6 (für den Eiweißstoffwechsel). Außerdem können übrig gebliebene Bananen so schnell noch verarbeitet werden!

1 Kastenform 

Zutaten

4 reife Bananen
⅓ Tasse Kokosöl
1 Tasse Dinkelvollkornmehl
1 Tasse Dinkelmehl Type 630
2 TL Backpulver
1 TL Vanillepulver
⅓ Tasse Pflanzendrink

Zubereitung

- Bananen in einer Schüssel zerdrücken, Kokosöl beifügen und in die Bananen einarbeiten.
- Mehle, Backpulver und Vanillepulver zugeben und alles kurz vermischen. Am Ende den Pflanzendrink zugeben.
- Die Masse in eine mit Kokosöl eingefettete Brotform geben und bei 180 Grad Umluft 50–60 Minuten backen.
- Das Brot 5 Minuten abkühlen lassen, dann erst aus der Form nehmen.
- Es hält sich etwa 4 Tage – besser im Kühlschrank, als ganzer Brotlaib eingefroren auch bis zu 7 Monate und in Scheiben eingefroren 2 Monate.

EISENREICHES HAFERBROT

eisenreich, Vollkorn, omega-3-haltig

1 Kastenform 

Zutaten

500 ml lauwarmes Wasser
42 g frische Hefe oder 9 g Trockenhefe (1 Pkg.)
1 EL Apfelmus
350 g Haferflocken, gemahlen, oder Hafermehl
200 g Dinkelvollkornmehl
2 EL Leinsamen
evtl. 1 EL Brotgewürz
2 EL Olivenöl

Zubereitung

- Lauwarmes Wasser in eine große Schüssel füllen und die Hefe darin auflösen.
- Erst das Apfelmus, dann die restlichen Zutaten hinzugeben und zu einem Teig verrühren. Bei Zimmertemperatur zugedeckt 60 Minuten gehen lassen.
- In eine gefettete Backform geben oder auf einer Backmatte/einem Backpapier kleinere Brötchen formen und bei 200 Grad Ober- und Unterhitze den Brotlaib 60 Minuten bzw. die Brötchen 30 Minuten backen.

PROTEINBOMBE ROTE-LINSEN-BROT

sehr eisenhaltig, hohe Proteinquelle, glutenfrei, hefefrei

1 Kastenform 

Zutaten

400 g rotes Linsenmehl oder trockene Linsen, mit dem Hochleistungsmixer zermahlen
2 EL Flohsamenschalen, gemahlen
evtl. 2 TL Gewürze (Koriander, Kümmelpulver oder Brotgewürz)
evtl. 2 EL Samen, zerstoßen (z. B. Sesam)
2 TL Backpulver
4 EL Leinsamen, geschrotet
400 ml Wasser

Zubereitung

- Den Ofen auf 175 Grad Ober- und Unterhitze vorheizen und die Kastenform mit Kokosöl einfetten.
- Alle trockenen Zutaten vermischen, das Wasser hinzugeben und alles zu einem Teig verkneten.
- In die vorbereitete Kastenform gießen, 10 Minuten quellen lassen und anschließend etwa 60 Minuten backen.

PANCAKES

Pancakes sind sehr beliebt, bei kochenden Eltern und Babys, Kleinkindern und Kindern. Auch als schnelles Brot bezeichnet, haben sie eine tolle Konsistenz für das BLW und lassen sich warm wie auch abgekühlt unterwegs genießen! Der Grundteig kann glutenfrei oder glutenhaltig sein und darf mit süßen oder herzhaften Aufstrichen belegt werden. Den klassischen Ahornsirup für das Topping solltest du im ersten Lebensjahr des Babys vermeiden und danach auch nur tröpfchenweise verwenden. Grund dafür: Zucker, der nicht sein muss!

10 Portionen 

Zutaten glutenfreies Grundrezept

150 g Reisvollkornmehl
50 g Maisstärke
50 g Polentamehl
2 TL Backpulver
250 ml Pflanzendrink (aus Hafer, Reis oder Mandeln)

Zutaten glutenhaltiges Grundrezept

100 g Dinkelvollkornmehl
100 g Dinkelmehl Type 630
2 TL Backpulver
250 ml Pflanzendrink (aus Hafer, Reis oder Mandeln)

Zubereitung

- Die Zutaten in einer Schüssel vermischen.
- Für die süße Variante kann hinzugegeben werden: 80 g Obstmus – am besten Apfelmus oder zerquetschte Banane.
- Für die herzhafte Variante kann hinzugegeben werden: 80 g Gemüsemus wie Kürbis, Karotten, Süßkartoffeln, Zucchini, Brokkoli, Rohnen.
- In der Pfanne 1 EL Öl erhitzen und den Teig esslöffelweise in runder Pancakeform verteilen, jeweils auf beiden Seiten goldgelb braten.
- Nach dem Braten auf ein Schneidebrett legen und auskühlen lassen. Dann mit einem Messer Fingerfood-Stücke schneiden und sie mit einem süßen oder herzhaften Dip anrichten (siehe Rezeptbeispiele).
- Für größere Babys mit besseren Fingerfertigkeiten kann man die Pancakes auch ganz lassen und sie diese direkt verzehren lassen!

GLUTENFREIER PIZZATEIG

Pizzateige sind schon im Babyalter ein Hit, vor allem, weil alle in der Familie gerne Pizza essen! Grund genug, die Pizza an Babys Küche anzupassen.

1 Backblech 

Zutaten

200 g Süßkartoffeln, gekocht und zerstampft
30 g Reisvollkornmehl
1 g Maisstärke
1 EL Olivenöl
2 TL Backpulver

Zubereitung

- Die Zutaten miteinander vermengen.
- Den Teig ein wenig ruhen lassen und anschließend ausrollen und weiterverarbeiten.
- Im Ofen bei 200 Grad Ober- und Unterhitze 15–20 Minuten backen.

Tipp

- Aus dem Teig können auch Pizzastangen als Fingerfood geformt werden. Dafür können dem Teig Tomatenmark und Oregano, nach Belieben Pesto, Gemüse- oder Mandelmus hinzugefügt werden.

HERZHAFTER MUFFINTEIG

Das Zubereiten von Muffins ist eine beliebte Kochmethode für Mütter, da sie recht schnell gehen und die Form auch für Babys gut geeignet ist! Sie können für die Palmarphase halbiert und für die Pinzettenphase auch in Stücke geschnitten oder als Ganzes angeboten werden.

12 mittlere Muffins 

Zutaten Grundteig

6 EL Rapsöl oder anderes Pflanzenöl
250 ml Pflanzendrink (Reis, Hafer oder Mandel)
150 g Dinkelvollkornmehl
200 g Dinkelmehl Type 630
2 EL Kichererbsenmehl mit 4 EL Wasser verquirlt
1 TL Backpulver

Zusätzliche Zutaten je nach Variation

Karottenmuffins:
2 Karotten, geraspelt

Zucchinimuffins:
1 Zucchini, geraspelt

Peperoni-Oliven-Muffins:
1 Peperoni (mittelgroß), in kleine Würfel geschnitten
5 Oliven, entsteint, in kleine Stücke geschnitten

Pizza-Muffins:
getrocknete Tomaten in Öl
Oregano
evtl. Kapern
veganer Parmesan (siehe S. 233)

Brokkolimuffins:
4 Röschen Brokkoli, in kleine Stücke zerteilt und gekocht

Muffins mit Gemüsemus:
je nach Belieben (Kürbis-, Süßkartoffel-, Spinatmus usw.)

Zubereitung

- Den Ofen auf 180 Grad Ober- und Unterhitze vorheizen und die Muffinformen einfetten.
- Für den Teig Rapsöl und Pflanzendrink samt den Zutaten je nach Variation vermischen.
- Mehle, Natron und Dattelzucker in einer Schüssel vermischen. Die Öl-Drink-Mischung hinzugeben und schnell in die Muffinformen gießen.
- 25–30 Minuten backen.

GETREIDE UND PSEUDOGETREIDE

körnige Getreidegrundlagen wie Reis, Hirse, Gerste, Quinoa, Amaranth, Buchweizen

Für die tägliche Kohlenhydratgrundlage empfiehlt sich das Vorkochen von einzelnen Getreidearten, um sie bei Bedarf schnell verfügbar zu haben. Dabei muss das Getreide mit Schale wie Vollkornreis, Hirse, Gerste, Dinkel, Quinoa, Buchweizen oder Amaranth sowie alle Hülsenfrüchte außer gelbe und rote Linsen einige Stunden in genügend Wasser eingeweicht werden, um die schwer verdaulichen Stoffe in der Schale zu lösen und die Kochdauer zu verkürzen.

4 Portionen 

Zutaten

1 Tasse Getreide deiner Wahl
4 Tassen Wasser

Zubereitung

- Getreide oder Hülsenfrüchte in einer Schüssel mit Wasser einweichen und einige Stunden oder über Nacht zugedeckt liegen lassen.
- Vor dem Kochen das Einweichwasser abgießen und die Körner bzw. Samen gut durchspülen.
- Dann in einem Topf mit ausreichend Wasser (Faustregel: Das Wasser sollte mindestens einen Fingerbreit über dem Getreide liegen) zum Kochen bringen und ausreichend kochen.
- Getreide bzw. Hülsenfrüchte mit Gerichten servieren (siehe folgende Rezeptideen) oder bis zu 2 Tage im Kühlschrank lagern.

Tipps

- Vollkorngetreide und Hülsenfrüchte werden noch verträglicher, wenn du beim Kochen 1 TL Natron, ein paar Ingwerscheiben oder 1 Lorbeerblatt hinzugibst.
- Hülsenfrüchte werden auch gern mit Kümmel, Kreuzkümmel, Fenchel oder Anis gewürzt, um die Verdauung zu unterstützen und Blähungen entgegenzuwirken.
- Auch ein begleitender Tee aus Anis, Fenchel und Kümmel kann die Verdauung unterstützen.

COUSCOUS, POLENTA UND BULGUR

Couscous: Für diese bereits vorgekochte fertige Getreidebeilage reicht es, sie mit kochendem Wasser zu übergießen und zugedeckt einige Minuten stehen zu lassen. Ein Schuss Olivenöl miteingerührt macht das beliebte Getreide nicht so klebrig. Du kannst den Couscous mit einer Gabel auflockern und daraus sehr gut herzhafte oder süße Bällchen formen!

Herzhafte Couscousbällchen **S. 209**

Süße Couscousbällchen

Bulgur: Bulgur lässt sich mit reichlich Wasser schnell gar kochen. Es sollte in kochendem Wasser eingerührt 10 Minuten zugedeckt köcheln. Dann vom Herd nehmen und weitere 5 Minuten quellen lassen. Auch hier eignet sich ein Esslöffel Olivenöl zum Verfeinern.

Polenta: Maisgrieß ist eines der beliebtesten Kohlenhydrate für Babys, besonders in der ersten Beikostzeit, und lässt sich in vielen Rezepten einbauen:

- Polentabrei, süß und herzhaft
- Polentaschnitten
- überbackene Polenta
- Polentapizza

4 Portionen 

Zutaten
1 Tasse Polenta
500 ml Wasser

Zubereitung

- Polenta in reichlich kochendes Wasser einrühren und mit einem Schneebesen laufend weiterrühren, Hitze auf die niedrigste Stufe zurückdrehen.
- Nach und nach kann noch Wasser hinzugegeben werden, was die Konsistenz der Polenta noch cremiger macht. Nach 10–20 Minuten ist die Polenta fertig und kann noch mit einem Schuss Öl verfeinert werden.
- Für die cremigen Gerichte empfiehlt sich das schnelle Anrichten am Tisch, weil die Polenta relativ schnell hart wird. Für Rezepte mit fester Polenta reicht es, sie abkühlen zu lassen, damit sie schnittfest wird.
- Sie hält sich einige Tage im Kühlschrank und ist eine wunderbare Grundlage für variierende Gerichte mehrerer Tage!

- Du kannst nach Belieben statt Wasser auch Pflanzendrink unterrühren.

NUDELN FÜR DEN BEIKOSTSTART

Nudeln sind schnell gekocht und werden meist zur Lieblingsspeise der Kinder. Warum das so ist? Ich weiß es nicht. Jedenfalls lassen sie sich auch für die Beikost gut in den Speiseplan integrieren.

In den ersten Monaten (und auch gerne darüber hinaus) sollten sie glutenfrei sein, nach Möglichkeit auch immer in Vollkorn (vollwertig) oder zumindest in Halbvollkorn. Sobald man auf „weiße" (Weißmehl-)Nudeln wechselt, lehnen Kinder gern die vollwertige Variante ab. Sie sollten lange gekocht („al dente", also bissfest erst für Kleinkinder über ein Jahr) werden, damit sie für BLW geeignet sind.

Glutenfreie Nudeln bestehen meist aus Reis, Buchweizen, Kichererbsen, roten Linsen, Erbsen, Mais, Hanf, Hirse oder aus Pseudogetreide wie Amaranth , Quinoa (sie werden immer mit anderem glutenfreien Getreide gemischt).

2 Portionen 

Zutaten Grundrezept

1 Tasse glutenfreie Nudeln
1 kl. Topf Wasser

Zubereitung

- Die Nudeln in ungesalzenem, kochendem Wasser nach Packungsangabe (oder länger) weich kochen und abseihen.
- In eine beliebige Soße geben (die ggf. schon aufgetaut bereitstehen kann) und mit einem nährhaften Topping wie Hanfsamen, Weizenkeimen, Hefeflocken, Gomasio oder einem selbst gemachten veganen Parmesan bestreuen und mit Öl beträufeln.

TIPP

- Ich spare mir die Nudelgerichte immer für die „Notfalltage", an denen ich keine Zeit zum Kochen hatte oder mein Mann kochen muss.

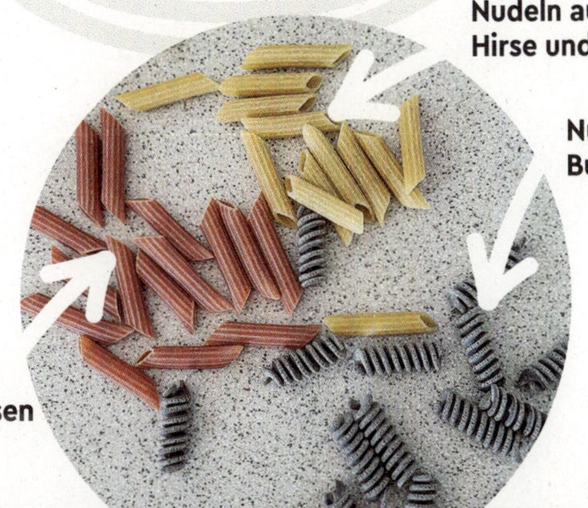

Nudeln aus Reis, Hirse und Amaranth

Nudeln aus Buchweizen

Nudeln aus Linsen

KARTOFFELN

Kartoffeln sind als Kohlenhydratbasis sehr vielseitig und nahrhaft. Sie sind reich an Eiweiß, Kalium, Magnesium und Eisen sowie vitaminreich an B1, B2 und C. Leider ist im Babyalter der Verzehr der Schale nicht geeignet (Konsistenz) und muss auf später verschoben werden. Auch sollte auf eine pestizidfreie Qualität der Kartoffeln geachtet werden (Bio oder vom Bauern deines Vertrauens). Für breiige Gerichte eignen sich mehlige Kartoffelsorten:

- Kartoffelpüree
- Kartoffelpuffer
- Gnocchi (Achtung, für BLW evtl. zu schlüpfrig!) oder Kartoffelbällchen
- Kroketten

Für andere Gerichte ist die festkochende Kartoffel von Vorteil:

- Geröstel
- Kartoffelspalten als Fingerfood
- Pellkartoffeln

WICHTIG

Die bei Kindern beliebten Kartoffelgnocchi und Spatzlen sind für die BLW-Küche nicht sehr geeignet, da sie als Ganzes sehr schlüpfrig sind und die Erstickungsgefahr dadurch erhöhen.

ZUBEREITUNG FÜR MEAL PREP

Feste Kartoffeln: Die Kartoffeln gründlich waschen und in reichlich Wasser 30–40 Minuten kochen. Sie halten zur Weiterverarbeitung im Kühlschrank etwa 3 Tage.

Weiche Kartoffeln: Für die breiige Zubereitung Kartoffeln schälen, in Würfel schneiden, in reichlich Kochwasser etwa 30 Minuten gar kochen und abseihen.

Ofenkartoffeln: Kartoffeln werden ebenfalls geschält, in Spalten geschnitten und mit ein wenig Olivenöl bespritzt im Backofen bei 200 Grad Ober- und Unterhitze etwa 30 Minuten gebacken. Ich füge den Ofenkartoffeln für das Aroma gerne eine Prise klein geschnittenen Rosmarin hinzu.

KARTOFFELSTAMPF UND -PÜREE

Die Kombination aus einem sehr weichen Angebot und etwas zum richtigen Greifen ist für Babys sehr wertvoll, denn sie können sich aussuchen, was ihnen „gut gefällt". Kartoffeln in Pommesspalten eignen sich wunderbar für BLW. Trauen sich Eltern nicht ans Fingerfood oder mag das Baby festere Stücke nicht, so kann man ihm mit Fingern oder dem Löffel „helfen", breiige oder zermatschte Stücke in den Mund zu bekommen.

3–4 Portionen 

Zutaten

200 g Kartoffeln oder Süßkartoffeln (variierend auch mit einem kleinen Teil Kürbis, Topinambur, Pastinake oder anderes cremiges Gemüse)
1 Prise Salz
1 Prise Pfeffer
1 EL Öl
50 ml Reis- oder Mandeldrink

Zubereitung

- **Stampf:** Die Kartoffeln in reichlich Wasser dünsten und abgießen. Die restlichen Zutaten hinzugeben und mit dem Mixstab pürieren oder mit dem Kartoffelstampfer stampfen, bis eine cremige Konsistenz entsteht.
- **Püree:** Für die feinere Püreevariante können noch mehr Reisdrink oder andere Pflanzendrinks hinzugegeben werden.
- **Bällchen:** gekochte Kartoffeln zerstampfen und mit ein wenig Mehl kneten, zu Bällchen formen und nochmal ins Kochwasser geben, bis sie oben schwimmen.

BLW/Fingerfood

Die beliebtesten Sticks

Sobald Babys selbst nach dem Essen greifen, können gedünstete oder rohe Gemüsestäbchen gereicht werden. Diese werden in der Größe deines Zeigefingers geschnitten.

Dafür eignet sich der berühmte Wellenschneider oder das Einschneiden des Gemüsestücks für einen besseren Griff. Ebenso kann die Schale von Bananen oder anderen Früchten beim Greifen einen besseren Halt geben.

ROHE GEMÜSE- ODER OBSTSTICKS

Die meisten Gemüsesorten werden weich gedünstet (nicht zu weich) oder gebacken angeboten. Zum Lutschen ist aber auch Rohkostgemüse geeignet. In allen Fällen ist höchste Achtsamkeit und Präsenz vonseiten des Essensbegleiters empfohlen:

- Gurke (geschält), Peperoni, Avocado, Orange (ohne weiße Schale), Karotte (anfänglich zum Lutschen), Fenchel (Saft wird herausgesaugt), Kohlrabi, Wassermelone, Zuckermelone, Datteln!

STICKS zum Greifen – eine Freude für alle!

GEMÜSEPFANNE FÜR FINGERFOOD

Anfangs solltest du deinem Baby täglich zwei bis vier Gemüsesorten anbieten. Dieses Rezept ist ein gutes Beispiel. Die Gemüsepfanne lässt sich natürlich für die ganze Familie als Gemüsebeilage anrichten, wichtig dabei: Vor dem Salzen oder anderweitigen Verarbeiten die gedünsteten Gemüsesticks fürs Baby auf die Seite geben.
Sollte eine große Menge übrig bleiben oder möchtest du auf Vorrat kochen, so wäre das Einfrieren die nächste gute Lösung, dem Baby doch noch wertvolle Lebensmittel zu bieten.

2 Portionen

Variante Gemüsezubereitung im Ofen

Zutaten
1 Brokkoli
1 Süßkartoffel
100 ml Wasser

Zubereitung

- Süßkartoffel schälen, Brokkoli waschen und in kleine „Bäumchen" zerkleinern (jedes andere Gemüse gut gewaschen und in kleine Sticks – „Pommes" – schneiden).
- In einem Topf wenig Wasser erhitzen, das Gemüse hinzugeben und mit geschlossenem Deckel so lange dünsten, bis das Gemüse schön weich ist, sodass es zwischen den Fingern zerquetschbar ist.
- Abkühlen lassen und servieren. Bei Bedarf kann das Gemüse auch mit einer Gabel zermatscht oder mit dem Mixer gemixt werden, wenn Mama oder Baby sich mit BLW nicht wohlfühlen. Ansonsten schnappt sich das Baby freudig das, was es möchte, und kostet.

Tipps

- Alternativ die Gemüsepommes auf einem mit Backpapier ausgelegten Backblech verteilen, mit ein wenig Öl bespritzen und im Backofen bei 200 Grad Umluft 20–30 Minuten weich backen.
- Du kannst das Gemüse portionsweise in kleine Gläser oder Boxen geben und einfrieren. Es hält sich etwa 3 Monate im Tiefkühler (mit Datum vermerken) und wird bei Bedarf am Vortag aus dem Tiefkühler genommen, im Kühlschrank aufgetaut und im Topf oder Ofen aufgewärmt.

GEMÜSE-GETREIDE-STICKS

Um Gemüsesticks reichhaltiger oder für Gemüseverweigerer interessanter zu machen, können hungrigen Babys neben reinen Gemüsesticks auch „angereicherte Sticks" angeboten werden. Dafür ziehen wir die Gemüsestangen durch eine Panade und backen sie (am besten im Ofen).

6 Portionen 

Zutaten

4 EL Reisvollkornmehl oder Dinkelmehl Type 630
300 ml Pflanzendrink (Mandel, Hafer, Reis, später Soja)
200 g bunte Gemüsesticks deiner Wahl (z. B. Zucchini, Kürbis oder Wurzelgemüse gedünstet wie Karotte, Sellerie, Süßkartoffel, Pastinake, Rohne)
reichlich Oliven- oder Kokosöl zum Braten

Zubereitung

- Mehl mit dem Pflanzendrink in einer Schüssel verrühren, bis eine breiig-flüssige Konsistenz erreicht wird.
- Dann die Pfanne mit Öl vorbereiten, damit die getauchten Sticks gleich gebacken werden können.
- Die Gemüsesticks in die Panade tauchen, mit einer Gabel herausfischen und in der Pfanne goldgelb panieren.
- Abkühlen lassen und servieren.
- **Variante mit Ei:** In die Panade kann auch 1 Ei eingearbeitet werden (für Babys ab 9 Monaten–1 Jahr).
- **Variante im Ofen:** Um das Panieren mit dem fast ölfreien Ausbacken im Ofen abzuwechseln, die Sticks nach der Teigpanade noch in feinen Dinkel- oder Vollkornbröseln baden, auf einer Backmatte verteilen, ein wenig mit Olivenöl benetzen und im Backofen bei 180 Grad Umluft etwa 20 Minuten backen. Die Sticks nach 10 Minuten wenden.

BABYGRISSINI MIT GEMÜSE

Bei diesen Lieblingen wird das Gemüse fein geraspelt, verarbeitet und in Brotstangen eingearbeitet.

6 Portionen 

Zutaten

1 Banane
1 Karotte
150 g Dinkelvollkornmehl
100 g Dinkelmehl Type 630
1 TL Backpulver
60 ml Raps- oder Olivenöl
Kräuter wie Petersilie, Schnittlauch, Dill oder Oregano

Zubereitung

- Die Banane mit einer Gabel zerdrücken und die Karotten raspeln.
- Zusammen mit allen restlichen Zutaten in eine Schüssel geben und verrühren.
- Aus dem Teig längliche Stangen formen und sie auf einer Backmatte verteilen. Im Backofen bei 170 Grad Umluft etwa 20 Minuten backen.

Tipps

- Die Grissini können als Vorrat eingefroren werden.
- Sie schmecken meist auch anderen Familienmitgliedern als Snack!
- Die Karotte kann natürlich durch ein anderes Gemüse ersetzt werden.

KOHLENHYDRATBEILAGEN IN FESTER POMMESFORM

Auch andere Getreidebeilagen wie Reis, Hirse, Couscous und andere bröselige oder matschige Beilagen können (oder müssen) in der ersten Beikostphase umgewandelt werden, damit sie das Baby gut greifen kann.

GUT ZU WISSEN

Wenn keine Zeit zum Herstellen der Sticks besteht, können diese Beilagen auch mit der indischen Greifmethode, also mit den Fingern der Eltern angeboten werden (Fingerfood aus Elterns Händen).

REIS- ODER HIRSESTICKS

Reis und Hirse lässt sich wunderbar in Stickform verwandeln. Dafür das Getreide kochen, abkühlen lassen und wie folgt weiterverarbeiten.

10 Portionen 

Zutaten

200 g Vollkornreis (Rundkorn) oder Halbvollkornreis, Sushireis, Risottoreis oder Hirse, gekocht und abgekühlt
2 EL Olivenöl
Samen oder Toppings (z. B. weiße oder schwarze Sesamsamen, Hanfsamen geschält)

Zubereitung

- Das Getreide mit dem Olivenöl in einer Schüssel vermengen und kräftig zwischen den Fingern kneten, damit die Masse fester wird.
- Mit angefeuchteten Händen längliche Sticks formen.
- In einem vorbereiteten Schälchen beidseitig mit dem Topping benetzen (so werden sie am Ende griffiger) und gegebenenfalls auf einem mit Backpapier ausgelegten Backblech verteilen, um sie im Backofen bei 180 Grad Umluft noch einige Minuten zu wärmen (Achtung, nicht zu lange, sonst wird der Rand zu hart!).

POLENTASTICKS

Der beliebte Maisbrei ist ein wunderbares Getreide, um einfache Pommessticks zu zaubern.

Zubereitung

- Polenta kochen (siehe S. 194) und abkühlen lassen.
- Aus der festen Polenta längliche Sticks schneiden, ggf. in der Pfanne mit ein wenig Öl beidseitig kurz anbraten, so werden sie noch fester.

GETREIDE-HÜLSENFRÜCHTE-STICKS

Diese Sticks liefern vor allem biologisch verfügbares Eiweiß und können als Proteinquelle im Teller angeboten werden.

GUT ZU WISSEN

Alle diese Pommessticks lassen sich auch zu Bällchen formen, wenn das Baby in die nächste Beikostphase (Pinzettengriff – um den 9. Lebensmonat) kommt.

10 Portionen 

Zutaten

100 g Hülsenfrüchte, gekocht
100 g Getreide, gekocht (z. B. Reis, Hirse, Couscous, Bulgur)
1 TL Gewürze wie Petersilie, Schnittlauch, Kreuzkümmel, Dill
1 EL Kichererbsenmehl oder Dinkelmehl
1 EL Oliven- oder Rapsöl

Zubereitung

- Die Zutaten in einer Schüssel vermengen und kräftig zwischen den Fingern kneten, damit die Masse fester wird.
- Mit angefeuchteten Händen längliche Sticks formen und auf einem mit Backpapier ausgelegten Backblech verteilen.
- Im vorgeheizten Backofen bei 200 Grad Umluft etwa 15 Minuten backen.

GEMÜSEPANCAKES

Für Gemüsemuffel und „fortgeschrittene" BLW-Babys (die durch BLW schon einiges schaffen) können Pancakes mit Gemüse wie Zucchini, Karotten, Kohlrabi, Brokkoli, Blumenkohl, Kürbis, Süßkartoffeln versetzt werden.

10–15 Pancakes 

Zutaten

200 g Gemüse oder Gemüsemus aus dem Tiefkühler
evtl. ein wenig Wasser
100 g Dinkelvollkornmehl
100 g Dinkelmehl Type 630
1 EL Oliven -oder Kokosöl zum Braten

Zubereitung

- Gemüse schälen, klein schneiden und mit ein wenig Wasser dünsten oder garen.
- Dann im Mixer pürieren, eventuell ein wenig Kochwasser mit hinzugeben, falls es zu pampig ist.
- Das Püree in einer Schüssel mit dem Mehl vermischen und rühren, bis es eine angenehme homogene Konsistenz hat.
- In der Pfanne das Öl erhitzen und den Teig esslöffelweise in runder Pancakeform verteilen, jeweils auf beiden Seiten goldgelb braten.
- Für Babys in der Palmarphase die Gemüsepancakes in Streifen schneiden.

Tipp

- Dazu passt ein Kürbis-Linsen-Dip, Hummus oder eine Proteinbeilage deiner Wahl.

Bällchen

Nachdem sich in den ersten Beikostmonaten Babys Fähigkeiten – Nahrung zu greifen, sie direkt in den Mund (und nicht daran vorbei) zu schieben, den Mund kontrolliert zu öffnen, immer besser zu kauen – stark entwickeln, lässt sich auch das Beikostangebot immer vielfältiger und in unterschiedlichen Formen anbieten.

Jetzt greift das Baby schon feinmotorisch zu und möchte das Angebot mit Daumen und Zeigefinger fassen. Deshalb sind Bällchen angesagter und es können auch kleinere Stücke wie Reiskörner, kleine weiche rundlichere Formen wie halbierte Trauben, Heidelbeeren oder auch Bällchen mit richtigen Dips angeboten werden.

Bällchen können rein aus Getreide (z. B. Reis, Hirse, Couscous, Bulgur) oder auch in Kombination mit Gemüse, Hülsenfrüchten oder mit Fleisch, Fisch angeboten werden. Nachfolgend stelle ich dir die besten Bällchenrezepte aus meinem Familienalltag vor.

HERZHAFTE GEMÜSEBÄLLCHEN

10 Bällchen 

Zutaten

½ Tasse Getreide, gekocht (Reis, Hirse, Couscous, Bulgur, Quinoa, Kartoffeln)
2 Tassen Gemüse, gekocht als Gemüsemus oder zerquetscht (Kürbis, Süßkartoffeln, Brokkoli, Blumenkohl, Karotten, Fenchel)
1 TL Knoblauchpulver
1 TL Gewürze wie Thymian, Rosmarin, Muskat, Petersilien- oder Schnittlauchpulver, Hefeflocken
evtl. 1 EL Dinkelmehl Type 630 (als zusätzlichen „Klebstoff")
evtl. 1 EL Kichererbsenmehl
zum Wälzen nach Belieben: gemahlenes Mandelmehl, Sesamsamen, Leinsamenschrot
Olivenöl zum Bespritzen

Zubereitung

- Das gekochte Getreide mit dem vorbereiteten Gemüse und den restlichen Zutaten in einer Schüssel vermischen und kräftig kneten, bis eine feste, rollbare Masse entsteht. Ist die Masse zu fest, kann noch ein wenig Wasser hinzugefügt werden, ist die Masse zu flüssig, noch ein wenig Mehl.
- Aus der Masse Bällchen formen, eventuell in Toppings wälzen, mit Olivenöl bespritzen und auf eine Backmatte legen.
- Im Backofen bei 180 Grad Umluft etwa 20 Minuten knusprig backen.

- Dazu passen diverse Grundsoßen oder Dips.

LIEBLINGSHIRSEBÄLLCHEN

glutenfrei, eisenreich

10 Bällchen 

Zutaten

50 g Hirse, gekocht
200 g weichkochende Kartoffeln, gekocht
3 EL Reisvollkornmehl
2 EL Leinsamen, geschrotet
1 EL Petersilie, frisch und fein gehackt oder getrocknet
50 ml heiße Gemüsebrühe (siehe S. 182)
Rapsöl zum Braten

Zubereitung

- Die gekochte Hirse und Kartoffeln in eine Schüssel geben.
- Die restlichen Zutaten unter Rühren dazugeben und mit dem Stabmixer oder der Küchenmaschine pürieren. Sollte die Konsistenz zu flüssig sein, noch Reismehl dazugeben.
- Mit angefeuchteten Händen kleine Bällchen formen und sie in ein wenig Rapsöl in geschlossener Pfanne kurz braten. Sie sollen nicht zu knusprig werden, da sonst die Schale für das Baby zu hart ist.

Tipp

- Zu den Bällchen passen abwechselnd gedünstete Gemüsesticks, Dip olé oder Gemüsesuppen als Beilage.

COUSCOUSBÄLLCHEN

10 Bällchen 

Zutaten

75 g Couscous
150 ml Wasser
100 g Gemüsemus (siehe S. 181)
1 EL Oliven- oder Rapsöl

Zubereitung

- Den Couscous mit dem Kochwasser übergießen (siehe S. 193).
- In einer Schüssel das Gemüsemus mit Couscous und Öl vermengen und kneten. Mit angefeuchteten Händen kleine Bällchen formen.
- Wenn sie zu feucht sind, kannst du sie im Ofen bei 200 Grad Umluft noch einige Minuten backen.
- **Variation gebratene Bällchen:** In der Pfanne lassen sich die Bällchen mit ein wenig erhitztem Kokosöl auf allen Seiten braten.

TIPP

- Je nach Geschmack können die Bällchen in Sesam gewälzt werden.

Grundrezepte für Proteinbeilagen

Neben dem Gemüse- und Getreideanteil ist auch der Proteinanteil auf jedem Teller wichtig für eine vollwertige Ernährung des Babys. Zu beachten ist jedoch, dass nicht zu viel gegeben wird (besonders bei tierischem Protein). Proteine können gedeckt werden mit:

- Hülsenfrüchten wie Linsen, Bohnen, Kichererbsen; Tofu und Tempeh evtl. in der späteren Beikost
- Fleisch (Achtung, auf Qualität und Situation bei Rindfleisch!)
- Fisch (nachhaltiger Meeresfisch oder lokaler Süßwasserfisch)
- Eier (Achtung, aufgrund des hohen Eiweißgehaltes kann es mit Eiern schnell zu viel werden!)
- Nüsse (gemahlen oder als Mus)
- Samen wie Hanf- und Chiasamen

Einen hohen Eiweißanteil enthalten auch

- Hafer, Kartoffeln, Quinoa, Amaranth, Buchweizen
- Gemüse wie Brokkoli, Kohlgemüse, Avocado, Spinat, Spargel, Spirulina, Pilze

Vor allem in der Babyküche bewähren sich zum richtigen Mitessen auch hierbei eher Bällchen, Burger, Taler oder Patties, die bei Bedarf zu Streifen geschnitten werden. Hier kommen die besten Rezepte aus allen Kategorien.

VEGANE BURGERPATTIES

Diese Hülsenfrucht-Burger sind eine leckere, babygerechte Alternative zu Fleischburgern. Aus den Zutaten können auch Bällchen oder Sticks zubereitet werden.

10 Portionen 

Zutaten

200 g Hülsenfrüchte, gut gekocht (oder im Glas), wie Linsen, Bohnen, Kichererbsen, Erbsen
3 EL Kichererbsenmehl
1 TL Gewürze wie Knoblauchpulver, Zwiebelpulver, Petersilienpulver (oder frische Petersilie, fein gehackt), Pfeffer
2 Tassen Haferflocken
2 EL Tomatenmark
1 Tasse Wasser
Oliven- oder Kokosöl zum Braten

Zubereitung

- Alle Zutaten im Mixer pürieren, bis eine homogene Masse entsteht.
- Burgerpatties formen und mit ein wenig Öl in der Pfanne auf beiden Seiten goldbraun ausbacken.

- Im Backofen werden die Patties bei 200 Grad Ober- und Unterhitze etwa 30 Minuten gebacken.
- **Varianten:** Für die Zubereitung mit Fleisch, Fisch oder Ei kann die Hülsenfruchtkomponente ausgetauscht werden und alternativ 200 g Fleisch oder Fisch (Achtung Gräte!) in Stücken in den Mixer gegeben werden.

FALAFEL

Der Kichererbsenklassiker als High-Protein-Quelle statt Fleisch, Fisch oder Ei!

10 Portionen 

Zutaten

200 g Kichererbsen, gekocht
1 TL Gewürze wie Petersilienpulver, Koriander, Zwiebelpulver, Knoblauchpulver, Kurkuma, Kreuzkümmel
1 EL Dinkelmehl
1 TL Backpulver
½ Zitrone, Saft
Olivenöl zum Braten

Zubereitung

- Alle Zutaten in eine Schüssel geben und mit dem Stabmixer grob pürieren. Mit angefeuchteten Händen kleine Bällchen formen und sie mit ein wenig Olivenöl in der Pfanne braten.

Tipps

- Für Babys eignet sich diese Bratmethode sehr gut, da die Bällchen weich bleiben. In der späteren Beikost können die Bällchen im Backofen gebacken werden. Verteile sie dazu auf einer Backmatte und backe sie bei 180 Grad Umluft etwa 10 Minuten. So werden sie außen eher hart und Kleinkinder in der fortgeschrittenen Beikostphase können sie besser greifen und auch schon gut kauen.
- Eventuell kann man die Falafel auch in Paniermehl wenden, so lassen sie sich besser braten.

KICHERERBSENSCHNITZEL

Dieses einfache Schnitzel-Rezept ist der Liebling meiner Kiddys! Es erinnert sehr an das typische Wiener Schnitzel und kann alternativ dazu angeboten werden.

6 Portionen 

Zutaten

100 g Kichererbsenmehl
1 TL Gewürze wie Knoblauchpulver, geräuchertes Paprikapulver, Zwiebelpulver
100 ml Wasser
1 EL Oliven- oder Rapsöl
4 EL Dinkelmehl Type 630
150 g Dinkel-Paniermehl
Olivenöl zum Braten

Zubereitung

- Alle Zutaten in einer Schüssel vermischen, bis eine klebrige homogene Masse entsteht.
- Das Dinkel-Paniermehl in eine Schüssel füllen. Eine Handvoll Teig in das Paniermehl geben, platt drücken und wenden. Den restlichen Teig ebenso panieren.
- Dann die „Schnitzel" in der Pfanne mit Öl beidseitig ein wenig anbraten!

Tipp

- Dieses Schnitzel ist ein perfekter Ersatz zum gängigen Wiener Schnitzel und kann klassisch mit Kartoffelspalten oder Kartoffelsalat, einer Zitronenspalte und Preiselbeermarmelade serviert werden.

VEGANE HACKBÄLLCHEN

deftiges Lieblings-Sonntagsgericht – eisenreich und eiweißreich

etwa 30 Hackbällchen 

Zutaten

100 g braune Linsen oder Mungobohnen
2 EL Leinsamen, geschrotet
4 EL Wasser
1 Zwiebel
2 Knoblauchzehen
150 g Champignons
2 EL Rapsöl
100 g Haferflocken
40 g Sonnenblumenkerne
2 EL Petersilienpulver oder frische Petersilie, fein gehackt
1 EL Senf
1 TL Paprikapulver
1 TL Gemüsebrühe (siehe S. 182)
1 TL Kreuzkümmel, gemahlen
1 Prise Pfeffer

Zubereitung

- Die Hülsenfrüchte am Vortag einweichen, abgießen, durchspülen und mit viel Wasser in etwa 30 Minuten gar kochen (Lorbeerblatt, 1 TL Natron oder eine Ingwerscheibe mit ins Kochwasser geben).
- Inzwischen die Leinsamen in einem kleinen Glas mit Wasser quellen lassen. Zwiebel, Knoblauch und Champignons klein schneiden und mit dem Rapsöl anbraten.
- Haferflocken und Sonnenblumenkerne mixen, dann die restlichen Zutaten mit in den Mixer geben und zu einer feinen Masse mixen. Immer wieder umrühren, damit alle Bereiche durchgemixt werden. Die Masse 15 Minuten ruhen lassen.
- Inzwischen könnte eine Bratensoße geköchelt werden (siehe S. 221). Den Ofen auf 190 Grad Ober- und Unterhitze vorheizen und ein Backblech mit Backmatte oder Backpapier auslegen.
- Mit angefeuchteten Händen aus der Masse kleine Bällchen formen und auf der Backmatte verteilen. Mit einem Ölsprüher oder Pinsel über jedes Bällchen sprühen und im Backofen auf mittlerer Schiene für 30 Minuten backen.
- Die Hackbällchen nach dem Backen in die vorbereitete Soße legen bzw. damit übergießen sowie mit den restlichen Beilagen anrichten.

Tipps

- Wenn ein Vorrat angelegt werden möchte, kann man auch die rohen Hackbällchen einfrieren und weitere Male schnelle Gerichte mit diesen Proteinquellen zaubern.
- Für klassische Hackbällchen kann statt der Hülsenfrucht ein Fleischragout verwendet werden. Dieses ist jedoch vor dem Mixen mit der Zwiebel anzurösten.

FLEISCHBÄLLCHEN

10 Portionen 

Zutaten

250 g Hackfleisch
2 Eier oder 2 EL Kichererbsenmehl mit 4 EL Wasser verquirlt
100 g Dinkelpanierbrösel
Oliven- oder Rapsöl zum Braten

Zubereitung

- Hackfleisch, Eier und Dinkelpanierbrösel in einer Schüssel vermengen und kneten, bis eine homogene Masse entsteht.
- Daraus kleine Bällchen formen und sie in leicht erhitztem Öl einige Minuten auf jeder Seite schwenkend braten.

TIPP

- Dazu passen auch die vegane Bratensoße, Gemüsesticks und eine Kohlenhydratbeilage.

ANDERE FLEISCHANGEBOTE

Als alternatives Fleischangebot kannst du Filetstücke gut durchbraten und in Streifen schneiden. Die Babys saugen mehr daran, als dass sie es essen. Sehr weiche Fleischstücke können auch als Fingerfood aus den Händen der Eltern angeboten werden.

Wurstwaren sind wegen des hohen Salzgehalts und den konventionell bedenklichen Inhaltsstoffen nicht unbedingt empfohlen.

FISCHTALER

Als Fischgrundlage sollten Seelachsfilet, Rotbarsch oder Kabeljau verwendet werden. Wichtig bei Fisch ist der Kauf von biologischen Zuchttieren, bei denen Schwermetallanreicherungen und Medikamente sowie bedenkliches Futter außen vor bleiben. Der Omega-3-Gehalt ist aber leider geringer als bei wilden Kaltwasserfischen.

10 Portionen 

Zutaten

250 g Süßkartoffeln oder Kartoffeln
250 g Fisch, gegart und auf Gräten kontrolliert
1 TL Zwiebelpulver
1 TL Dill
1 EL Kichererbsenmehl oder 1 Ei

Zubereitung

- Kartoffeln schälen, würfeln und mit ein wenig Wasser gar dünsten.
- Den gegarten Fisch im Mixer zerkleinern. Die Kartoffeln abseihen und mit der Fischmasse sowie den restlichen Zutaten gut vermischen. Eventuell 1 EL Dinkelmehl Type 630 als Bindemittel hinzugeben.
- Öl in einer Pfanne erhitzen, die Fischmasse teelöffelweise hinzugeben und die Taler beidseitig gut anbraten.
- Sie können mit einer Zitronenscheibe serviert werden, passend sind dazu Gemüsevarianten und Gemüsedips.

QUINOATALER

Das wertvolle Aminosäurenprofil in Quinoa macht dieses „Schnitzel" zu einer wahren Proteinbombe! Mit geraspeltem Gemüse oder Gemüsemus können zudem auch notwendige Vitamine hineingeschmuggelt werden.

GUT ZU WISSEN

Ab dem Babyalter von einem Jahr dürfen in der vegetarischen Variante statt Kichererbsenmehl auch Vegegg (aus Lupinenmehl) oder Hühnereier verwendet werden.

10 Portionen 

Zutaten

100 g weiße Quinoa
2 EL Kichererbsenmehl mit 4 EL Wasser verquirlt
2 TL Johannisbrotkernmehl oder Pfeilwurzelstärke
1 TL frische Gemüsebrühpaste (siehe S. 182) oder Gemüsebrühpulver
evtl. ein wenig Petersilie, fein gehackt
Olivenöl oder Kokosöl zum Braten

Zubereitung

- Die Quinoa gut durchspülen, etwa 20 Minuten kochen, anschließend gut abgießen und nochmals durchspülen.
- Die Quinoa, das Kichererbsenmehl und das Johannisbrotkernmehl in eine Schüssel geben, die heiße Gemüsebrühe zugeben und alles gut miteinander verrühren.
- Mehrere Taler portionieren und in einer Pfanne mit reichlich Öl (mindestens bodenbedeckt) auf beiden Seiten etwa 1 Minute braten.

Tipps

- Es passen Gemüsesoßen, eventuell auch ein Hummusdip oder grüner Pesto dazu.
- Als Beilage passen auch Süßkartoffelpommes oder eine Kartoffelbeilage.

BABY-TOMATENSOSSE

Als Tomatensoße fürs Baby reicht meist einfaches Tomatenpüree. Um sie herzhafter zu gestalten, bereite ich die Soße wie folgt vor.

10 Portionen 

Zutaten

1 EL Olivenöl
1 TL Zwiebelpulver
1 TL Knoblauchpulver
½ TL frische Gemüsebrühpaste (siehe S. 182) oder Gemüsebrühpulver
200 g Tomatenpüree
Pfeffer, Oregano, Majoran oder andere Lieblingsgewürze
evtl. ein wenig Wasser
evtl. einige Kapern

Zubereitung

- In einer Pfanne Öl erhitzen, Zwiebel- und Knoblauchpulver zugeben, kurz verrühren, dann mit Wasser ablöschen und die Gemüsebrühe hinzugeben.
- Das Tomatenpüree hinzugeben, beliebig würzen und auf kleiner Flamme weiter köcheln lassen. Sollte die Tomatensoße zu fest werden, ein wenig Wasser hinzugeben.
- Für den Geschmack können auch Kapern hinzugegeben werden, wobei die Soße dann erneut püriert werden sollte.
- **Thermomix:** Italienische Tomatensoße – ohne Salz und Dattelzucker statt Honig.

GEMÜSESOSSE FÜR ZAHLREICHE REZEPTE

Als Soße für Nudeln, zu Burgern, im Reis oder zu diversen anderen Gerichten ist diese Grundsoße sehr gut geeignet. Sie kann auch in größeren Mengen hergestellt und portionsweise eingefroren werden. So hast du immer eine schnelle Gemüsebeilage bereit! Geeignete Gemüse dafür sind Kürbis, Zucchini, Brokkoli, Tomaten (geschält), Peperoni, Spinat, Erbsen, Karotten, Topinambur, Pastinaken.

20 Portionen 

Zutaten

1 Zwiebel
1 Karotte
½ Stange Sellerie
10 cm Lauch
30 ml Olivenöl
700 g verschiedenes Gemüse (Zucchini, Süßkartoffeln, Kürbis, Pastinaken, Erbsen)
1 Kartoffel
1 TL frische Gemüsebrühpaste (siehe S. 182) oder Gemüsebrühpulver
evtl. Dill, Petersilie oder Liebstöckel

Zubereitung

- Zwiebel, Karotte, Sellerie und Lauch waschen und klein schneiden.
- Olivenöl in einem großen Topf erhitzen und das Kleingeschnittene darin goldgelb braten.
- In der Zwischenzeit das restliche gemischte Gemüse waschen, ggf. schälen und grob schneiden. Mit in den Topf geben und kurz umrühren.
- Dann mit Wasser aufgießen, Gemüsebrühe und Gewürze hinzugeben und bei mäßiger Hitze zugedeckt 20–30 Minuten köcheln lassen.
- Am Ende alles durchmixen und evtl. in kleinen Portionen einfrieren.
- **Thermomix:** Gemüsecremesuppe oder Gemüsesoße

GRUNDREZEPT BOLOGNESER SOSSE

Eine reichhaltige Bologneser Soße kann Nudelgerichte und Lasagne ergänzen oder auch zu Getreidebeilagen wie Reis, Polenta, Hirse (Sticks, Bällchen oder gekocht) serviert werden. Sie macht die Gerichte sättigender und schmeckt! Ich habe mehrere Varianten für die Rezepte.

10 Portionen 

Grundzutaten

1 EL Olivenöl
½ Stange Sellerie
1 Karotte
1 TL Zwiebelpulver
1 TL Knoblauchpulver
1 EL Tomatenmark
½ TL frische Gemüsebrühpaste (siehe S. 182) oder Gemüsebrühpulver
200 g Tomatenpüree
1 EL Shiitake-Pulver
1 Lorbeerblatt
1 EL Mandelmus
Pfeffer, Oregano, Majoran oder andere Lieblingsgewürze
evtl. ein wenig Wasser

VEGANE BOLOGNESER SOSSE

Zusätzliche Zutaten zum Grundrezept

200 g Linsen, gekocht (rot, gelb oder braun), oder Lupinenschrot, gekochtes (Achtung, bei zu Allergien neigenden Kindern!)

Zubereitung

- In einer Pfanne Öl erhitzen, Sellerie und Karotten klein schneiden oder häckseln und in die Pfanne geben.
- Das Zwiebel- und das Knoblauchpulver zugeben, kurz verrühren, Tomatenmark hinzugeben, dann mit Wasser ablöschen und die Gemüsebrühe zugeben.
- Dann das Tomatenpüree einrühren und mit Shiitake-Pulver, Mandelmus und den restlichen Gewürzen würzen. Sollte die Tomatensoße zu fest werden, ein wenig Wasser hinzugeben.
- Nun die bereits gekochten Linsen oder Lupinenschrot hinzugeben und die Soße auf kleiner Flamme weiter köcheln lassen.
- Zusammen mit dem Gericht servieren oder portionsweise einfrieren.

BOLOGNESER SOSSE MIT FLEISCH (FLEISCHRAGOUT)

Zusätzliche Zutaten zum Grundrezept

200 g beliebiges Hackfleisch

Zubereitung

- Dieses kann anfangs mit Öl angebraten und dann mit den restlichen Zutaten wie oben beschrieben eingearbeitet werden.

Dips

Dips eignen sich sehr gut in der fortgeschrittenen Beikostphase, um Sticks oder Bällchen noch besser genießen zu können. In diesem Kapitel findest du meine zwei liebsten Dips für Babys.

BESTER KÜRBIS-LINSEN-DIP

Für nährstoffreiche Dips nutze ich gerne einen Teil Hülsenfrucht wie rote Linsen, weiße Bohnen oder Kichererbsen und einen Teil Gemüse.

6 Portionen 

Zutaten

2 Tassen Kürbis, geschält und klein gewürfelt
1 Tasse rote Linsen
1 Prise Pfeffer
1 Prise Kreuzkümmel
1 TL Zitronensaft
1 EL weißes Tahini
2 EL Olivenöl
evtl. ein wenig Wasser

Zubereitung

- Kürbis waschen und in Würfel schneiden. Zusammen mit den Linsen und wenig Wasser in einen Topf geben und dünsten.
- Zusammen mit ein wenig Kochwasser in den Mixer geben, die restlichen Zutaten hinzugeben und alles gut durchmixen.
- Der Dip kann lauwarm oder auch abgekühlt zum Dippen von Gemüsesticks oder auch als Proteinbeilage mit Kohlenhydraten serviert werden.

KLASSISCHER KICHERERBSENHUMMUS

Dips sind eine wertvolle Komponente zu festeren Beilagen wie Sticks, Talern, Spatzlen, Bällchen, Stampf. Sie können auch als Nudelsoße verwendet werden, wenn du sie mit ein wenig Wasser noch flüssiger machst. Dips mit Hülsenfrüchten haben immer sehr viel Eisen, satt machende Ballaststoffe und wertvolle Proteine.

Sollte das Kochen mit Hülsenfrüchten noch neu für dich sein, kannst du in der ersten Beikostzeit auch die schon gekochte Hülsenfrucht im Glas in Bioqualität verwenden. Da die Verdaulichkeit bei härteren Sorten von Hülsenfrüchten für das Baby in den ersten Monaten schwierig ist, rate ich nur zu ganz bestimmten Bohnen- und Linsensorten.

GUT ZU WISSEN

Der Eiweißgehalt der meisten Hülsenfrüchte ist gleichzusetzen mit dem eines Schnitzels. Sie sind, regelmäßig (2–5 x wöchentlich) angeboten, auch geeignet für die vegetarische oder vegane Ernährungsweise.

6 Portionen 

Zutaten

100 g Kichererbsen, sehr weich gekocht (oder im Wechsel andere Hülsenfrüchte wie rote oder gelbe Linsen, Erbsen, weiße Bohnen, sehr weiche Borlotti-Bohnen, weiße Riesenbohnen, Mungobohnen)
2 EL Olivenöl
1 Spritzer Zitrone
1 Prise Pfeffer
ein wenig Wasser
Petersilie, frisch und fein gehackt oder getrocknet
1 EL weißes Tahini

Zubereitung

- Alle Zutaten in einen Mixer geben und durchmixen, bis die Konsistenz breiig ist. Eventuell ein wenig Wasser zugeben, sollte die Konsistenz noch zu fest sein.
- Den breiigen Hummus in ein Schälchen umfüllen und servieren.
- Der Hummus kann löffelweise gegessen werden oder mit einem Gemüsestick als Fingerfood angeboten werden.

Aufstriche

Grundsätzlich können in erster Linie ganz einfache Aufstriche auf Babys Brot! Sehr zu empfehlen sind folgende Varianten:

- zerdrückte Banane oder anderes zerquetschbares, reifes Obst wie Beeren, Kiwi oder Aprikosen (ohne Haut)
- Avocado und Nussmuse
- übrig gebliebene Gemüse, die zerquetscht und aufs Brot gestrichen werden
- Hummus aus Hülsenfrüchten (siehe S. 225) und vegane Pestos

HINWEIS

Die typischen Brotauflagen Käse und Wurst sind gemeinhin bedenklich, salzreich und vor allem auch Wurstwaren in keinster Weise gesund. Natürlich hängt die Gestaltung der Brotauflagen von den Familiengewohnheiten ab und wie bei sehr vielem im Leben macht die Dosis das Gift!

GUT ZU WISSEN

Die bei Babys beliebte Avocado kann wunderbar als Fingerfood gereicht, aber auch als cremige Basis für Aufstriche und Dips verarbeitet werden. Der einfachste Avocadoaufstrich ist, die Avocado zu zerquetschen und als Buttterersatz auf das Brot zu streichen!

Avocado enthält wertvolle Fettsäuren, Folsäure, Vitamin K, Vitamin D, Vitamin B6 und Vitamin E sowie Kalium und Kalzium. Sie ist eine sehr gute Nährstoffquelle für Babys. Aufgrund des hohen Wasserverbrauchs beim Wachstum ist jedoch ein achtsamer Gebrauch der Frucht ratsam!

LEINÖLBUTTER

Entweder Leinöl direkt auf das Brot träufeln oder diesen „buttrigen" Aufstrich aus drei Grundzutaten herstellen. Diese Kombination an hochwertigem Eiweiß in der Mandel und den ungesättigten Fettsäuren mit Omega-3-Lieferanten macht den Brotaufstrich zu einer vollwertigen Alternative zu Butter oder Margarine. In Verbindung mit den Kohlenhydraten (Brot) ist die Aufnahme der Nährstoffe optimal gewährleistet! Durch das enthaltene Leinöl ist nur die „kalte" Verwendung angebracht. Als Margarineersatz in Backwaren lässt sich meist Kokosöl verwenden.

20 Portionen 

Zutaten

100 g Mandelmus
3 EL Kokosöl, fest
3 EL Leinöl

Zubereitung

- Alle Zutaten in eine verschließbare Box geben und gut verrühren.
- Aufstrich bei Bedarf verwenden und bis zu etwa 3 Wochen verschlossen im Kühlschrank aufbewahren.

ZUCKERFREIE MARMELADE

Auch diese Basis – einen süßen Aufstrich – habe ich gerne täglich im Kühlschrank verfügbar, um Frühstücksbroten, Porridges oder Desserts noch einen süßen Kick zu verschaffen! Das verhindert auch den Griff zu herkömmlichen Marmeladen, die für die Haltbarkeit, aber auch für den Geschmack reichlich Industriezucker enthalten.

Diese Basisrezepte für frische Marmelade lassen sich auf beliebige Obstsorten anwenden. Sie ist im Kühlschrank etwa 1 Woche lang haltbar.

1 Glas 

MARMELADE MIT BANANE

Zutaten

1 Tasse Beerenfrüchte, frisch oder gefroren (Himbeeren, Erdbeeren, Brombeeren oder Heidelbeeren)
1 reife Banane
1 TL Chiasamen
1 Prise Vanillepulver

Zubereitung

- Das Obst pürieren bis eine cremige Konsistenz entsteht.
- Dann Chiasamen und Vanillepulver hinzugeben.
- Die Marmelade schmeckt frisch genossen am besten, kann jedoch auch im Kühlschrank 2 Tage aufbewahrt werden. Bei diesem Rezept kann sich die Marmelade durch die schnelle Oxidation der Banane allerdings bräunlich verfärben.

MARMELADE MIT DATTELN

Zutaten

1 Tasse Beerenfrüchte, frisch oder gefroren (Himbeeren, Erdbeeren, Brombeeren oder Heidelbeeren)
3 Medjool-Datteln oder 2 EL Dattelzucker
1 TL Chiasamen
1 Prise Vanillepulver

Zubereitung

- Die Beeren mit den Datteln mixen bis eine cremige Konsistenz entsteht.
- Dann Chiasamen und Vanillepulver hinzugeben.
- Die Marmelade mit den Datteln hält ein paar Tage länger.

LÄNGER HALTBARE MARMELADE FÜR DEN VORRATSSCHRANK

Zutaten

200 g beliebige Frucht (Erdbeeren, Himbeeren, Heidelbeeren, reife Aprikosen, Kastanien, Pfirsich usw.)
100 ml Wasser
evtl. 1 TL Zitronensaft (für die Farbe)
100 g Medjool-Datteln oder Dattelpaste (eingeweichte und pürierte Medjool-Datteln)
evtl. ½ TL Agar-Agar oder Apfelpektin (für die Konsistenz)

Zubereitung

- Das Obst waschen, Strunk entfernen und nach Belieben klein schneiden.
- Zusammen mit Wasser und Zitronensaft in einen Topf geben und unter gelegentlichem Rühren vorsichtig aufkochen. Solange köcheln lassen, bis der Saft ausgetreten ist. Dann den Herd ausschalten.
- Währenddessen das Marmeladenglas mit kochendem Wasser befüllen und den Deckel in einen Topf mit kochendem Wasser legen, um alle Keime abzutöten. Glas und Deckel auf einem sauberen Geschirrtuch abtropfen lassen.
- Das gekochte Obst mit den Datteln in einen Mixer geben oder pürieren.
- Dann das Agar-Agar mit ein wenig Wasser anrühren und zügig unter das Frucht-Dattel-Püree rühren, eventuell erneut 2 Minuten köcheln lassen.
- Die Marmelade in das Glas füllen und fest verschließen. Das Glas zum Abkühlen umgedreht auf einer sichtbaren (falls das Glas springen sollte) Arbeitsfläche im Raum stehen lassen.

TIPPS

- Für den frischen und schnellen Gebrauch der Marmelade reicht es, Früchte und Datteln ohne Kochen im Mixer zu pürieren. So hält sie einige Tage im Kühlschrank

PESTO

Pesto ist wunderbar und in seiner rohen Form extrem nährstoffreich, da er viel Vitamin C, aber auch Vitamin A, Vitamin B und Vitamin E, Eisen, Mineralstoffe und Spurenelemente enthält.

Einmal angerichtet, kann er über mehrere Tage im Kühlschrank gelagert werden. Wichtig ist, genug Öl zu verwenden, damit die Haltbarkeit gewährleistet wird. Jedoch schmeckt er frisch zubereitet am besten. Je länger die Lagerung, umso schneller können Vitamine auch verloren gehen.

Pesto ist sehr vielfältig, er lässt sich als Aufstrich, als Dip oder als Nudelsoße verwenden.

1 Glas 

Zutaten

2 Handvoll Basilikumblätter
1 Handvoll Petersilie (Achtung, keine harten Stängel!)
10 EL Olivenöl
2 EL Pinienkerne
1 EL weiße Mandeln
1 EL Mandelmus
1 EL Melasse-Hefeflocken (für den leicht käsigen Geschmack)
½ Zitrone, Saft

Zubereitung

- Alles im Blender oder im Hochleistungsmixer mixen. Thermomix: Pesto, ohne Parmesan, dafür mit Mandelmus, Mandeln und Hefeflocken

Toppings

Toppings wurden bereits im Kapitel „Optimal versorgt" (siehe S. 139) als Quelle von wertvollen Nährstoffen vorgestellt. Sie machen die Mahlzeiten auch kaloriendichter und fungieren als Geschmacksträger für die salzfreie und käsefreie Kost. Es darf gerne immer wieder zwischen den Toppings gewechselt werden. Lass das Kind, sobald es fähig ist, auch mitentscheiden, was es „heute sein darf".

Eine tolle Alternative zum Parmesankäse für die ganze Familie stelle ich dir vor.

VEGANER „PARMESAN"

Parmesan ist mittlerweile allgegenwärtig. Der typisch italienische Hartkäse wird seit Jahrhunderten in Italien produziert und besteht in seiner Originalform nur aus drei Zutaten: Rohmilch, Lab und Salz. Diese Kombination macht den Käse so einzigartig im Geschmack und zum Topping für viele Nudelgerichte, Risotti und Knödel. Als Geschmacksverstärker ist er auch in vielen Teiggerichten zu finden.

Für Babys ist er jedoch vor allem im ersten Lebensjahr nicht geeignet, da er aus Rohmilch hergestellt ein potenzielles Allergierisiko mit sich bringt und einen hohen Salzgehalt hat.

Um Hauptgerichte schmackhafter und reichhaltiger zu machen, kann man deshalb auf die pflanzlich ähnliche Variante ausweichen und eventuell in die gesamte Familienküche integrieren. Die Nüsse liefern die pflanzlich guten Fette und den relativ neutralen Geschmack. Die Hefeflocken sind eine natürliche Nahrungsergänzung (siehe S. 171) und sorgen für die käsige Note des vegan imitierten Käses.

10 Portionen 

Zutaten

½ Tasse weiße Mandeln
½ Tasse Pinoli (Pinienkerne)
½ Tasse Melasse-Hefeflocken

Zubereitung

- Alles in den Mixer geben und kurz fein mixen.
- Das Ergebnis ist ein leicht käsig riechendes sandiges Pulver, das sich nun als Topping über jegliches Gemüsegericht eignet.

TIPP

- Nach Belieben kann der Parmesan auch ohne Hefeflocken zubereitet werden, sollte das Baby den käsigen Geschmack nicht mögen.

Rezeptklassiker im Alltag

Um einen Einblick in die verschiedenen Beikostteller über den Tag verteilt zu geben, gibt es nun einige praktische Beispiele und spezielle Rezepte für die verschiedenen Tagesteller!

Beliebte Frühstücksklassiker

Nach einer gut ausgeschlafenen Nacht haben Babys oft schon bei Erreichen der Beikostreife Lust auf das Mitkosten am Frühstückstisch. Hier kommen die beliebtesten Rezepte aus meinem Babyalltag!

OBSTMUS MIT FLOCKEN

Eine leicht verdauliche und vollwertige Mahlzeit mit vielen Ballaststoffen aus Obst, Getreideflocken und hochwertigen Fetten! Eine wirklich sehr leckere Mahlzeit als Frühstück, für unterwegs als Zwischenmahlzeit oder auch abends als leichtes „Betthupferl". Übrigens: schmeckt auch Erwachsenen!

1 Portion 

Zutaten

2 EL Obstmus (1–2 Obstsorten) (siehe S. 179)
1–2 EL glutenfreie Flocken (siehe Tabelle)
1 TL Mandelmus
1 TL Leinöl

Zubereitung

- Obstmus frisch zubereiten oder aus dem Tiefkühler oder Kühlschrank nehmen.
- Die Flocken zugeben, vermischen und ein paar Minuten „ziehen" lassen, damit die Flocken schön weich werden.
- Mandelmus und Leinöl unter die Masse heben.

Flocken als Zusatz in Obstmusen oder Suppen	enthaltene Nährstoffe	wie und wann geeignet
Hirseflocken	Eisen, wertvoll für Bindegewebe und Knochenaufbau	täglich
Buchweizenflocken	Eisen	in kleinen Mengen
Amaranth, gepufft	Eisen, alle essenziellen Aminosäuren (für Proteine)	abwechselnd
Quinoa, gepufft	alle essenziellen Aminosäuren, hoher Proteingehalt	abwechselnd
Reisflocken aus Vollkorn	glutenfreie Alternative zu anderen Flocken – wichtig: biologisch (ansonsten zu hoher Arsengehalt)	täglich
glutenfreie Haferflocken	stimmungsaufhellend, sehr nährstoffreich	gelegentlich eventuell nur morgens; mittags oder abends könnte das Kind unruhig werden
Dinkelflocken	mehr Eisen, Magnesium und B-Vitamine als Weizen, wichtig für den Stoffwechsel und das Nervensystem	gelegentlich für Babys ab neun Monaten
Sojaflocken	sehr proteinreich	für Babys ab einem Jahr oder älter

OBSTMUS MIT FLOCKEN IN FESTER FORM

Da das Obstmus mit den Fingern der Eltern, des Kindes oder mit dem Löffel angeboten werden muss, zeige ich dir auch die umgewandelte Fingerfood-Variante.

8 Portionen 

Zutaten

150 g Apfelmus (siehe S. 179)
110 g Flocken (siehe Tabelle)
1 EL Mandelmus

Zubereitung

- Alle Zutaten in einer Schüssel vermischen, bis die Konsistenz homogen fest ist (evtl. noch mehr Flocken zufügen, um die richtige Festigkeit zu bekommen).
- Den Ofen auf 200 Grad Umluft vorheizen und das Backblech mit einer Backmatte auslegen (Teig klebt nicht). Den Teig zu Sticks formen oder wie einen Pizzateig etwa 1 cm dick ausdrücken.
- Im Backofen auf mittlerer Schiene die Sticks etwa 15 Minuten fest backen. Die „Pizza" braucht 20–25 Minuten (die Oberfläche sollte überall trocken sein).
- Die Sticks können so direkt nach dem Abkühlen gereicht werden. Die Pizzaform kann in greifbare kleine Stücke geschnitten werden.
- Die übrigen Teile halten sich einige Tage im Kühlschrank oder 2 Monate im Tiefkühler.

FRÜHSTÜCKSMUFFINS

Sollte breiiger Porridge nicht akzeptiert werden, gibt es folgende Alternative. Diese Muffins eignen sich nicht nur als festes Frühstück, sondern können unterwegs als Zwischenmahlzeit gereicht werden (wie alle Frühstücksideen).

12 Muffins 

Zutaten

170 g Flocken (Hirseflocken, Buchweizenflocken, Reisflocken, Amaranth, gepufft, später Haferflocken)
175 g Obstmus (z. B. Apfelmus)
1 EL Mandelmus
220 g Wasser
1 Prise Vanille oder Zimt

Zubereitung

- Den Backofen auf 190 Grad Umluft vorheizen.
- Alle Zutaten in einem Mixer fein mixen.
- Die Masse auf die eingefetteten Muffinförmchen verteilen und sie im Ofen bei 170 Grad etwa 20 Minuten backen (die Muffins sollten gut ausgetrocknet sein).
- Auskühlen lassen und aus dem Teig längliche Streifen schneiden.

Tipp

- Die Muffins können problemlos eingefroren werden.

SÜSSE PANCAKES

glutenfrei oder glutenhaltig

Pfannkuchen sind eine schnelle und flexible Alternative zum Frühstücksbrot oder auch zu herzhaften Angeboten. Sie lassen sich durch das Beimischen von Superfood-Mehlen, Obst-, Gemüsemus oder Proteinquellen extrem gut variieren und ergeben somit eine vollwertige Mahlzeit! Für die süße Variante am Morgen hier mein bestes Rezept.

Grundrezept glutenfreie oder glutenhaltige Pancakes (siehe S. 189)

Zusätzliche Zutaten zum Grundrezept für den glutenfreien Teig

2 EL Amaranth, gepufft
1 reife Banane

Zusätzliche Zutaten zum Grundrezept für den glutenhaltigen Teig

2 EL Amaranth, gepufft
2 EL Apfelmus

Zubereitung

- Die trockenen Zutaten des Grundrezepts und Amaranth vermischen.
- Banane bzw. Apfelmus und den Pflanzendrink zugeben und alles mit dem Stabmixer vermischen.
- Reisöl in der Pfanne erhitzen, jeweils 1 EL Teig in der Pfanne verteilen, etwa 1 Minute auf jeder Seite anbraten.

- Dazu passen Obstmus oder gedünstete Obststücke.
- Die Pfannkuchen lassen sich auch mit süßen Aufstrichen wie zuckerfreier Marmelade (siehe S. 228) toppen.

ENERGIEBÄLLCHEN

Sehr wertvoll und energiereich sind in der späteren Beikostphase die beliebten Energiebällchen, die schnell hergestellt sind und viele versteckte Vitamine, Mineralstoffe, hochwertige Fette und Eiweiße enthalten. Erste einfache Energiebällchen für den Hunger zwischendurch können mit folgenden Grundzutaten beliebig variiert werden.

10 Portionen 

Zutaten

100 g weiße Mandeln
80 g Medjool-Datteln
30 g Haferflocken
30 g Kokosöl, geschmolzen

Zubereitung

- Die Mandeln in einem Mixer fein mahlen.
- Die restlichen Zutaten hinzugeben und gut durchmixen.
- Mit angefeuchteten Händen kleine Kugeln formen und ggf. in folgenden Varianten wälzen: Kokosflocken, gemahlene weiße Mandeln, Kakaopulver (ungesüßt), Carobpulver.

FÜR UNTERWEGS: WENN DER KLEINE HUNGER KOMMT ...

Für unterwegs eignen sich besonders gut „feste" Nahrungsmittel, die das Baby als Fingerfood in die Hand nehmen kann. Diese können in spezielle Transportboxen gegeben werden, in denen sie sicher aufbewahrt werden können. Mittlerweile gibt es diese auch in Glas, Edelstahl, Bambus oder Bioplastik. Für flüssigere Zwischenmahlzeiten rate ich zu leeren kleinen Gläschen, aus denen gut „geschöpft" werden kann. Folgende schon bekannte Babymahlzeiten eignen sich für unterwegs als Zwischenmahlzeiten, sie können, wenn schon als Frühstück zubereitet, auch noch weiter im Laufe des Tages angeboten werden:

- Obstmus mit Flocken (siehe S. 234) oder Müslistangen (siehe S. 131)
- Babygrissini (siehe S. 201)
- Pancakes süß und herzhaft (siehe Seiten 189, 238)
- alle Brotrezepte mit süßen oder herzhaften Aufstrichen (siehe S. 185)
- Obst als Zwischensnack: Als Zwischenmahlzeiten eignen sich auch reife Obstsorten zum Lutschen wie Birne, Beerenfrüchte (außer harte Heidelbeeren), Banane, Pfirsich, Feige, Aprikose, Avocado, Pflaume (sehr reif), Melone, Wassermelone – alle geschält und am besten auf dem Schoß der Eltern gemeinsam genossen.
- Obstmus im Glas (siehe S. 179)
- Energiebällchen (siehe S. 239)
- übriggebliebene Kohlenhydrate von Mahlzeiten wie erkaltete Kartoffeln, Polentasticks, Gemüsemuffins, Bällchen ...

Weitere Snacks zur Abwechslung:

- Trockenfrüchte wie Medjool-Datteln, Aprikosen oder Apfelringe (weich)
- Maisstangerl, Hirsestangerl oder andere glutenfreie Kracker (aus Buchweizen, Reis, Mais – unbedingt auf Bioqualität achten!)
- Babykekse (siehe S. 253)
- Pizzastangen oder in Stangen geschnittenes Brot (Bananen- oder Haferbrot eignen sich besonders dafür)
- selbst gemachte Gemüsechips oder Pommes aus Süßkartoffeln, Kartoffeln, Topinambur, Kürbis oder Rohnen
- Gemüsestangen, roh oder gedünstet (evtl. mit Dip)

HINWEIS

Babys und Kleinkinder sind meist Daueresser! Sie essen kleine Portionen, dafür immer wieder. Es lohnt sich also, im stressfreien Babyalltag immer etwas zum Knabbern dabeizuhaben.

KLEINE „SCHEISSERCHEN"

Dieser Snack verhilft dem Baby zu einer besseren Verdauung, deshalb auch der Name! Die enthaltenen Aprikosen können hartnäckigen Stuhlgang unterstützen.

8 Portionen 

Zutaten

60 g Cashews oder weiße Mandeln
6 getrocknete Aprikosen (ungeschwefelt, biologisch)
1 Medjool-Datteln, entsteint
40 g Kokosflocken

Zubereitung

- Die Nüsse für 15 Minuten in heißem Wasser einweichen.
- Aprikosen und Datteln klein schneiden und zusammen mit den Kokosflocken in den Mixer geben.
- Die Nüsse abgießen, in den Mixer geben und alles sehr gut durchmixen.
- Mit leicht angefeuchteten Händen aus der Masse pommesähnliche Stangen und in der späteren Beikostzeit runde Kugeln formen.
- Sie halten einige Tage im Kühlschrank oder auch über mehrere Monate im Tiefkühler.

Praxisbeispiele für vollwertige Hauptmahlzeiten

Um aus den Grundrezepten (ab S. 184) bunte, vollwertige Teller zu zaubern, gebe ich dir nun ein paar Inspirationen mit Beispielgerichten aus meiner Babyküche. Je nach Geschmack und Familienküche können Gerichte natürlich auch beliebig kombiniert werden!

Hauptkomponenten sind dabei immer:

- Gemüse
- Getreide (Kohlenhydrate)
- Eiweiße
- genügend Fett und Nährstoffanreicherung (Öle, Toppings)

Gemüsestangen
Proteinbällchen
aus Kichererbsen
S. 211
Polentaschnitten
S. 203

Baby-Tomatensoße
S.220
Lieblingshirsebällchen
S. 208

Couscousbällchen
S. 209
Avocadosticks
Kürbis-Linsen-Dip S. 224
mit Weizenkeim-Topping

Tahinidip
Falafelbällchen
S. 212
Peperonisticks

Gemüsesticks
Reisstangen
mit Sesam
S. 203
Proteintaler
S. 212
Soße
S. 221

Kichererbsenhummus
S. 225
Gemüsepancakes
S. 205

Gebackene Gemüsesticks
mit Rapsöl-Topping
Burgerpatties
aus roten Linsen
S. 211

Maisstangen
Kürbis-Linsen-Dip
S. 224
mit Nori-Topping
Gemüsespalten
S. 199

vegane Bologneser
Soße S. 223
Schwarzer
Reis
Brokkoli
Lieblingshirsebällchen
S. 208

veganes Burgerpatty
aus Erbsen S. 211
Gemüsesticks
Polenta S. 194

Rosenkohl
Kartoffelspalten
Kichererbsenhummus
S. 225

bunte Pizzastangen
Mandelmus
Pesto S. 231

gebackene
Apfelspalten
Süße Couscousbällchen
S. 209 mit Sultaninen

buntes Gemüse
Quinoataler S. 219

Kartoffelpüree
S. 197
buntes Gemüse
Kichererbsenschnitzel
S. 213

Kartoffelbällchen
Gemüsespalten
S. 199
veganes Burgerpatty
S. 211

Betthupferl

Ich bin abends nicht immer fit (wahrscheinlich geht es vielen Mamas so) genug, um noch neue Gerichte zu zaubern. Deshalb gibt es oft noch den Rest des Mittagsmenüs oder eine fast immer lagernde Suppe, die mit einer Kohlenhydratbeilage und einem hochwertigen Topping kombiniert wird. Es ist auch Brot mit herzhaftem Aufstrich und ein paar Gemüsesticks schon vollwertig und sättigend. Du kannst aber auch süße, wärmende und gern als „müde machend" angesehene Klassiker aus lagernden Kohlenhydraten schnell und genüsslich herstellen.

MEINE SUPPE MAG ICH (TRINKEN)

Babysuppen können unterschiedlich kombiniert werden. Sie bestehen meist aus einem Gemüseanteil und einer Kartoffel. Alle Gemüsecremesuppen haben folgendes Grundrezept, um vollwertig, bedarfsdeckend und gesund zu sein.

10 Portionen 

Zutaten

200 g (1–2) Gemüsesorten (Kürbis, Zucchini, Topinambur, Karotten, Pastinaken, Blumenkohl, Brokkoli)
1 Kartoffel
300 ml Wasser
1 TL frische Gemüsebrühpaste (siehe S. 182) oder Gemüsebrühpulver
Pfeffer
evtl. Liebstöckel, Dill, Petersilie oder andere Lieblingssuppenkräuter

Zubereitung

- Gemüse schälen, vierteln und mit der Kartoffel in einen Topf mit Wasser geben und kochen.
- Ist alles gut weich gekocht, im Mixer oder mit dem Mixstab zusammen mit den Gewürzen fein pürieren und das Olivenöl dazugeben.

Tipps

- Serviert kann die Suppe in einer Trinkschale mit einem Topping aus Hanfsamen, Weizenkeimen, veganem „Parmesan", einem Schuss Oliven- oder Rapsöl werden.
- Um sie noch proteinreicher zu machen, können Suppen auch mit Hülsenfrüchten angereichert werden. Passend und leicht verdaulich sind dabei gelbe und rote Linsen (diese können mit dem Gemüse mitkochen) sowie Erbsen, weiße Bohnen oder Kichererbsen. Sie müssen vorab eingeweicht, gekocht und gut durchgespült werden. Dann werden sie mit der geschälten, geviertelten Kartoffel in einem Topf mit Wasser (schonend mit Deckel) gekocht.
- Die Kombination von Kartoffeln, Hülsenfrüchte und Nusstopping macht das schnelle Gericht zu einer hochwertigen bedarfsdeckenden Mahlzeit.

LIEBSTE SÜSSKARTOFFEL-LINSEN-SUPPE

Diese Suppe ist sehr nahrhaft, cremig und mein absoluter Liebling. Sie ist auch als Soße für Reis, Nudeln und Co. einsetzbar.

20 Portionen 

Zutaten

500 g Süßkartoffeln
1–2 Knoblauchzehen
2 EL Olivenöl
1 TL Kreuzkümmel
1 TL Korianderkraut, getrocknet oder 1 Bund frischen Koriander
1 TL frische Gemüsebrühpaste (siehe S. 182) oder Gemüsebrühpulver
400 ml Wasser
70 g rote Linsen
400 ml Kokosmilch

Zubereitung

- Die Süßkartoffeln schälen und in kleine Würfel schneiden.
- Die Knoblauchzehen fein hacken und mit dem Olivenöl in einer Pfanne kurz anrösten.
- Dann die Süßkartoffelwürfel hinzugeben und anbraten. Die Gewürze, das Wasser und die roten Linsen hinzugeben und bei kleiner Flamme etwa 20 Minuten köcheln lassen.
- Am Ende die Kokosmilch hinzugeben, alles fein mixen und mit einem beliebten Topping servieren!
- **Thermomix:** Süßkartoffel-Linsen-Kokos-Suppe.

PANCAKESTANGEN MIT ROSINEN UND BANANE

6 Portionen 

Zutaten

Pancaketeig (siehe S. 189)
1 EL Rosinen
Leinöl als Topping
½ Banane

Zubereitung

- Den Pancaketeig vorbereiten, die Rosinen hinzugeben, kurz umrühren und je 1 EL Pancaketeig in einer Pfanne mit Kokosöl beidseitig herausbraten.
- Aus der Pfanne nehmen, kurz auskühlen lassen und in Pommesform schneiden.
- Die Banane in Pommesform schneiden, alles anrichten und mit Leinöl toppen.

BESTE DESSERTCREME (EIS)

Dieses Dessert aus drei Zutaten ist mein absoluter Liebling, wenn kleine Naschkatzen nach etwas Süßem fragen oder ein schnelles leckeres Dessert gezaubert werden muss! Die Dessertcreme kann auch als süßer Aufstrich verwendet werden, wenn die Banane nicht gefroren in den Mixer kommt.

3 Portionen 

Zutaten

1 gefrorene Banane
1 Tasse frische oder gefrorene Beeren (vor allem, wenn es ein kaltes Eisdessert sein soll)
1 großen EL Mandelmus (anfänglich weiß, für Babys ab 1 Jahr dunkel mit Schale)

Zubereitung

- Die Zutaten werden im Mixer cremig gemixt und sofort serviert, da es wie Eis schnell schmilzt und die Farbe durch die Banane dunkler wird.

Tipps

- Als Topping eignet sich ein wenig Kakaopulver, Vanille oder Zimt darübergesiebt.
- Für die Erwachsenen sind Kakaonibs eine gesunde und sehr leckere Ergänzung. Sie liefern auch wertvolle Vitamine und Mineralstoffe und vor allem unterstützen sie die Nervenkraft!

BABYKEKSE

Selbst gemachte Babykekse können im fortgeschrittenen Beikostalter auch zwischendurch angeboten werden und unterscheiden sich meist wesentlich von den fertigen Angeboten, die voll von Zuckern, Geschmacksverstärkern oder Aromen sein können! Im Biobereich gibt es einige Angebote von zuckerfreien oder mit Apfel- oder Birnensüße gesüßten Varianten. Da sie aber auch sehr leicht selbst hergestellt und auch gut konserviert werden können, zahlt es sich aus, einen Nachmittag dafür zu investieren, um den Vorrat an Babykeksen aufzufüllen!

12 Portionen 

Zutaten

1 reife Banane
200 g Dinkelvollkornmehl
6 EL Haferflocken
2 EL Mandelmus
3 EL Kokosöl, fest
evtl. eine Prise Vanillepulver

Zubereitung

- Die Banane zerquetschen und mit dem Mehl in eine Schüssel geben.
- Die restlichen Zutaten hinzugeben, gut verrühren und kneten.
- Dann kleine Kugeln formen, sie aufs Backblech legen und andrücken.
- Im Backofen bei 180 Grad Ober- und Unterhitze 15–20 Minuten backen.
- In einer Keksdose aufbewahren oder einfrieren.

TIPP

- Im Thermomix die Zutaten 3 Minuten mit dem Teigknetprogramm kneten lassen.

BABYMUFFINS

Babys und Kinder lieben Muffins, aber auch Mütter profitieren von der schnellen Zubereitung! Hier mein Grundrezept für süße Muffins.

12 mittlere Muffins 

Zutaten

1 reife Banane
250 g Pflanzendrink (Mandel, Reis oder Hafer)
150 g Dinkelvollkornmehl
100 g Dinkelmehl Type 630
150 g Dattelzucker oder Dattelpaste (eingeweichte und pürierte Medjool-Datteln)
3 TL Backpulver
1 TL Vanillepulver
1 TL Natron
80 g Kokos-, Raps- oder Reiskeimöl

Zutaten je nach Variation

Durch die Zugabe von 30 g der jeweiligen Zutat lassen sich die Muffins beliebig variieren ...

Schokomuffins:
Kakaopulver (ungesüßt)
Kokosmuffins:
Kokosflocken
Nussmuffins:
Mandeln, Haselnüsse oder Cashews, gemahlen
Rosinenmuffins:
Rosinen, eingeweicht
Beerenmuffins:
Blaubeeren, frisch oder tiefgefroren
Himbeermuffins:
Himbeeren, frisch oder tiefgefroren
Apfelmuffins:
Apfelmus und kleine Apfelstücke, geschält
Zitronen-Mohn-Muffins:
2 TL Zitronenabrieb und 1 EL Zitronensaft und 1 EL Mohn
Cranberrymuffins:
Cranberrys, eingeweicht

Zubereitung

- Den Backofen auf 180 Grad Ober- und Unterhitze vorheizen und die Muffinformen mit Öl einfetten.
- Die Banane zerquetschen und mit dem Pflanzendrink in einer Schüssel vermischen.
- Die restlichen Zutaten nach und nach einrühren (bei Beerenmuffins die Beeren ganz am Ende einrühren) und in die Formen füllen.
- Im Backofen etwa 30 Minuten backen. Die Stäbchenprobe machen, ansonsten noch ein wenig weiterbacken.

APFELMUS-BLECHKUCHEN

Dieses schnelle Kuchenrezept verwende ich bei übrig gebliebenen oder überschüssigem Apfelmus. Der leckere, süße Kuchen kann auch als Muffins gebacken werden!

1 Backblech 

Zutaten

150 g Apfelmus
30 ml Kokosöl
150 g Pflanzendrink oder Wasser
1 EL Kichererbsenmehl mit
2 EL Wasser verrührt
100 g Haferflocken, gemahlen
100 g Dinkelvollkornmehl
50 g Dattelzucker
1 TL Vanillezucker
2 TL Backpulver
1 Prise Natron

Topping

evtl. Apfelspalten, geschält, oder andere Obstspalten

Zubereitung

- Den Backofen auf 180 Grad Ober- und Unterhitze vorheizen und das Backblech mit Kokosöl einfetten.
- Apfelmus, Kokosöl, Pflanzendrink und Kichererbsenmischung vermengen, dann die restlichen Zutaten hinzugeben, bis eine homogene Masse entsteht.
- In die Backform gießen, ggf. die Apfelspalten darauf verteilen und im Backofen etwa 30 Minuten backen. Die Stäbchenprobe machen, ansonsten noch ein wenig weiterbacken.

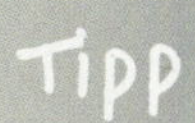

Tipp

- Mit ein wenig Zimt und Dattelzucker bestreut ist er eine wundervolle Leckerei für den Nachmittagskuchen mit kleinen und großen Gästen!

Mit Aprikosen-Topping

BABYS ERSTE GEBURTSTAGSTORTE

Endlich ist es so weit: Der Geburtstag ist greifbar und es steht eine festliche Torte auf dem Programm! Mein absolutes Lieblingsrezept dafür bildet nun den Abschluss meiner Rezepte, die aus meinem lebendigen Alltag mit vier Kindern stammen!

HINWEIS

Der Kuchen kann natürlich bei jeglichem Geburtstag auch größerer Kinder zubereitet werden, damit auch Babys mitessen können und der Zuckerschock in Grenzen bleibt!

SCHOKOKUCHEN ZUM GEBURTSTAG

Für Schokoliebhaber geht damit ein Schokotraum in Erfüllung!

1 Backblech 

Zutaten

250 g Datteln, in Wasser eingeweicht, oder Dattelpaste
350 ml Pflanzendrink oder Wasser
150 ml Kokos- oder Reiskeimöl
100 g Dinkelvollkornmehl
200 g Dinkelmehl Type 630
60 g Kakaopulver (ungesüßt)
2 TL Backpulver
1 TL Vanillepulver

Topping

Chufella oder eine andere vegane, zuckerfreie Schokocreme
Beerenfrüchte

Zubereitung

- Den Backofen auf 180 Grad Ober- und Unterhitze vorheizen und eine runde Springform mit Kokosöl einfetten.
- Datteln, Pflanzendrink und Öl im Mixer mixen.
- Dinkelmehle, Kakaopulver, Backpulver und Vanillepulver in einer Schüssel vermischen und die feuchten Zutaten hinzugeben.
- Die Masse in die Backform füllen und im Backofen 35–40 Minuten auf mittlerer Schiene backen!
- Den Kuchen ein wenig abkühlen lassen und aus der Form auf einen Kuchenteller stürzen. Die Oberfläche mit Chufella bestreichen und mit Beeren verzieren.

Tipps

- Als Verzierung eignen sich auch Bananenscheiben, Kokosflocken oder fein gemahlene Nüsse.
- Alles Gute, kleiner Schatz!!

MEINE 10 GOLDENEN TIPPS: DIE WICHTIGSTEN BASICS AUF EINEN BLICK

Im Laufe des Schreibens wurde mir bewusst, wie viel es über Beikost zu sagen gibt. Trotz ausgeschmückten Inhalten sind wenige wichtige Anhaltspunkte ausschlaggebend für einen guten Beikostweg:

1. Beginne nicht vor dem fünften Lebensmonat mit Beikost.
2. Gib deinem Baby vor dem siebten Lebensmonat nur Breiiges.
3. Ab dem siebten Lebensmonat darf auch Festes in das Bäuchlein.
4. Beikost im ersten Lebensjahr ist ein Spiel.
5. Babys dürfen grundsätzlich alles Gesunde kosten.
6. Anfangs können vor allem Gemüse, überwiegend glutenfreies Getreide und Hülsenfrüchte wie rote Linsen oder tierische Eiweiße angeboten werden, Milchprodukte sind bedenklich.
7. Richtig trinken muss ein Baby erst im Laufe der Beikostzeit.
8. Es darf gut gewürzt werden – außer mit Salz und Zucker!
9. Integriere die Beikostangebote in deine Familienküche so gut es geht.
10. Achte vor allem auf die Signale deines Kindes, es zeigt dir den Weg!

Damit wünsche ich dir einen tollen Beikoststart mit deinem Baby und freue mich auf deine Rückmeldung zu meinem Buch!

Müde, aber **glücklich,** herzlichst
deine Maria

HINWEIS

Ich habe mich bemüht, nach bestem Gewissen und aktuellem Wissen dafür zu sorgen, dass die Informationen in diesem Buch – wie auch in meinen Vorträgen – zutreffend sind. Eine Haftung oder Garantie für die Aktualität, Richtigkeit und Vollständigkeit der zur Verfügung gestellten Informationen ist jedoch ausgeschlossen.

Die Bilder entstammen aus eigener Herstellung oder wurden von Eltern zur Verfügung gestellt, wofür ich meinen Kindern und den Eltern herzlich danke!

DANKSAGUNG

Der spontane Entschluss, dieses Buch zu schreiben, hat mich in der Phase der Babyzeit mit meinem vierten Kind zwar gefordert, aber auch sehr erfüllt! Es wurde zu einer bewussten Zeit, die mich noch intensiver mit den Bedürfnissen meines Babys konfrontiert und noch einmal den Gesundheitswert meiner täglichen Familienküche beleuchtet hat.

Ich danke in erster Linie meinen Kindern für ihre Geduld und dass sie mich in dieser schlafgestörten Zeit ausgehalten und beim Kochen und Fotomachen unterstützt haben! Auch danke ich meinem Mann für die mentale Unterstützung und seinen Glauben an mich.

Ich danke dem Verlag Athesia, besonders Isabel Weis für die Unterstützung und Hilfe, sowie Ingrid Marmsoler für das Vertrauen in mich als neue Autorin!

Danken möchte ich auch Heike Santer für die grafische Ausarbeitung und den vielen Helfern im Hintergrund zur Erstellung dieses Buches.

Ein Dankeschön besonders auch an alle Mütter, die mir vertrauen und mich bestärken, diesen Weg zu gehen. Ich hoffe, werdenden Eltern und hilfesuchenden Müttern (oder Babys) viel Brauchbares für den Babyalltag zu bieten.

Ich wünsche mir von Herzen, dass der zukünftige Beikostweg für Babys und Eltern wieder einfacher und natürlicher wird und Eltern einen glücklichen und individuellen Lebensweg finden.

Für ein bewusstes und gesundes Leben!

ANHANG

Bezugsquellen für die Beikostausstattung

Eine nachhaltige Baby-Beikostausstattung und hochwertige Lebensmittel für den Vorratsschrank findet man online unter www.novo.bz oder lokal in Südtirol in den Novos Bozen und Brixen, sowie manches auch in gut sortierten Bioläden.

Starterset für die Beikost

- Babyflasche Pura aus Edelstahl
- Lunchbox aus Edelstahl
- Picknick-Besteck
- Babytellerset Biobplastik
- Thermolunchbox Edelstahl
- Backmatte
- Vegane Wachstücher
- Topfdeckel aus Stoff
- Washpad
- Wiederverwendbare Gefrierbeutel
- Zahnbürste aus Holz
- Stoffwindeln
- Babypflege und Naturheilkunde für Mutter und Kind
- Gutscheincode: Besuche die Webseite www.novo.bz und erhalte einmalig 10 % Rabatt auf deinen Einkauf mit dem Gutscheincode „ZEIGSMIRBABY“.

Persönliche Beratung, weiterführende Kurse und Informationen von Maria Lobis

- www.maria-lobis.it
- Instagram: maria.lobis.bewusstbesserleben
- Facebook: Maria Lobis – Bewusst Besser Leben
- Bezugsquelle für Omega-3 Fisch- oder Algenöl bei Anfrage unter info@maria-lobis.it

Weiterführende Links und Literatur zu veganer Ernährung und aktuellen Stillempfehlungen

- albert-schweitzer-stiftung.de/aktuell/vegane-kinderernaehrung-beikost
- stillen.it
- stillen.de
- stillen-institut.com
- kinder-verstehen.de
- Der Blog TofuFamily (tofufamily.de) informiert rund ums Thema vegane Familie.

Bücher:

- „Vegane Ernährung – Schwangerschaft, Stillzeit und Beikost" von Dr. Markus Keller und Edith Gätjen als fundiertes Standardwerk
- „Das genial vegetarische Familienkochbuch" von Dr. Markus Keller und Edith Gätjen mit noch mehr Rezepttipps
- „Meine Familie isst vegan" von Helene Holunder
- „Vegane Eltern – junges Gemüse" von Corinne Matzka und Jonas Engelmann
- „Lotta lernt essen" von Edith Gätjen

QUELLENANGABEN UND ENDNOTEN

1 newkitzontheblog.de

2 Stein M., Morbus Crohn durch Mykobakterien: Ein Verdacht wird zur Gewissheit, in: EU.L.E.N-SPIEGEL 2/2009, S. 21–24 (Europäisches Institut für Lebensmittel- und Ernährungswissenschaften (EU.L.E. e. V.)

3 kindergesundheit-info.de

4 gesund-ins-leben.de (Netzwerk Gesund ins Leben) (Stand: 14.12.2016)

5 Davis C. M., Results of the self-selection of diets by young children (https://ncbi.nlm.nih.gov/pmc/articles/PMC537465/pdf/canmedaj00208-0035.pdf)

6 Rapley G. und Murkett T., Baby-led Weaning – Das Grundlagenbuch. München: Kösel-Verlag, 2022 (2. Auflage)

7 Fangupo L. J. et al., A baby-led aproach to eating solids and risk of choking, in : Pediatrics, 2016; 138:4 (2016), e20160772

8 Rapley G. und Murkett T., Baby-led Weaning – Das Grundlagenbuch. München: Kösel-Verlag, 2013

9 m.baby-und-familie.de

10 Deutsche Hebammenzeitschrift, Elterninfo Nr. 4: Beikost, 2017

11 stillen.it

12 Rapley G. und Murkett T., Baby-led Weaning – Das Grundlagenbuch. München: Kösel-Verlag, 2022 (2. Auflage)

13 stillen.it

14 who.int/childgrowth/standarts/weight_for_age/en/

15 kinder-verstehen.de

16 Rapley G. und Murkett T., Baby-led Weaning – Das Grundlagenbuch. München: Kösel-Verlag, 2022 (2. Auflage)

17 Rapley G. und Murkett T., Baby-led Weaning – Das Grundlagenbuch. München: Kösel-Verlag, 2022 (2. Auflage)

18 who.int/childgrowth/standarts/weight_for_age

19 nachhaltigleben.ch/food/mungobohnen

20 Mennella et al., 2001; auf ages.at/Beikostempfehlungen

21 Ellrott, 2007; Maier et al., 2008

22 Savage et al., 2007

23 Sullivan und Birch, 1994

24 Savage et al., 2007; Wardle et al., 2003

25 Ellrott, 2007

26 Ellrott, 2007

27 OGJK, Österreichische Beikostempfehlungen (ages.at)

28 Jansen et al., 2007; Liem et al., 2004; Fischer et al., 1999

29 Galloway et al., 2006

30 stillen.de

31 Who – Aktuelle Stillempfehlung, AAP (American Academy of Pediatrics), die Nationale Stillkommission in Deutschland (NSK), die Royal College of Paediatrics and Child Health (RCPCH) und die Berufsverbände der Still- und Laktationsberaterinnen IBCLC in Europa

32 Van de Kleyn, M., Einfluss des Stillens auf die Gehirnentwicklung des Babys (www.minimed.at/medizinische-themen/gesundes-kind/stillen-gehirnentwicklung/)

33 Van de Kleyn, M., Einfluss des Stillens auf die Gehirnentwicklung des Babys (www.minimed.at/medizinische-themen/gesundes-kind/stillen-gehirnentwicklung/)

34 kinder-verstehen.de

35 Geoghegan, N. et al., Breastfeeding, Solid, Food Introduction and Autoimmune Diseases, 2017 (https://www.food.gov.uk/sites/default/files/media/document/fs305005aautoimmunedisease.pdf)

36 bunte.de/family/schwangerschaft-geburt-baby/baby-kleinkind/baby-nahrung/abnehmen-durch-stillen

37 rabeneltern.org

38 Ärzteblatt.de

39 Nationale Stillkommission 2004, Zur Frage der Zufütterung von gesunden, gestillten Neugeborenen (http://www.bfr.bund.de/cm/207/stilldauer.pdf)

40 Nationale Stillkommission 2004, Zur Frage der Zufütterung von gesunden, gestillten Neugeborenen (http://www.bfr.bund.de/cm/207/stilldauer.pdf)

41 Arora S., McJunkin C., Wehrer J. und Kuhn P., Major factors influencing breast feeding rates: Mother's perception of father's attitude and milk supply, in: Pediatrics, 2000; 106(5), E67.

42 gesund-ins-leben.de

43 Rouwei, Li et al., Do infants fed from bottles lack self regulation of milk intake compared with directly breastfed infants?, in: Pediatrics, 2010; 125(6), E1386–93

44 Andres A. et al., Developement Status of 1-Year-Old Infants Fed Breast Milk, Cow's Milk Formula, or Soy Formula, in: Pediatrics, 2012; 129(6): 1134–1140

45 ESPGHAN Committee on Nutrition et al., Soy protein infant formulae and follow-on formulae: a commentary by the ESPGHAN Committee on Nutrition, in: Journal of Pediatric Gastroenterology and Nutrition, 2006; 42(4): E352–61

46 ESPGHAN Committee on Nutrition et al., Soy protein infant formulae and follow-on formulae: a commentary by the ESPGHAN Committee on Nutrition, in: Journal of Pediatric Gastroenterology and Nutrition, 2006; 42(4): E352–61
Vandenplas, Y. et al. Systematic Review with Meta-Analysis. Safety of soya-based infant formulas in children, in: British Journal of Nutrition, 2014; 111, 1340–1360
tofufamily.de/veganesaeuglingsnahrung

47 Turck, D., Soy protein for infant feeding: what do we know?, in: Current Opinion in Clinical Nutrition & Metabolic Care, 2007; 10(3): 360–365

48 kindergesundheit-info.de

49 Alexy U. und Hilbig A., Die beste Ernährung fürs Baby und Kleinkind. München: Kösel-Verlag, 2014

50 spiegel.de

51 albert-schweitzer-stiftung.de/aktuell/vegane-kinderernaehrung-beikost

52 Keller M. und Müller S., Vegetarische und vegane Ernährung bei Kindern – Stand der Forschung und Forschungsbedarf, in: Forschende Komplementärmedizin, 2016; 23(2): 81–88

53 Andres, A. et al., Developement Status of 1-Year-Old Infants Fed Breast Milk, Cow's Milk Formula, or Soy Formula, in: Pediatrics, 2012; 129(6): 1134–1140

54 Andres, A. et al., Developement Status of 1-Year-Old Infants Fed Breast Milk, Cow's Milk Formula, or Soy Formula, in: Pediatrics, 2012; 129(6): 1134-1140

55 Andres, A. et al., Developement Status of 1-Year-Old Infants Fed Breast Milk, Cow's Milk Formula, or Soy Formula, in: Pediatrics, 2012; 129(6): 1134–1140

56 Nach Dr. Markus Keller von der FHM

57 Mangels A. R. und Messina V., Considerations in planning vegan diets: infants, in: Journal of the American Dietic Association, 2001; 101(6): 670–677

58 Andres A. et al., Developement Status of 1-Year-Old Infants Fed Breast Milk, Cow's Milk Formula, or Soy Formula, in: Pediatrics, 2012; 129(6): 1134–1140

59 Buyken A. E. et al., Die DONALD Kohorte. Ein aktueller Überblick zu 25 Jahren Forschung im Rahmen der Dortmund Nutritional and Anthropometric Longitudinally Designed Study, in: Bundesgesundheitsblatt, 2012; 55: 875–884, © Springer-Verlag

60 Griebler U. et al., Health effects of cow's milk consumption in infants up to 3 years of age: a systematic review and meta-analysis, in: Public Health Nutrition, 2016; 19(2): 293–307.

61 CHOP-Studie der LMU München

62 Stein M., Morbus Crohn durch Mykobakterien: Ein Verdacht wird zur Gewissheit, in: EU.L.E.N-SPIEGEL 2/2009, S. 21–24 (Europäisches Institut für Lebensmittel- und Ernährungswissenschaften (EU.L.E. e. V.)

63 Zur Hausen H., Bund T. und De Villliers, E-M. Specific nutritional infections early in life as risk factors for human colon and breast cancers several decades later. 2018, 1574–1583 (https://doi.org/10.1002/ijc.31882)
Zur Hausen H., Bund T. und De Villiers, E-M. Infectious agents in bovine red meat and milk and their potential role in cancer and other chronic diseases, in: Current Topics in Microbiology and Immunology, 2017; 407: 83–116.

64 Griebler U. et al., Health effects of cow's milk consumption in infants up to 3 years of age: a systematic review and meta-analysis, in: Public Health Nutrition, 2016; 19(2): 293–307
Hopkins, D. et al., Effects on childhood body habitus of feeding large volumes of cow or formula milk compared with breastfeeding in the latter part of infancy, in: The American Journal of Clinical Nutrition, 2015; 102(5):1 096–103

65 nahrungsergaenzungsmittel.org/bereiche/frauengesundheit/ernaehrung-und-stillen-auf-welche-naehrstoffe-stillende-besonders-achten-sollten

66 European Food Safety Authority, Scientific Opinion on the appropriate age for introduction of complementary feeding of infants, in: EFSA Journal, 2009; 7(12): 1423 (www.efsa.europa.eu/fr/scdocs/doc/1423.pdf)

67 kindergesundheit-info.de

68 Pinto-Sánchez M. I. et al: Gluten introduction to infant feeding and risk of Celiac disease: A systematic review and Meta-analysis, in: The Journal of Pediatrics. 2016, 168: 10.1016/j.jpeds.2015.09.032.

69 spektrum.de/lexikon/ernaehrung/vollwertige-ernaehrung

70 Pinto-Sánchez M. I. et al: Gluten introduction to infant feeding and risk of Celiac disease: A systematic review and Meta-analysis, in: The Journal of Pediatrics. 2016, 168: 1016
babyled-weaning.de/lebensmittel/getreide/ab-wann-duerfen-babys-buchweizen-essen

71 foodyvent.com

72 dge.de/wissenschaft/weitere-publikationen/fachinformationen/trans-fettsaeuren

73 deutschlandistvegan.de/vegane-ernaehrung-proteine

74 hipp-fachkreise.de/forschung-studien/saeuglingsernaehrung/eisen-versorgung/

75 Ärzteblatt.de, Ernährungsbericht: Keine Nachteile für vegan und vegetarisch lebende Kinder (24.11.2020)
Die VeChi-Youth-Studie. Vegetarian and Vegan Children and Youth Study, 2020, gefördert durch das Bundesinstitut für Landwirtschaft und Ernährung
Ärzteblatt.de, Stiftung Kindergesundheit empfiehlt fleischlose Kost für Kinder (08.12.2020)
Studie zu Fleischverzehr und Sterblichkeit.
Stellungnahme Nr. 023/2009 des BfR vom 29. Mai 2009
Springmann M. et al., Health-motivated taxes on red and processed meat: A modelling study on optimal tax levels and associated health impacts, 2018 (https://doi.org/10.1371/journal.pone.0204139)
DKFZ (Deutsches Krebsforschungszentrum), Bovine Milk and Meat Factors und ihre mögliche Rolle als Krebsrisikofaktoren (https://www.dkfz.de/de/aktuelles/stellungnahme-bmmf.html)

76 Ärzteblatt.de, Ernährungsbericht: Keine Nachteile für vegan und vegetarisch lebende Kinder (24.11.2020)
Die VeChi-Youth-Studie. Vegetarian and Vegan Children and Youth Study, 2020, gefördert durch das Bundesinstitut für Landwirtschaft und Ernährung.
Ärzteblatt.de, Stiftung Kindergesundheit empfiehlt fleischlose Kost für Kinder (08.12.2020)
Studie zu Fleischverzehr und Sterblichkeit.
Stellungnahme Nr. 023/2009 des BfR vom 29. Mai 2009
Springmann, M. et al., Health-motivated taxes on red and processed meat: A modelling study on optimal tax levels and associated health impacts, 2018. (https://doi.org/10.1371/journal.pone.0204139).
DKFZ (Deutsches Krebsforschungszentrum), Bovine Milk and Meat Factors und ihre mögliche Rolle als Krebsrisikofaktoren. (https://www.dkfz.de/de/aktuelles/stellungnahme-bmmf.html)

77 Ärzteblatt.de, Ernährungsbericht: Keine Nachteile für vegan und vegetarisch lebende Kinder (24.11.2020)
Die VeChi-Youth-Studie. Vegetarian and Vegan Children and Youth Study, 2020, gefördert durch das Bundesinstitut für Landwirtschaft und Ernährung.
Ärzteblatt.de, Stiftung Kindergesundheit empfiehlt fleischlose Kost für Kinder (08.12.2020)
Studie zu Fleischverzehr und Sterblichkeit.
Stellungnahme Nr. 023/2009 des BfR vom 29. Mai 2009
Springmann, M. et al., Health-motivated taxes on red and processed meat: A modelling study on optimal tax levels and associated health impacts, 2018. (https://doi.org/10.1371/journal.pone.0204139).
DKFZ (Deutsches Krebsforschungszentrum), Bovine Milk and Meat Factors und ihre mögliche Rolle als Krebsrisikofaktoren (https://www.dkfz.de/de/aktuelles/stellungnahme-bmmf.html)

78 Rittenau N. und Copien S., Vegane Ernährung für Einsteiger, München: DK Verlag, 2021

79 Rittenau N. und Copien S., Vegane Ernährung für Einsteiger, München: DK Verlag, 2021

80 Agostoni et al., 2006; Dupont, 2003

81 Dach, 2008

82 Koletzko et al., 2009

83 Koletzko et al., 2009

84 University of Glasgow, Charlotte M. Wright, Baby-Led Weaning Is Feasible but Could Cause Nutritional Problems for Minority of Infants, in: Science Daily. 2014, 2011

85 cochrane.org/de/CD003402/PREG_zusaetzliche-omega-3-fettsauren-waehrend-der-schwangerschaft

86 gesund-ins-leben.de/inhalt/fisch-fuer-die-stillende-mutter-29767.html
ugb.de/lebensmittel-im-test/ist-fisch-noch-geniessbar/

87 Rittenau N., Vegan-Klischee ade. Wissenschaftlich fundierte Antworten auf die häufigsten Klischees zu pflanzlicher Ernährung, Mainz: Ventil Verlag, 2018

88 Michl J. et al., Apfelmus & Apfelmark im Test: Pestizide im Labor entdeckt (www.oekotest.de/essen-trinken/Apfelmark-und-Apfelmus-im-Test-Kritik-an-Pestiziden-und-zu-viel-Zucker_11370_1.html)

89 nahrungsergaenzungsmittel.org/bereiche/frauengesundheit/ernaehrung-und-stillen-auf-welche-naehrstoffe-stillende-besonders-achten-sollten

90 zentrum-der-gesundheit.de

91 utopia.de

92 Rittenau N. und Copien S., Vegane Ernährung für Einsteiger, München: DK Verlag, 2021

Bildnachweis

Marion Lafogler (www.fotografielafogler.it):
Umschlag Klappe hinten, 13, 262/263
stock.adobe.com: Umschlag Vorderseite (pololia), Umschlag Rückseite (likorbut), 9 (Mediteraneo), 16 (nenetus), 21 (Remco Rutten), 37 unten + 94 Hintergrund + 154 Quinoa (New Africa), 41 + 42 oben (rh2010), 42 unten (MishaelPervak), 44 (Viktor Kochetkov), 46 (MAK), 50, 181 (Mara Zemgaliete), 52 oben (Hoda Bogdan), 54 (Serhiy Chaiko), 55 (ondrooo), 63 unten (ltyuan), 65 (Kirill Gorlov), 67 (Valentina R.), 69, 146, 163 (bit24), 70 (exclusive-design), 72 (aamulya), 79 (komokvm), 81 (Syda Productions), 84 (nataliaderiabina), 87 (Tomsickova), 89 (Максим Галінский), 90 (LIGHTFIELD STUDIOS), 100 (Dragana Gordic), 102 (EVERST), 108 (ckybe), 111 (Maks Narodenko), 116 (Andrey Bandurenko), 118 Milchprodukte (Paulista), 118 Eier (Natika), 118 Erdnüsse + 154 Erdnüsse (AlenKadr), 118 Weizen + 154 Weizen (Christian Jung), 118 Sesam + 154 Sesam + 162 Sesam (Aleksei), 118 Senf + 154 Linsen + 160 (womue), 118 Lupinie (multik79), 118 Weingläser (stockphoto-graf), 118 Nüsse (K), 118 Weichtier (margo555), 118 Krebstier (supamas), 118 Fische (photocrew), 118 Soja (jakkit), 118 Sellerie (Dmytro), 121 (Olga Sidel'nikova), 124 (Demianastur), 127 (Africa Studio), 131 unten (cloud7days), 136 (Galina Zhigalova), 140 (Mariia), 140 Brotleib (As13Sys), 147 unten (Carey), 153 (Alexandra), 154 Kidneybohnen (NIKCOA), 154 Erbsen, Tempeh (uckyo), 154 Kichererbsen (Jiri Hera), 154 Leinsamen + 162 Leinsamen (todja), 154 Sonnenblumenkerne (lantapix), 154 Kürbiskerne (xamtiw), 154 Grünkohl (geshas), 154 Spinat (nataliazakharova), 154 Broccoli + Walnüsse (Tim UR), 154 Champignons + Kartoffeln (gitusik), 154 Tofu (kolesnikovserg), 154 Haferflocken + 162 Haferflocken (Natallia), 154 Mais (anatchant), 154 Cashewnüsse (Tetiana), 154 Mandeln (Nik_Merkulov), 155 (Owen), 158 (gitusik), 162 Hirseflocken (lantapix), 162 Dörrobst (ykokamoto), 162 Nüsse und Kerne (Bordinthorn), 162 Hülsenfrüchte (dule964), 167 (Andrii), 168 (marysckin), 169 (samael334), 177 (Anna), 216 (GSDesign), 217 (Sheremetio), 218 (Alesia Berlezova), 226 (svitlini), 228 (WP!), 240 (xamtiw), 241 (Sergio)

Alle übrigen Aufnahmen stammen von Maria Lobis.

VIEL SPASS
BEIM ESSEN!

Bibliografische Information der Deutschen Nationalbibliothek
Die Deutsche Nationalbibliothek verzeichnet diese Publikation in der Deutschen Nationalbibliografie; detaillierte bibliografische Daten sind im Internet abrufbar: http://dnb.d-nb.de

1. Auflage 2023

Design & Layout: Athesia-Tappeiner Verlag
Bildbearbeitung: Typoplus, Frangart
Druck: Athesia Druck, Bozen
Papier: Umschlag Lenza Top Recycling, Innenteil Pure Offset Recycling

Gesamtkatalog unter
www.athesia-tappeiner.com

Fragen und Hinweise bitte an
buchverlag@athesia.it

ISBN 978-88-6839-725-8
ISBN 978-88-6839-726-5 (e-Book)

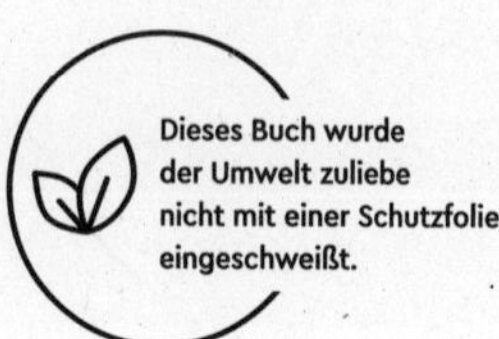